历史疑案系列
LISHI YIAN XILIE

明末四案之谜

披露尘封内幕再现历史真相，探勘帝国尔虞我诈刀光剑影

破解惊天谜案，澄清野史轶事
看透宫廷心计！

冷月 编著

内蒙古出版集团
内蒙古文化出版社

图书在版编目（CIP）数据

明末四案之谜 / 冷月编著 . — 呼伦贝尔 : 内蒙古文化出版社，2014.7

ISBN 978-7-5521-0701-2

Ⅰ.①明… Ⅱ.①冷… Ⅲ.①中国历史—史料—明代 Ⅳ.① K248.06

中国版本图书馆 CIP 数据核字（2014）第 156215 号

明末四案之谜

MING MO SI AN ZHI MI

冷 月　编著

责任编辑	王　春
封面设计	鸿儒文轩

出版发行	内蒙古文化出版社
地　　址	呼伦贝尔市海拉尔区河东新春街4 - 3号
直销热线	0470 - 8241422　　**邮编**　021008

排版制作	鸿儒文轩
印刷装订	三河市华东印刷有限公司
开　　本	710 × 1000毫米　1/16
字　　数	166千
印　　张	18
版　　次	2015年1月第1版
印　　次	2023年4月第2次印刷
书　　号	ISBN 978-7-5521-0701-2
定　　价	58.00元

前 言

　　"明末四案"是指明朝末期围绕宫廷权力斗争和党争而发生的妖书案、梃击案、红丸案、移宫案的总称。这四起事件的接连发生，标志着明末纷乱和衰亡已步步深入，可说是为明亡所响的四次钟声。

　　妖书案发生于明万历三十一年（1603年），此案以假托之名议国本问题和后宫内斗，激化明末党争和国本之争，也体现了朝廷派系之间的不断交锋，最终未知妖书为谁所作，却不了了之。

　　梃击案发生于万历四十三年（1615年）五月，一位名叫张差的疯汉擅闯太子所在的慈庆宫，持棍乱打欲毙太子。此案是明末朝廷派系及宫廷势力的一次重要对决，使国本之争进一步激化，但最终真相未明，糊涂了结。

　　红丸案发生于万历四十八年（1620年）八月，即位未及一月的明光宗朱常洛因先服用崔文升之泻药使病情加重，又服用鸿胪寺丞李可灼进献的两粒红丸而暴毙，其为药力致死？久病致死？宫廷谋杀？终不为人知，明光宗之死因，遂成千古之谜。

红丸案发生后接着便发生了移宫案，因明光宗暴死，其宠妃李选侍讨封皇后之意愿未成，便居于乾清宫中不走，而继位的明熹宗朱由校又需在乾清宫就皇帝位，于是以李选侍为主、魏忠贤与郑贵妃为辅的宫廷势力开始与时为太子的朱由校为主的朝臣势力展开了交锋，但最终朝臣力量获胜，李选侍被迫移宫。

　　四案结束后，各方纷争却没有结束，因为后宫势力斗争、党争、宦官专权和政权更替，此四案案情被颠来倒去，时而这样判决，时而那样判决，让人难辨是非，难分真伪。

　　四案的相继发生和后续事件，着重暴露了明朝皇权和权力交替制度的种种弊端，展现了明末吏治腐败、派系斗争、宫廷斗争、宦官专权、特务横行等一系列政治乱象和黑暗的社会状态，虽有一些铮铮铁骨的大臣为国尽忠，却终被皇帝的无能和愚蠢将他们的愿望击得粉碎，明末四案的一幕幕演绎，描绘出了明朝覆亡前的夕阳晚景。

　　本书以明末四案中关于立储、皇权交替、后宫争位、各派党争为关键点，详细解读了四案之起因、肇始、过程和意义，展现出明朝万历、泰昌、天启年间的各种权力斗争，深入考证并评析疑案之真相，力求向读者朋友献上最接近历史事实的案情。

　　观此四案，还将助您了解明代皇室的皇宫秘事、家庭生活以及夫妻、长幼、上下级之间的情感纠葛，尽观人在利益和权力面前的内心世界，而扑朔迷离的疑案、明争暗斗的时局，纷纷扰扰的各色人等，其中表现出的真实而复杂的人性，更能让人深思，同时其中有关管理制度的利弊和领导力的优劣评判，对现代管理制度也有很多启发。

【第一部分】　妖书案之谜

大明"治隆唐宋"，明末乱象众生 …………003

万历新政，明末中兴 ……………………004

明穆宗托孤三辅，张居正独揽大权 ………009

张居正终遭清算，申时行两面讨好 ………013

明神宗怠政不朝，沉湎于"醉梦之期" ……018

明神宗章奏留中，袁可立"震门之冤" ……021

言官以身许国，却因党争互斗 ……………026

明神宗大婚，王皇后受宠 …………………034

明神宗春风一度，王氏女诞下皇子 ………037

郑贵妃恃宠而骄，生儿子欲立太子 ………040

高玄殿秘藏圣谕，明神宗不立太子 ………042

王锡爵建议立储，明神宗不置可否 ………045

神宗冷遇皇长子，诸臣纷纷鸣不平 ………049

吕坤《闺范》重教化，郑妃借其抬身价 ……051

伪楚王案发，妖书案兴起 …………………055

妖书出吕坤辞官，受打击郑妃诉苦 ………060

妖书再现举朝惊，朋党之争更激烈 ………063

沈一贯诬陷对手，沈仲化备受打击 ………066

郭正域锒铛入狱，朱常洛为师鸣冤 ………071

皦生光成替罪羊，妖书案未白而结 ………072

赵士桢被疑变疯，朱华奎献金被抢 ………075

明末四案之谜

【第二部分】 梃击案之谜

科场案起，王衡遭诬 ·················081

众言官对抗内阁，王锡爵被迫辞官 ··········084

王衡愤作《郁轮袍》，顾宪成东林讲学 ······087

王锡爵打击异己，汤显祖发愤著书 ··········092

王锡爵致仕返乡，王辰玉金榜题名 ··········095

科场案党争大起，内阁吏部互攻讦 ··········097

明神宗"三王并封"，朱常洛出阁读书 ······101

朱常洛得立太子，郑贵妃为子争位 ··········103

李太后怒骂神宗，王恭妃病死幽宫 ··········106

郑贵妃漫天讨封，王曰乾告其厌胜 ··········108

朱常洵就藩洛阳，朱常洛如释重负 ··········112

太子入住慈庆宫，莽汉忽行梃击案 ··········115

胡士相糊涂判案，郑贵妃嫌疑难逃 ··········117

王之寀私审张差，梃击案真相渐现 ··········119

十三司会审张差，陆梦龙诱其招供 ··········123

皇太子巧施压力，皇太孙作文暗喻 ··········126

十三司会审张差，明神宗置之不理 ··········130

郑国泰为己开脱，何士晋妙语解案 ··········132

明神宗指点生路，郑贵妃乞求太子 ··········136

神宗破例见群臣，太子趁机博父喜 ··········139

刘光复犯上获罪，朝野间上疏申救 ··········143

神宗怠政不上朝，原因或为吸鸦片 ··········146

梃击案不了了之，皇太子换得安宁 ··········149

太子根基固，郑妃徒费力 ··········151

梃击案主谋难定，大明朝国运日衰 ··········155

【第三部分】 红丸案之谜

明神宗贪财上瘾，开矿税造恶天下 …………163

明神宗竭泽而渔，万历时民变不断 …………166

明王朝边患不断，女真人崛起满洲 …………170

满洲人建立后金，李成梁蠢招丢地 …………174

明帝国病入膏肓，万历帝一病不起 …………177

王安交好汪文言，杨涟巧说方从哲 …………179

明神宗因病驾崩，大明朝毁于其手 …………184

朱常洛得继帝位，除弊政从善如流 …………187

神宗遗诏补己过，废除矿税扬善政 …………189

郑贵妃欲做太后，讨好光宗送美人 …………192

二选侍性格迥异，西李受宠欲讨封 …………193

朱常洛欲封郑妃，孙如游谏阻封后 …………199

明光宗纵欲过度，崔文升乱开泻药 …………203

明光宗病情加重，崔文升被逐出宫 …………205

郑贵妃搬离中宫，李可灼进献红丸 …………209

光宗服"仙丹"，两粒送了命 …………212

春药做补药，红丸能害命 …………214

红丸案牵连日久，天启朝党争不断 …………217

明末四案之谜

【第四部分】 移宫案之谜

光宗驾崩乾清宫，众臣赴祭遭阻拦 ………… 223

西李欲控皇长子，众臣强行立太子 ………… 225

太子移居慈庆宫，杨涟主张缓登极 ………… 228

李选侍坐定中宫，朱由校下旨逼宫 ………… 230

西李欲杀左光斗，杨涟巧斥魏忠贤 ………… 232

杨涟闯宫逼移宫，西李迁居哕鸾宫 ………… 235

朱由校继承大统，李选侍封后告吹 ………… 239

明熹宗秋后算账，贾继春声援西李 ………… 241

贾继春遭贬，移宫案落幕 ………… 244

阉党诬陷东林党，魏忠贤掌控朝政 ………… 248

郑贵妃费尽心机，终落个晚景凄凉 ………… 250

红丸案二犯伏法，方从哲洗脱罪名 ………… 253

茄花满地红似血，八千女鬼乱朝纲 ………… 256

熹宗好木工，委鬼当头立 ………… 260

客氏惑乱后宫，熹宗贤恶不分 ………… 263

杨涟上疏反被害，忠良之臣尽遭戮 ………… 265

客氏凶残狠毒，熹宗子嗣尽绝 ………… 268

明末四案影响大，明朝灭亡埋伏笔 ………… 271

附录：明代皇帝年号世袭表 ………… 273

参考资料 ………… 274

妖书案之谜

第一部分

大明"治隆唐宋"，明末乱象众生

　　明朝是中国封建社会历史上最后一个由汉族建立的王朝，历经十二世、十六位皇帝，国祚二百七十六年。1368 年，明太祖朱元璋在南京应天府称帝，国号大明，经过明太祖的洪武之治，国力发展迅速；到明成祖后期，明朝国力强盛，万邦来朝，史称"永乐盛世"。其后的明仁宗和明宣宗时期仍处于兴盛时期，史称"仁宣之治"。明英宗即位后，明朝政局也较为稳定，从建国至这一时期的明朝，其国力为世界之冠，其间郑和的庞大船队七下西洋；《永乐大典》修订完成，且文化艺术呈现大众化趋势；外交、军事、文化、经济皆傲视全球，特别是商品经济日渐发达，商业集镇越来越多，社会上出现了资本主义萌芽。这时期的明朝是中国历史上继汉朝和唐朝之后的繁盛时代，史称"治隆唐宋"、"远迈汉唐"。

　　1449 年七月，明朝发生"土木之变"，蒙古瓦剌部首领也先统率大军，分四路大举进攻明朝，前线告急，战报不断传到北京，明英宗朱祁镇在太监王振的煽动下带兵亲征，但一切军政事务皆由王振专断，也先为诱明军深入主动北撤，王振看到瓦剌军北撤后，坚持北进，却被瓦剌军伏击，败退于土木堡，后明英宗被捕。

　　"土木之变"是明朝由盛转衰的转折点，之后瓦剌军队围困北京，但经于谦等人积极抗敌，组织京师保卫战，最终解除了国家危机。其后明宪宗与明孝宗相继与民休息，明朝政局平稳，国力有所恢复。明武宗即位后，荒淫并沉溺游乐，最终因死后无子使明孝宗一脉绝嗣，引发"大礼议之争"。

万历皇帝精美的皇冠

明世宗即位后，清除宦官和权臣势力，平定东南沿海倭患，国力有所恢复，后明朝又经历隆庆新政和万历中兴，国力得到恢复。特别是万历中兴，发生于明神宗朱翊钧时期（1563年~1620年），其即位前十年，由于宰相张居正辅政，国力得以迅速提高。

明神宗是明朝第十三位皇帝，明穆宗第三子。隆庆二年立为皇太子，隆庆六年，穆宗驾崩，刚刚十岁的朱翊钧即位，次年改元万历。

此时明朝面临内忧外患，神宗年龄又小，皇太后让内阁首辅张居正主持大政，张居正大力改革，国家吏治和社会面貌焕然一新，国力迅速增强，史称"万历新政"或"万历中兴"。

万历新政，明末中兴

张居正，字叔大，号太岳，祖籍安徽凤阳。明太祖时，朱元璋曾封张居正的先祖张关保到归州，为归州千户所。张居正曾祖庶出，无法承世袭官职，不知怎么迁到了江陵一带居住。张居正生于公元1525年5月24日，他五岁时入学，七岁时就能通六经大义，十二岁时考中了秀才，十三岁时就参加了乡试，写了一篇非常漂亮的文章，湖广巡抚顾璘大加赞叹，只因他觉得张居正年龄太小，有意让张居正多磨练几年，此次他才未中举。三年后，十六岁的张居正参加乡试中了举人；嘉靖二十六年（1547年）时又高中进士，此时他才二十三岁，由编修官至侍讲学士领翰林事；隆庆元年（1567年）任吏部左侍郎兼东阁大学士。

明穆宗在位的时候，张居正因为才能出众，得到明穆宗的信任。后迁任内阁次辅，为吏部尚书、建极殿大学士。隆庆六年，万历皇帝登基后，张居正得到大太监冯保的支持，取代了高拱，任首辅。当时明神宗年幼，一切军政大事均由张居正主持裁决，他治国有道，开创了万历中兴的局面。

明朝中叶，贵族豪门兼并土地的情况相当严重。突出的表现是皇族、王公、勋戚、宦官利用政治特权，以投献、请乞、夺买等手段，大量占夺土地，全国纳税的土地约有一半为大地主所侵占，他们拒不缴税，严重地影响了国家的收入。另一方面，贵族大地主疯狂地掠夺土地，封建剥削进一步加剧，租种官田的农民生活极苦。当时有民谣称：

"一亩官田七斗收，先将六斗送皇州。

只留一斗完婚嫁，愁得人来好白头。"

当时的农民处境悲惨，而徭役的名目也日益繁多，大规模的徭役征缴十分严重。社会矛盾日益严重，各地起义不断。

贵族豪门和大地主囤粮不纳税，农民们却无税钱可纳、无粮可缴，于是政府的财政危机逐渐加重。到了正德、嘉靖时期，国家税收更少，但政府的支出却与日俱增。明王朝财政拮据到了可怕的地步。蒙古、女真时常入寇边塞，据户部统计，在嘉靖二十九年（1550年），蒙古俺答汗进逼北京，政府因添兵设饷，军费大增。到了嘉靖三十年，各边饷银达五百二十五万两，修边、赈济等所需八百余万两，两项合计约一千三百余万两，而政府所收正税、加派、余盐贩卖等总共才九百

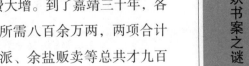

明末四案之谜

【第一部分】妖书案之谜

余万两。至隆庆元年（1567年）时，户部统计国库仅存银一百三十万两，而应支官军俸银一百三十五万、边饷银二百三十六万、补发年例银一百八十二万，三项统计总支出需银五百五十三万两。以当时的现银当之，只够三个月的开支，粮食说说而已，也是很紧张；京仓存粮也只是够供应在京的官军月粮两年有余。

明朝国内也不太平，南方叛乱时作，黄河屡次决口，动辄危害数十县，天灾人祸，致社会动荡，民不聊生。

张居正针对上述存在的问题，决定对国家管理制度进行全面改革。他首先整顿吏治，加强中央集权制。张居正创制了"考成法"，严格考察各级官吏贯彻朝廷诏旨情况，要求定期向内阁报告地方政事，提高内阁实权，罢免因循守旧、反对变革的顽固派官吏，选用并提拔支持变法的新生力量，为推行新法做了组织准备，并且裁撤政府机构中的冗官冗员，整顿了邮传和铨政。

他的"考成法"为政方针是"尊主权，课吏职，行赏罚，一号令"和"强公室，杜私门"。为了提升工作效率，张居正让六部和都察院把所属官员应办的事情定立期限，并分别登记在三本账簿上，一本由六部和都察院留作底册，另一本送六科，最后一本呈内阁。

六部和都察院按账簿登记，逐月进行检查。对所属官员承办的事情，每完成一件须登出一件，反之必须如实申报，否则以违罪处罚；六科亦可根据账簿登记，要求六部每半年上报一次执行情况，违者按规定进行议处；最后内阁同样亦依账簿登记，对六科的稽查工作进行查实。

万历三年（1575年），查出各省抚按官名下未完成事件共计二百三十七件，抚按诸臣五十四人。凤阳巡抚王宗沐、巡按张更化，广东巡按张守约，浙江巡按肖廪，因为没有完成的事件数量太多而罚停俸三月。万历四年（1576年），朝廷规定，地方官征赋达不到九成的一律处罚，分别被降级或革职处分。

这样的改革还是很有成效的，张居政当政期间，裁革的冗员约占官吏总数的十分之三。

张居正立限考成的三本账，严格控制着从中央到地方的各级官吏。每逢考核地方官的"大计"之年，便强调要将秉公办事、实心为民的官员列为上考；靠花言巧语、牟取信行的官员列为下考；对于那些缺乏办事效率的冗官则尽行裁撤。

张居正雕像

同时，张居正又广泛吸收人才，他提拔拥护改革、政绩卓越的官员，对其委以重任，因为有考成法在，"立限考成，一目了然"，很多有才能的人得到重用，此举彻底打破了论资排辈的传统偏见，政府开始不拘出身和资历，大胆任用人才。

在军事方面，为了防御蒙古鞑靼入寇边关，朝廷派戚继光守蓟门，李成梁镇辽东，又在东起山海关、西至居庸关的长城上加修了三千余座"敌台"；还与鞑靼俺达汗之间进行茶马互市的贸易，采取和平的政策。从此，北方的边防更加巩固，在接下来的二三十年时间里，明朝和鞑靼没有发生过大的战争，这使北方暂免于战争破坏，农业生产也得到了发展。

到了万历七年（1579 年），张居正支持务政，他在与鞑靼俺达汗交好的同时，又以俺达汗为中介，代表明朝与西藏黄教首领达赖三世（索南坚错）建立了通好和封贡关系，从此西南地区得以和平；在南方地区，朝廷先后任殷正茂和凌云翼为两广军备提督，他们领兵剿灭了广东惠州府、潮州府和琼州府的一些叛乱势力，南方得以安定。这对各地人民的生活和生产的正常进行发挥了积极的作用。

在经济方面，张居正整顿赋役制度、扭转财政危机，这也是张居正改革的重点。他认为赋税的不均和欠额是赋税不实的结果，所以要解决财政困难的问题，首要的前提就是勘核各类土地。于是，万历八年十一月，他下令清查全国土地。在清查土地的基础上，张居正推行了"一条鞭法"，改善国家的财政状况，从而推动了明朝商品经济的发展，有利于促进资本主义萌芽的产生。

"一条鞭法"在历史上很著名，它是张居正在经济改革方面的重要内容，也是中国封建社会赋役史上的重大变革。明朝初期时，国家赋税制度十分繁杂，当时的赋税以交粮为主，银绢为辅，分夏、秋两季征收，此外还规定农民要服各种徭役，并交纳特殊的土贡等，农民负担较重。

为了解决农民的赋税和徭役繁杂的问题，张居正开始实施"一条鞭法"，其核心内容是："总括一县的赋役，量地计丁，一概征银，官为分解，雇役应付。"就是说把各州县的田赋、徭役以及其他杂征合成一条，合并征收银两，按亩折算缴纳，大大简化了征收手续，同时使地方官员难于作弊。这种办法实行后，没有土地的农民可以解除劳役负担，有田的农民能够用较多的时间耕种土地，对发展农业生产起到了积极作用。同时，把徭役改为征收银两，一方面增加了国家的税收；另一方面也让农民获得了较大的人身自由，使其比较容易离开土地；同时这又给城镇商业和手工业提供了更多的劳动力来源，而没有土地的工商业者可以不纳丁银，这对工商业的发展也有积极作用。

"一条鞭法"的实行和推广，使明朝社会经济得到了进一步发展，政府的税收有了显著的增加，财政状况也有不少改善，太仓储备的粮食多达一千三百多万石，可供五六年之用，比起嘉靖年间太仓存粮不够一年用的情况，是一个很大的提升。

在水利方面，万历六年（1578年），张居正任用了先前总理河道的都御史潘季驯治理黄河、淮河，并兼治运河。潘季驯在治河方面创造性地运用了"筑堤束沙，以水攻沙"的方法，很快就取得了不错的效果。万历七年二月，河工竣工，河、淮分流，此次治河花费不足五十万两，为工部节省资金二十四万两。徐州、淮安之间八百多里的长堤蜿蜒，河水安流。其间，"数十年弃地，转为耕桑"。后来运河也得到治理，漕船也可直达北京，大大便利了粮食和货物的运输。

明穆宗托孤三辅，张居正独揽大权

张居正全面改革，旨在解决明朝二百余年发展中所积留下来的各种问题，以巩固明朝政权。他连续十年担任内阁首辅之职，挽救明朝统治的危机。在军事、政治、经济等方面进行整顿，尤其是经济方面的改革，张居正企图扭转嘉靖、隆庆以来政治腐败、边防松弛和民穷财竭的局面。

经过这次改革，明朝中央集权的封建国家机器得到了强化，基本上实现了"法之必行"、"言之必效"，明朝各级政府的财政收入也有了显著的增加，社会经济有所恢复和发展，国库积银达六七百万两之多，太仓储备的粮食多达一千三百多万石，足够十年的使用。比起嘉靖年间太仓存粮不够一年用的情况，可说是一个很大的进步，同时，一系列的改革也使十分腐败的明朝政局有了很大的改善。

明朝发展到这个时候，本该重开盛世，开启中国历史上又一个辉煌时代，但由于改革触动了相当数量的官僚、地主等势力的利益，因此自然而然地遭遇到了既得利益者的强烈对抗。再者，明朝到此时已是历史积弊太深，积重难返。由于明神宗的懒惰和贪婪，明朝终于在万历年间开始走下坡路，之后也终于未刹住没落的车轮，最终亡国。

明穆宗朱载垕画像

张居正主政十年后去世，年轻的明神宗开始亲政，初期他勤于政务，在军事上发动了"万历三大征"，并且平定了哱拜叛乱和杨应龙内乱，粉碎了日本丰臣秀吉攻占朝鲜半岛的梦想，也算是有所作为。但后期他无心打理朝政，数十年不上朝，只在宫中宠幸郑贵妃等人，终致朝纲混乱、党争不断，史称"万历怠政"，又因未立储君而发生了"国本之争"。

同时各派党争也带来明朝末期政治的混乱，各党为自身利益相互攻击，以至人人自危，宫中阉宦掌握大权，于是明朝在万历中期时走向没落。到了万历后期，明朝国力没落得越来越迅速，社会矛盾也越发尖锐，朝廷、后宫、朋党之间的斗争也越发激烈，闻名于世的明末后宫四大案"妖书案"、"梃击案"、"红丸案"和"移宫案"，都是发生在这一时期。

在古代，宫廷是一个国家中高贵和权力的代表，但其中着实也是一个充满血腥的角斗场，历代皇宫之中，因为对皇位的争夺，不知发生了多少或明或暗的血腥争斗，其间亲情的作用是很少的，明朝也是这样，明末四案就深刻地反映了这一特点。

1566年，嘉靖皇帝病逝，临终第一条遗言就是让裕王朱载垕继位，朱载垕就是明穆宗，年号隆庆。

朱翊钧小时候很聪明，也很会说话，这深得他的父皇明穆宗朱载垕的喜欢。隆庆二年（1568年），朱翊钧被立为太子，那时他刚刚六岁。有一天，父亲在宫中驰马，马跑得很快，朱翊钧对父亲说："父皇是天下之主，小心点，别摔着了。"穆宗皇帝听了，高兴地跳下马来，把他抱在怀里，并给予赏赐。陈皇后因有病另居别宫，朱翊钧每天都随母亲李贵妃去探望她，深得陈皇后的喜爱，听到他的脚步声，她就高兴地从床上勉强爬起来出门迎接。皇后拿来经书考问他，朱翊钧总是对答如流，李氏也很高兴。由于他的关系，两宫相处得十分融洽和睦。

朱翊钧所受的教育是非常严格的，这也正是他继位之初能勤政的原因。朱翊钧被立为太子后，穆宗皇帝便任命张居正为太子太傅。每当太子读书，阁臣和太子太傅都尽心辅导。朱翊钧的母亲李氏，是中国封建社会一位典型的贤妻良母。她对儿子的学习要求非常严格，如果儿子不好好读书，就要长时间罚跪。即使朱翊钧做了皇帝以后，她也不放松。正是由于老师的尽心辅导、母亲的严格管教，朱翊钧的学业进步很快，年轻时就学习了不少治国治民的本领。

然而正当朱翊钧一心一意用功学习的时候，他的父亲穆宗皇帝却因地位和环境的变化，开始不思图治，追求享乐生活。他把国家大事全部推给张居正等人，自己却沉湎于酒色之中，整日深居后宫，在嫔妃间任情纵欲。由于纵欲过度，穆宗身体越来越不好，即使是在他病情最严重的时候，他仍然纵情色欲，不听臣下劝谏。于是在隆庆六年（1572年）五月二十二日，宫中传出穆宗病危的消息。

三天之后，即二十五日，内阁大学士高拱、张居正、高仪被紧急召入宫中。高拱等人进入穆宗寝宫东偏室，只见穆宗坐在御榻上，榻边帘后坐着皇后、皇贵妃，十岁的太子朱翊钧就立在御榻的右边。穆宗让三人上前，他抓住高拱的手，对他临危托孤，说"以天下累先生"，"事与冯保商榷而行"。接着，穆宗命司礼监太监冯保宣读给太子朱翊钧的遗诏：

"遗诏与皇太子。朕不豫，皇帝你做，一应礼仪自有该部题请而行，你要依三辅臣并司礼监辅导，进学修德，用贤使能，无事荒怠，保守帝业。"

穆宗所说的三辅臣是高拱、张居正和高仪三个人，而在遗诏中，司礼监的地位也很重要。冯保作为司礼监秉笔太监兼提督东厂，其实也在顾命之列。三位大学士受托之后，长号而出。第二天，隆庆皇帝即崩于乾清宫。六月初十，皇太子朱翊钧正式即位，次年改元万历，为明神宗。

明神宗朱翊钧登基初期，由于张居正主政，20岁之前的他只是一个象征性的权威，凡事依大学士张居正而行；这是由于张居正成功排挤了高拱和高仪，才得以专断行事的。

按照穆宗的安排，高拱是外廷的顾命大臣中排名最前的；在宫中，小皇帝自然还得依靠冯保。但是，冯保与高拱的关系非常恶劣。此前，司礼监几次掌印太监职位空缺，高拱先后推荐了陈洪、孟冲，就是不愿让冯保做掌印太监。

冯保，字永亭，号双林，今河北省衡水市赵家圈乡冯家村人。冯保于嘉靖年间入宫做了太监，隆庆初年掌管东厂兼理御马监。冯保知书达礼，又喜爱琴棋书画，很有涵养，所以很受穆宗的喜爱，穆宗驾崩时，冯保利用皇权更迭、权力真空的机会，轻松地通过篡改遗诏，就驱走了孟冲，自己做了掌印太监，并成为顾命大臣。万历皇帝即位，冯保历任司礼秉笔太监和司礼监掌印太监，他支持张居正推行的"一条鞭法"，使大明政权一度出现复苏局面。

冯保还有着较好的文化素养，是个很有学问的人，他在司礼监时还主持监刻了《启蒙集》、《帝鉴固说》、《四书》等很多书籍。但是，就高拱而言，同是幼帝的顾命大臣，他与冯保的关系没有回转的余地，对冯保自然是必欲除之而后快。在高拱的授意下，工科都给事中程文、吏科都给事中雒遵、礼科都给事中陆树德都开始弹劾冯保。

冯保和高拱相斗，张居正等人的站队就非常重要了，而张居正表面上是帮助高拱，但实际上张居正与冯保关系非常密切，早就预谋赶走高拱了。

隆庆六年六月十六日，冯保就利用高拱曾经说过"十岁太子如何治天下"这句话，说高拱犯了大不敬之罪，把自视甚高、性格粗直的高拱赶离京城。高拱一走，高仪也因担心自己被牵连，呕血三日而亡。三位内阁顾命大臣中只剩下张居正一人，担当辅弼小皇帝的重任。从此以后，万历朝的前十年，小皇帝的生活基本上是受三个人的管束和教育：一个是自己的母亲慈圣李太后，一个是司礼监掌印太监冯保，一个是内阁大学士张居正。

万历皇帝小时候对冯保非常畏惧。每次万历小皇帝与小太监玩的时候，看到冯保来了，就正襟危坐，说："大伴来了。"冯保的职责不但是对皇帝实行一般的教育，有时还要代皇帝批阅奏折。因此，他与张居正之间的联系更紧密一些，二人关系也很好，同时张居正和后宫中两位皇太后的关系也很好，对小皇帝也很好。实际上，正因为后宫有冯保和两位皇太后、朝廷有张居正等尽心辅佐的大臣，万历初年的新政才能顺利地推行。

张居正终遭清算，申时行两面讨好

万历朝的前十年，在后宫的支持下，张居正在政治和经济上进行了大刀阔斧的改革，使得国家面貌焕然一新，对于改善明王朝的经济状况，有非常大的成效。经过十年的时间，社会矛盾缓和，国家趋于稳定，政府财富激增，神宗小皇帝也成长为近二十岁的青年，准备亲政了。

恰在此时，一代名臣张居正病逝了。时值万历十年（1582年）六月二十日，万历皇帝顺利地获得了亲政的机会。

张居正操劳国事非常用心，以致长期处于疲劳状态，从万历九年到

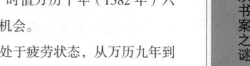

张居正故居纪念馆

万历十年间，张居正一直没有请假，身体健康不佳，次年二月，张居正旧病复发，虽然屡经名医医治，但是张居正自己也知道，早已"精力衰竭"、"不过行尸走肉耳"，不久后死去。张居正死后，神宗为悼念他辍朝一天，给予张居正崇高的待遇：封其谥号"文忠"，赠"上柱国"之衔，封荫他的一个儿子为尚宝司丞，赏丧银五百两。

张居正生前虽然对小皇帝不错，但他万万没有想到，他全心培养的小万历竟是他自己的掘墓人。谁也没有想到，刚刚长大的神宗皇帝朱翊钧亲政之后所做的第一件大事，就是清算已死的张居正。

万历十二年（1584年）八月，神宗在都察院参劾张居正的奏疏中批示道：

"张居正诬蔑亲藩，侵夺王坟府第，箝制言官（负责监督与上谏的官员），蔽塞朕聪……专权乱政，罔上负恩，谋国不忠。本当断棺戮尸，念效劳有年，姑免尽法追论。"

接着张居正的家很快被抄家，一些老弱妇孺因为来不及逃出就被禁锢于张府，抄家的人将张府围了起来，不让出门，也不给吃的，将里面的人饿死十余口；张居正的长子张敬修留下了一份"丘侍郎（橓）、任巡按，活阎王！你也有父母妻子之念……何忍陷人如此酷烈"的遗书，自缢身亡。张居正八十岁的老母，在首辅大学士申时行的请求下才给留下一所空宅和十顷田地。

张居正生前恐怕不能想到，他死后竟然会遭到他一手扶持的神宗如此无情的惩处！神宗这种一百八十度的态度转变，显然是他长久地处于

明末四案之谜

张居正的约束之下的心理变态后的大发泄。

还有另外一种说法，认为是神宗反感张居正与自己母亲的亲密关系才这么做的。有人认为张居正与神宗之母李太后有不正当的男女关系，所以世间多有"黑心宰相卧龙床"的猜疑。那么，张居正跟李太后的私生活到底是怎样的呢？有学者说他们之间或许真有暧昧关系，原由是张居正要靠李太后支持才能完成万历新政，而李太后要靠张居正来维持她的大明江山。当时万历小皇帝只有十岁，张居正是他的老师。两个人的工作、生活重心在两件事上，付出全部心血，一是改革，二是教育，张居正想把小皇帝培养成改革的接班人，而小皇帝是李太后的生活重心。不论国家大事、朝廷政务，还是小皇帝的事，都得两人合作，李太后有句名言："凭张先生的意思办。"整个万历前十年政府公文中，专用名词"先生"专指张居正，所以有人觉得他俩有点暧昧关系，但这只是传说，从来没人掌握任何把柄和证据。

其实张居正的政治悲剧，原因有很多方面，不仅仅是小皇帝对他的嫉妒。首先，张居正做人有蔾自大，他没有给皇帝足够的自信，威权震主，最后才引来了皇帝的报复。其次，张居正执政时期过于专权，得罪的官员太多，被张敬修骂作"活阎王"的丘橓即是其一。

丘橓，诸城人，性格刚直，好争论，隆庆年间罢官在家。神宗初年，很多言官向朝廷推荐丘橓做官。但张居正很厌恶他，没让他重新出来做官。所以丘橓非常恨张居正，神宗深知这点，于是想借其手严办张家，等张居正死后，他特派丘橓跟太监张诚去抄张家。丘橓用法酷烈，不免有公报私仇的嫌疑。

张居正"夺情"一事，也开罪了许多正直的士大夫；禁讲学一事，又开罪了许多知识分子。而且张居正有些不识时务，他对于慈圣皇太后的父亲李伟等人，也没有给予充分的照顾和方便，让太后很不爽，以致神宗清算张居正时，慈圣皇太后并没有为张居正说话。如此看来，张居正是一个极自大的人，不能虚己待人，而是过于刻毒专制。所以，他死后招来报复，从情理上来说也是咎由自取。

但是，对于神宗来说，清算张居正是自己开始亲政的基础，推倒张居正，也就树立了皇帝自己的权威。

神宗亲政后，励精图治，每天治理朝政十余个小时。他废黜考成法等张居正改革中造成的一些弊政，安抚流民，减少徭税，一些新的社会矛盾大大减缓。万历十三年时，北京干旱，神宗还亲自步行至天坛祈雨，而且他生活节俭，有勤勉明君之风范。

继张居正之后，任辅政大学士的张四维、申时行两位阁臣，因目睹张居正生前的宠荣和死后的受辱，自然再不敢以张居正为榜样。因此，曾经以才华出众深受张居正赏识的申时行，深知伴君如伴虎的道理，他吸取张居正的教训，一方面顺从皇帝，一方面用诚意打动整个文官政府。所以人们都认为申时行是一个典型的和事佬。

申时行，字汝默，长洲（今江苏苏州）人。明朝时长洲商业繁荣，文化兴盛，名士辈出。申时行既有文人的才学，又有商人的机敏，他是明代第六十一位状元。状元例授翰林院修撰，掌修国史，申时行也不例外。入翰林院数年，进宫为左庶子。左庶子即为皇太子东宫左春坊的长官，类似皇帝侍中之职。不过，申时行的具体职掌不是侍从东宫，而是以左庶子的身份掌理翰林院。此后又迁为礼部右侍郎，成为礼部的第二把手。

万历五年（1577 年），申时行出任吏部右侍郎。吏部列六部的首位，掌管官吏铨选，职权颇重。当时，内阁首辅张居正正在大力推行改革。张居正是申时行的"座主"（即殿试时的考官），他对申时行极为器重。申时行出任吏部右侍郎，也是他的意思，于是申时行到吏部后，事事秉承张居正的心意，让张居正大为高兴，以为得遇贤才。

就在这年，张居正的老父病逝。按照封建礼节，张居正须辞官回籍服丧三年。但张居正正在推行改革，他怕离开之后改革不能继续。于是暗让户部侍郎李幼孜上疏建议"夺情"。"夺情"是中国古代礼俗，是中国古代丁忧制度的延伸，官员在父母去世之时应弃官回原籍守制，称"丁忧"，服满再行补职。"夺情"的意思是为国家夺去了孝亲之情，可不必去职，以素服办公，不参加吉礼。如朝廷于大臣丧制未终，召出任职，或命其不必弃官去职，可以不着公服，素服治事，不予庆贺，祭祀、宴会等由副职官员代理；出征将帅有父母之丧，因军务不能回家服丧，皇帝一般会诏令其"移孝于忠"，准其在军中戴孝，称之为"夺情"，但在战场上，军机瞬息万变，将帅不能因为家事擅离职守，所以也谈不到去"丁忧"，古人对此多称之为"墨绖从戎"，又称"金革之事不避"。

"夺情"现象在中国文官制度中原本少见，因为中国古代规定官员一旦逢祖父母、父母的丧事，"自闻丧日起，不计闰，守制二十七月，期满起复"。意思是必须请假二十七个月，回乡下守丧，事后再重返官场任职。但是遇到一些特殊情况时，"夺情"也可以合法地不守礼制，如《周书·王谦传》："朝议以谦父殒身行阵，特加殊宠，乃授谦柱国大将军。以情礼未终，固辞不拜，高祖手诏夺情，袭爵庸公。"

到了唐代，国家已经建立起较为完备的夺情起复制度，夺情现象有所增加，但中国人素来重孝。到了唐玄宗之后，夺情现象逐渐减少。

到了明朝时，统治阶级受宋明理学的影响，孝道更加受到尊崇，于是朝廷又明文规定，"内外大小官员丁忧者，不许保奏夺情起复"。明英宗正统七年下令，"凡官吏匿丧者，俱发原籍为民"；十二年又下令，"内外大小官员丁忧者，不许保奏夺情起复"。明代文官夺情起复者主要有阁臣、尚书、侍郎等一些政治人物。一些人便利用各种手段，营求夺情。无论是哪一种形式的"夺情"行为，都会出现道义问题，这也激起了一些士人的反对。

所以，户部侍郎李幼孜上疏建议"夺情"之事，张居正的政敌纷纷上疏反对，张居正迫于强大的舆论压力，翌年三月，回江陵（今属湖北）老家服丧。

张居正临行前，荐举两人入阁参与机务，一位是礼部尚书马自强，另一位就是吏部右侍郎申时行。神宗诏准，命马自强以礼部尚书兼文渊阁学士，申时行以吏部右侍郎兼东阁大学士，入阁办事。不久，申时行被提升为礼部尚书兼文渊阁大学士。

张居正离开后，内阁中还剩下吕调阳、张四维两位阁臣。马自强、申时行入阁，阁臣增为四人。吕调阳因年迈多病，很少到内阁办公，所以在内阁办公的仅是张四维、马自强、申时行三个人。李太后让神宗皇帝下令，国家大事驰告张居正，叫他裁决；小事由张四维全权处理，申时行在内阁大臣中排名最后，仅是充位而已。

万历十年六月，张居正病死，他死后不久，便遭到反对派的诬陷。张四维出任内阁首辅。次年，张四维老父去世，他回家守丧。这时，吕调阳已辞官回家养病，马自强也已病死。内阁中就数申时行资格老了。于是，他继张四维出任内阁首辅。

明神宗怠政不朝，沉湎于"醉梦之期"

申时行任内阁首辅之后，内阁中又新进余有丁、许国、王锡爵和王家屏四人。申时行、许国和王锡爵的里籍都属南直隶，算是同乡，所以相互间关系极为密切。王锡爵是御史李植等力荐入阁的，在朝野有些名望，他曾反对过张居正"夺情"。但李植等与申时行不和，荐王锡爵入阁，原是为了削弱、牵制申时行的权力、行动。谁知，王锡爵入阁后很快便与申时行抱成一团，成为申时行最亲密的盟友。余有丁和王家屏势孤，只能依附于申时行、许国、王锡爵三个人。这样申时行就有效地控制了内阁。

至此，这位来自富饶的苏州府长洲县嘉靖四十一年（1562年）的状元，因上惧皇帝的权威、下怕群臣的反对，于是首鼠两端，正如他的字"汝默"一样，埋头做利于自己的事。申时行在任时还开创了两项很恶劣的先例——章奏留中和经筵讲义的进呈，他也因此被人批评应为神宗的"万历怠政"之举负责。

申时行画像

章奏留中，就是皇帝对于大臣们送上来的奏疏不予理睬，将其放在宫中搁置，既不批示，也不发还。经筵讲义的进呈，就是皇帝不需要参加经筵，经筵讲官们只需要把他们的讲义送到宫中就可以了。这两个惯例的养成，彻底地切断了皇帝与大臣们交流的渠道，给皇帝怠政制造了方便。

于是在神宗皇帝亲政后不久，年纪轻轻的他便不愿再上朝处理朝政了，后来曾二十五年不上朝，史称"万历怠政"。其实这事的根源不在于大臣，而在于皇帝自身，这时的皇帝可能还有点小孩子脾气，他在想皇帝既要亲政，大臣们就应当无为；皇帝既要无为，大臣们就更应当谦逊地表示顺服。这或许是神宗的心态，从某种意义上他就是要乾纲独断。

神宗是一个权力欲极重的人，而且与他的父亲不同，他不是一个平庸的君主。实际上万历一朝的大事，如万历三大征，都是在神宗的布置下进行的。所谓万历三大征，是指在西北、西南边疆和朝鲜几乎同时开展的三次军事行动：平定哱拜叛乱、抗日援朝战争和平定杨应龙叛变。

从万历三大征看来，神宗绝不是一个平庸的皇帝。实际上，神宗对于每一次军事行动，似乎都充分认识到其重要性，而且在战争过程中，对前线将领的充分信任、对指挥失误将领的坚决撤换，都显示了神宗的英明胆略。但从另一方面来看，三大征对明王朝的财政也造成了极其沉重的负担，张居正时期辛苦积蓄的四百万两储金，在万历援朝之战中全部耗尽。国库的空虚，导致明王朝与后崛起的满洲八旗军队作战的军费只能依靠国家不断增税来弥补，这自然给农民带来了极大负担，可以说，增税是明末农民起义的一个主要诱因。

但问题还不在于此，若神宗能励精图治，明朝还是能继续强盛下去的，可是在万历三大征之后，神宗皇帝基本上再无大的作为，因为他很快就开始罢朝不上，怠政不理，只深藏于后宫之中，寻欢作乐。

历史学家孟森在他的《明清史讲义》内称神宗晚期为"醉梦之期"，并说此时期神宗的特点是"怠于临朝，勇于敛财，不郊不庙不朝者三十年，与外廷隔绝"。那么，神宗是什么时候从一个立志有为的皇帝变成一个荒怠的皇帝呢？又是什么事情让皇帝堕落得如此厉害呢？虽然按照晚明的一位名士夏允彝的说法，神宗怠于临朝的原因，先是因为宠幸郑贵妃，后是因为厌恶大臣之间的朋党之争，而学明武宗暗操国家政权，实际上，万历皇帝一生都没有把权力让给他人！但是，某些学者们也认为，神宗怠于临朝，还因为他身体虚弱的原因。比如，万历皇帝爱好抽鸦片、过度饮酒和沉迷于后宫。

不仅如此，在贪财上，神宗在明代诸帝中可谓最有名了。他在查抄了冯保、张居正的家产以后，并未充入国库，而是让太监张诚全部搬入宫中，归自己支配。为了掠夺钱财，他更派出宦官担任矿监税使，到各地四处搜刮民财。

万历十七年（1589 年）十二月，大理寺左评事雒于仁上奏了一疏，疏中批评神宗纵情于酒、色、财、气，并献"四箴"。大臣干涉皇帝的私生活，使神宗非常恼怒。幸好首辅大学士申时行婉转开导，说皇帝如果要处置雒于仁，无疑是承认雒于仁的批评是确有其事，臣民会信以为真的，神宗方才作罢。最后，雒于仁被革职为民。

在处理这件事的过程中，神宗曾召见申时行等人于毓德宫中，"自辨甚悉"。神宗对内阁大学士们说：

"他说朕好酒，谁人不饮酒……又说朕好色，偏宠贵妃郑氏。朕只因郑氏勤劳，朕每至一宫，她必相随。朝夕间她独小心侍奉，委的勤劳……朕为天子，富有四海之内，普天之下，莫非王土，天下之财皆朕之财……人孰无气，且如先生每也有僮仆家人，难道更不责治？"

看来，神宗根本不承认雒于仁对他的批评，纵情酒色还理直气壮。

明神宗章奏留中，袁可立"震门之冤"

神宗亲政期间，几乎很少上朝。他处理政事的主要方法是通过谕旨的形式向下面传递。万历三大征中边疆大事的处理，都是通过谕旨的形式，而不是大臣们所希望的"召对"形式。在三大征结束之后，神宗对于大臣们的奏章的批复，似乎更不感兴趣了。所以，神宗荒怠的情形，还真有前后两个阶段：前一阶段是不愿意上朝听政；后一阶段是连大臣们的奏章也不批复，直接"留中"不发。

也有人说万历皇帝不上朝是因为他身体不好，史载万历十四年（1586年），二十四岁的神宗传谕内阁，说自己"一时头昏眼黑，力乏不兴"。礼部主事卢洪春为此特地上疏，指出"肝虚则头晕目眩，肾虚则腰痛精泄"。万历十八年（1590年）正月初一，神宗自称"腰痛脚软，行立不便"。万历三十年（1602年），神宗曾因为病情加剧，召首辅沈一贯入阁嘱托后事。从这些现象看，神宗的身体状况确实是每况愈下。但他也算是个长寿的皇帝，并不是一直在生病，所以将他的怠政归咎于其身体不好，是说不通的。

但是，按照明朝的制度，皇帝是政府唯一的决策者。一旦皇帝不愿处置，又不轻易授权于太监或大臣，整个文官政府的运转就可能陷于停顿。到十七世纪初期，由于神宗不理朝政，官员空缺的现象非常严重。万历三十年（1602年），南、北两京共缺尚书3名、侍郎10名；各地缺巡抚3名，布政使、按察使等官66名、知府25名。按正常的编制，这时南、北二京六部应当有尚书12名，侍郎24名，总共缺了近三分之一。到万历四十一年（1613年）十一月，南北两京缺尚书、侍郎14名。地方的行政管理也很混乱，有时必须由一个县的知县兼任邻县的知县。照这样的情形，可以想见，万历后期政府运作的效率。

万历二十三年九月，皇宫中景德门遭到雷击，御史袁可立趁机上了一道奏疏，直接指责神宗："若郊视不亲，朝讲久废，章奏之批答不时，宫府之赏罚互异，叙迁有转石之艰，征敛有竭泽之怨。是非倒置，贤奸混淆。使忠者含冤，直者抱愤，岂应天之实乎？"神宗闻奏十分震怒，将袁可立罢官为民。

袁可立，字礼卿，号节寰，又号闲闲居士，睢阳卫籍，睢州城内人。明万历十七年（1589年）进士，官至兵部尚书太子少保，后以子袁枢官河南参政加赠光禄大夫、太子太保。历明万历、泰昌、天启、崇祯四朝皇帝，为"四朝元老"之臣，诰"五世恩荣"之赏。

万历十九年，袁可立出任苏州府推官。在任期间袁可立执法如山，凡有案件，皆刚毅持正，不避权贵，史称袁可立"平反疑狱无数，扬贞汰垢"，知府"倚公如左右手"。

这里有一个名叫石昆玉的太守，以廉直著称，因处理一个案件时得罪了应天巡抚李涞，李涞反诬石昆玉有罪，"中丞劾其不职。得旨，下所司堪问"。因为巡抚与宰相王锡爵有交，有司皆害怕其威，不敢说什么，唯独有袁可立为其出头，为其昭雪伸冤。

董其昌绘袁可立像并题字

在苏州任上，袁可立也做了不少为后人称颂的事情。当时，苏州时有倭寇出没，地方实行"海禁"，一些地方势力动辄以"通海"罪名兴起大狱，不但相互倾轧，还让无辜的百姓受害。吴中有两名青年，一个叫王士绣，一个叫乔一琦，二人平时爱习武弄剑，两人都是侠义之人。为了防倭患，二人组织了一批乡勇习武自卫。其冤家知道后，以重金贿通官府人员，诬其聚众谋叛，欲与倭寇里应外合，将官兵一网打尽。

巡按得知此消息后十分震怒，令衙役将二人及从者缉拿处死。二犯等被押赴刑场之际，大声喊冤不止，袁可立觉得此案疑点重重，认为不能这么草率处决人犯。于是以乌纱和性命作赌将二人保下，经过多方查实，发现果然是冤案。之后，袁可立对二人保家卫国的义举进行了表彰，并查办了诬陷的人。当人犯从法场被解救下来时，天空无云却雷鸣，吴中传为"雷鸣案"，百姓奔走相告。

袁可立在查办一件涉倭案件时，发现被指为倭寇、处以极刑的人一时竟多达数十乃至上百之多，有些案件甚至殃及妇女儿童，他觉得其中必有隐情。于是他不惜得罪一些急于邀功的高官权贵，对案件进行重审，先后使千余名无辜百姓免遭屠戮，最后释放了他们，还给一些贫困而不能归家者给予路费，百姓对此称赞不已。

有一次，袁可立奉命巡海，他乘船来到琉球诸岛，一位李姓千总邀袁可立共饮，席间赠给袁可立出赠三把倭寇"武士刀"，袁可立见刀面光洁如玉，十分喜爱，但他还是谢绝了千总赠刀，因为他凭经验发现这并不是倭刀，而是来源于琉球之物。不出几日，海上传来战报，说打了胜仗，击毙倭寇数百，擒获二十名俘虏和大量物资及船舰。但在审验时没有得到这些战俘的口供，又没有证据，案件陷入停滞之中，但急于报功的军方要求草草结案将战俘处死。

巡按官员感到案件有些棘手，就交给袁可立查办。袁可立接手时，已经有两人在刑讯逼供时毙死杖下，另外的十八人也被人以毒药致哑无法辩冤。袁可立知道其中大有原因，于是据理力争，上奏朝廷将人犯暂押于狱中候审。之后他仔细地查验了所缴获的物品，发现了他曾经见过的三把"倭"刀也在其中，竟又被当作"战利品"上报了。袁可立马上找来李姓千总对质，但千总死不承认诬良为盗，并一口咬定说这些人就是在海上俘获的倭寇。

不久，琉球贡使前来中国，袁可立就请他们过来指认，贡使辨认出这些全都是琉球清白的良民，是一次在海上运输粮食时因大风失舵而漂流海上，不幸被官兵抓来，让其冒充倭寇邀功。后来这十八个琉球国民被无罪释放安全回到了家中。为感谢袁可立救命之恩，他们在琉球国为其建庙塑像奉祀，敬若神灵。

万历二十二年，袁可立被升为山西道监察御史，苏州百姓箪酒相留，哭送百里不绝。后来袁可立以御史身份巡视京都西城，时有皇帝弄臣仗势杀人，百官皆不敢问，袁可立就重捶抵罪，将弄臣的罪行张榜于五都衢。这时便有人持重金找到袁可立，袁可立勃然大怒道："杀人者死，朝廷法也，即弄臣顾可脱乎？吾知有三尺，不知弄臣。"于是将说者驱之门外，众阉知道后对袁可立怀恨在心。

袁可立的同僚们都为他捏一把汗，但袁可立早已将生死置之度外，在命案和王法面前并没有给皇上留面子，毅然将弄臣正法于市，于是万民直呼"袁青天"。自袁可立巡城，无论皇亲国戚，还是朝中重臣，凡有贪纵不法，袁可立一并弹劾论处。他还亲自审理有重大影响的疑难刑事案件，为其昭雪伸冤，惩治奸吏无数。一时京城"贵戚敛手"，但他也由此触怒权贵，为日后的罢官埋下了祸根。

万历二十三年，景德门遭雷击后，袁可立又上疏针砭时弊，说：

"近年以来，景德门议论颇多，致干圣怒，摈斥不下百十余人。岂言事诸臣尽不可用耶？如使诸臣为济私，孰与缄口持禄，附会保全之为便？使诸臣为市恩，孰与将顺曲从，得君固宠之为愈？使诸臣为沽忠卖直，亦必其人有怀忠慕直之心，耻为依回淟涊之态者。如概弃不用，臣恐謇谔之士不蒙甄录，相率噤口结舌，国家大事谁复为皇上言之！"

此疏上奏后，神宗大为不爽，袁可立被夺俸一年，但袁可立不为动，再次上疏，矛头直指皇帝："礼祀不亲，朝讲未视，章奏不以时批答，废弃不皆录用，传造日增，赏罚日滥，非所以尽修省之实。"在批评神宗之外，袁可立还尖锐地指出时局之艰危，"西虏跳梁，播酋负固东海，倭患未熄，中原灾害频仍"，并力谏皇帝"亲郊祀，勤朝讲，批章奏，录遗贤，明赏罚，化朋党"。此疏上奏后，更触怒了神宗皇帝，万历二十四年正月初十，袁可立被削职为民，沉冤达二十六年之久。朝中大臣为袁可立鸣冤者十数年不绝，帝皆不听，史称"震门之冤"。

罢官期间，袁可立也没闲着，他与文友结诗社，教化地方，礼贤父老，调停事务，并主持修复睢郡城池，他仍然想办法造福于民。

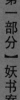

明末四案之谜

【第一部分】妖书案之谜

言官以身许国，却因党争互斗

　　袁可立被罢不用，也说明万历后期的大明君臣干的都不是正经事，国家也就渐渐生出了三大毒瘤，一是"党争"，二是"矿税"，三是"辽事"。这三大毒瘤，由内到外，由上至下，把个如日中天的大明国搞得千疮百孔、乱象丛生。

　　一个朝代或国家的国运走下坡路的时候，往往就会党争起、赋税重、民怨兴、外患至。在内忧外患之下，领导层还会分成数派相互争斗，到这种程度的时候，朝廷也就彻底没救了。万历后期的明朝，就是这种情况。

　　万历以前，朝廷可以说没有什么党争，因为皇帝能控制朝政。万历前十年，有强势内阁控制朝政，如高拱和张居正，没有人敢闹小派别，所以也没有党争。从万历十三年后，皇帝整日待在后宫，不管政务，于是朝政日趋败坏，廷臣也就有了门户之别，这就是"党争"。这里说的"党"，与现代社会的政党，含义是不一样的。

　　万历二十四年时，神宗荒怠于上，百官党争于下，这就是万历后期的官场大势。官僚队伍中党派林立，门户之争日盛一日，互相倾轧，成为中国历史上党争最严重的时期，以至"明末党争"成为专有历史名词。

　　明末党争主要指明末东林党与阉党（又称宦党）、浙党之争。从明朝万历时起，朝政日趋腐败，党派林立，党争迭起。万历三十三年（1605年），被明朝政府革职的吏部郎中顾宪成，与高攀龙、钱一本、薛敷教、史孟麟等人，在他的故乡无锡东门外东林书院讲学，顾宪成这一批精英，号称"东林八君子"。在他们带领下，江浙文士集会立约，互称同志。他们讲学不是为了普及文化知识，也不空谈心性，而是重在"经世致用"，是想着能够怎么样治国，替当权者分析如何治理国家，而且他们讽议朝政、品评人物、抨击当权派，以天下清流自居，此举在当时很得人心，更得到了淮阳巡抚李三才的支持。

对于当时的情况，《明史·顾宪成传》说一时"士大夫抱道忤时者，率退处林野，闻风响附"。不得志的知识分子和下野的官员都纷纷跑来投靠东林党，甚至一部分在职官吏，如赵南星等也遥相应合，与他们相对立的官员们看不惯，指其为朋党，诋毁他们是"东林党"，东林党以此得名，所以"东林党"这个称呼一开始本来是个恶名，后来叫开了，加上东林党出了一些极有气节的忠臣能臣，渐渐才成为一个带有褒扬意义的词。

东林书院牌楼

与东林党同时的，还有另外一批官吏、士绅组成的浙、齐、楚、宣、昆各派。这些派相互之间也有矛盾，但他们都与大地主集团相互勾结，其中以浙、齐、楚三党最大，因此也多称他们为"三党"。宣党首领汤宾尹是宣城人，昆党首领顾天峻是昆山人，其他各党皆以乡里命名。在这些党派中，浙党势力较大，浙党首领沈一贯、方从哲曾先后出任内阁首辅，在朝当政，影响力很大。

这些党派在一件事上能同心合力，就是"以攻东林排异己为事"。到万历末年，三党执政，将东林党从朝中一扫而光。后来，东林一派有个监生汪文言，设计离间齐、浙两党官员，造成他们内讧，致使东林官员在天启初年又逐渐得势。东林党人叶向高、邹元标、杨涟、赵南星等控制朝政，三党一度又受到排斥，但他们并没有风光多久，以魏忠贤为首的阉宦与部分官员勾结，很快形成所谓"阉党"。魏忠贤控制了皇帝，全力打击东林党，使东林党遭受重挫，上演了明末的一场悲剧。

东林党人大多为正人君子，其目的无非想重建道德威权，挽救颓局。因为他们富于人格魅力，所以颇能激励人心。但在皇权制度下，党争不可能形成民主政治，即便打着道德的旗号，到最后也成为了党同伐异的工具。高调之下，有不少行为太过狭隘；以现代的眼光判断，好像仅仅是为了斗倒对手。

同时，东林党之败也败在成见太深，排斥异己太甚，把不少可争取的人推到阉党一方去了，这也是东林党最后终败于阉党的原因之一。此外，东林党人多为书生议政，在台下时，批评人家头头是道，上台后却无张居正的施政本领，于是他们也错失了扭转大局的良机。

东林结党给明朝造成的损失也是很大的，这是一个需要认真反思的历史教训，不少人对东林结党的危害认识不足，而被东林党华丽的词藻和"清流"的外衣所迷惑，对其多有追捧和誉美之词，这样看东林党也是不全面的。

明末，党争相斗的时间，大致从万历二十二年"京察"（考核官吏）开始，一直到弘光元年（1645 年），始终没有停止过。无论是在政治问题上，还是在军事问题上，都争论不休。开始是东林党和齐、楚、浙三党之争，后来演变为东林党与阉党之争。明神宗皇后无子，王恭妃生子常洛（即光宗），郑贵妃生子常洵（即福王），常洛为长。但神宗宠爱郑妃，欲立常洵，乃迁延不立太子。内阁大学士王锡爵、沈一贯、方从哲等先后含糊地附和神宗，东林党人上书反对，各党派又群起反对东林党。于是有"国本"之争、三王并封之争、福王就国之争、"三案"之争、"李三才入阁"之争，东林党与它的反对派在立太子问题上展开了长达20多年的争论。最后，神宗终于立朱常洛为太子，郑贵妃及外戚的权势受到一定的压抑。但东林党推李三才为相的愿望也没能实现。

到熹宗天启帝执政时，统治阶级内部的党争愈演愈烈。最初，东林党人叶向高、邹元标、杨涟、赵南星等人得到执政的机会，浙、昆、宣各党派一度受到排斥。没过多久，以魏忠贤为首的阉宦与浙、齐、楚、宣、昆各党中的一部分人结成联盟，被东林党称为"阉党"，异军突起，魏忠贤是司礼秉笔太监，又是东厂的提督，爪牙有五彪、十狗、十孩儿、四十孙等名目，朝廷内外，"遍置死党"，从而把持朝纲，为所欲为。东林党人激烈反对"阉党"掌权。杨涟上疏劾魏忠贤二十四大奸恶，被锦衣缇骑逮捕。左光斗、魏大中、周顺昌、黄尊素等人也被捕处死，东林党受挫。崇祯帝继位，捕杀阉党。在南明福王的政权下，东林党人与阉孽的斗争仍在继续，如"复社"与马士英、阮大铖的斗争。

在党争的过程中，东林党人反对以皇帝为首的当权派的胡作非为，反对王公贵族对土地的掠夺，反对矿监、税使的横征暴敛，他们代表了人民的愿望，得到了百姓的支持与拥护。但明末激烈的党争大大削弱了明朝的力量。正如梁启超所言，明末的党争，就好像两群人打架，一直打到明朝灭亡才算是告终。

这话是有一定的道理的。一般的言官只要陷入党争，就不惜夸大其词，混淆是非。言官是古代封建官僚结构的一个重要的构成部分，包括监官和谏官，监官是代表君主监察各级官吏的官吏，谏官是对君主的过失直言规劝并使其改正的官吏，在古代两者并称台谏，通称"言官"。

通常，言官们主要负责监督与上谏，职在讽议左右，以匡人君。监察方式主要是谏诤封驳，审核诏令章奏。所以言官的权力算是比较大的。

中国古代社会十分重视对中央与地方百官的监察，历朝历代不乏相关机构与制度的建设。明朝建立了历史上最为完善的监察制度与组织机构，并由此形成了一个十分独特的言官群体。按照明制，这个群体总人数一般保持在二百人左右，为历代之最。

明代言官主要由都察院御史和六科给事中组成，这些官员大部分品秩不高，甚至很低，但其政治地位却极为突出。从明初朱元璋开始，明代便从制度上赋予了言官广泛而重要的职权，其中尤其为人们所关注的是规谏皇帝，左右言路，弹劾、纠察百司、百官，巡视、按察地方吏治等。大凡从中央到地方的各级衙门，从皇帝到百官，从国家大事到社会状态，都在言官的监察和言事范围。所以，明代言官身份独特，职权特殊，并以群体的面貌在朝野间形成一股威慑力量。

朝廷既然把特权赋予言官，也就会对言官的政治素质提出特别的要求。正如宋代司马光所言："凡择言官，当以三事为先：第一不爱富贵，次则重惜名节，次则晓知治体。"这就说明了朝廷对言官的道德品性及政治素质的要求是非常苛严的。从明代选用言官的情形看，以下几条是最基本的：一是"必国而忘家，忠而忘身"，二是必须正派刚直，介直敢言，三是学识突出，既通晓朝廷各方政务，又能博涉古今。除此之外，还须具备一定的仕途经历，做人稳重历练；甚至对年龄、出身以及文章、言语等方面的能力也有具体的要求。

明代的言官在历史上非常有名，有很多重名节的人士，他们在诸多重大问题上都做出过震撼人心的举动，尤以对皇帝的规谏最为突出。比如，嘉靖皇帝沉溺不理政事，一心修道，御史杨爵痛心疾首，上书极谏，被下诏狱，备受酷刑，数次昏死，仍泰然处之。其他言官得知后即冒死声援，也付出了血的代价。

由于言官对于皇帝的德行非常关注，那些游戏国事、昏庸不振、生活奢靡、长期怠政的皇帝就经常遭到言官的批评谏诤，以至于皇帝也害怕言官。比如，一日，万历皇帝在宫里演戏嬉乐，忽闻巡城御史呵呼声，亟命止歌。别人问为什么，他说畏御史。

除监督和规劝朝廷外，明代言官的另一个主要职责是监督、制约朝廷重臣，而从明代的历史来看，几乎无一内阁首辅没有受到言官的弹劾和抨击的，其中大部分首辅都是在言官的舆论攻势中告别政坛或离开要职的。比如，在严嵩专权乱政的二十年间，言官从未停歇过对严嵩父子的斗争。虽然言官们付出了惨重的代价，重则被杀害，轻则受杖责、遭流放，但仍然弹劾不止，终使严嵩父子得到应有的下场。

上述两者外，有不少言官们甚至还管起了皇帝的家事，宫廷之中的皇后、嫔妃或宫女都受到他们监督，本书所讲的四案中，就有不少是言官们与郑贵妃和李选侍进行斗争的事情。还有明代政坛上为祸甚烈的宦官，同样是言官监视、打击的主要对象。那些依靠皇帝或皇后逐渐权势熏天、炙手可热的宦官，经常受到来自言官的舆论制约和冲击。比如，神宗皇帝聚敛天下财富，派出大批宦官充当矿监税使，鱼肉地方，大批言官即纷起抗争，交章弹劾，言辞亢直激烈，不断给神宗皇帝施加压力。正是言官的努力，终于使皇帝与宦官的上述劣行得到遏制。

此外，从中央到地方，言官在澄清吏治、除暴安民以及经济发展、边防维护等方面，都起着极大的积极作用。在明代国家与社会发展的各个领域，都可见到言官主动而积极的身影。面对权势与劣迹，言官们淋漓尽致地展现出这个群体前赴后继的风节和勇于献身的精神。明代历史上，人们熟知的诸如夏言、郑晓、唐顺之、海瑞、袁可立、杨涟等等，都曾担任过言官，并在言官职位上留下了铮铮响名。此外，还有许多言官忠贞职守而鞠躬尽瘁、铁面无私而秉公除暴、安贫乐道而廉洁自重等等，留下了动人的事迹，堪称楷模。这种楷模是古今每一个时代都需要的。

追溯言官勇于直言极谏的气节和精神，应是源于儒家的政治伦理、道德传统的浸染和塑造，在儒家治国平天下的人生目标的激励下，众多官僚士大夫恪守为君、为国、为民的基本原则，直言敢谏、以死而诤，所谓"臣言已行，臣死何憾"，其中虽然多有愚忠的内涵，但于国、于民、于社会都是有益的。当然，明代从明初朱元璋开始，便赋予言官群体以特权，并从制度上加以保障，这也是明代言官敢言敢谏的重要原因。

明代言官还形成了一种强烈的群体意识，其中一大批言官忠实地履行着监督与纠察的职责，拨乱反正，正本清源，

海瑞雕像

前赴后继，视死如归，以忧国忧民为己任，形成一股强大的舆论力量，对朝廷的各种权力体系起到了一种制约与规范的作用，同时在很大程度上遏制了由于权力带来的弊端以及衍生出来的种种腐化因素。

当然，由于皇权制度的局限，言官们所说的话不可能皆如其所愿，也有些人素质不高，所以也不乏附势苟全、趋利避害、甚至枉法残民之辈，尤其是明中期以后，随着朝政的腐败，不少言官为了个人或集团利益，身陷门户之争，党同伐异，朋比为奸，置国家命运于不顾，对于国家衰败起了助推作用。

如任用边帅的问题上，言官们相互之间的党争掩盖了对贤愚的判断，以致辽东军事屡次出现用人不当，导致建州女真崛起，给明朝带来了极大的隐患。所以明末的党争实际也是政治精英的内耗，即使在"三党"中，原本也有政绩与才干很不错的官员，但是一旦卷入党争中，力量就都使到如何整人上面去了。就这样，皇帝怠政，官僚纷争，一个庞大国家失去了权力重心。张居正时代那种政令统一、上下齐心的局面，

恍如隔世。国家中枢的控制力衰弱了，下面又民乱四起，强邻也悄然崛起，国安得不亡？因此，说党争是明亡的重要原因之一也不为过。

但党争的出现，以及明亡的恶果，最初未尝不是由神宗的荒怠政务造成的。所以《明史》对于明神宗的评论是："论者谓：明之亡，实亡于神宗。"可谓一语中的，清高宗乾隆在《明长陵神功圣德碑》中也写道："明之亡，非亡于流寇；而亡于，神宗之荒唐，及天启时阉宦之专横，大臣志在禄位金钱，百官专务钻营阿谀。及思宗即位，逆阉虽诛，而天下之势，已如河决不可复塞，鱼烂不可复收矣。而又苛察太甚，人怀自免之心。小民疾苦而无告，故相聚为盗，闯贼乘之，而明社遂屋。呜呼！有天下者，可不知所戒惧哉？"

但不少人对此说法有争议，因为明亡的三大因素是：一、党争，东林党与非东林党之间的斗争一直持续到南明灭亡才停止；二、阉人专政，明朝先后出过王振、刘瑾、魏忠贤等等著名的专权太监，皇帝对他们的偏听偏信对朝廷风气造成了极坏的影响；三、内忧外患，明王朝后期满洲与明末农民起义爆发对大明王朝的瓦解也起了极大的作用，仅仅将其归结于万历一人是不公平的。

黄仁宇在《万历十五年》一书中将万历皇帝的荒怠，联系到万历皇帝与言官群体在"立储之争"观念上的对抗，说怠政是万历皇帝对文官集团的一种报复。黄仁宇说："他（即万历皇帝）身上的巨大变化发生在什么时候，没有人可以作出确切的答复。但是追溯皇位继承问题的发生，以及一连串使皇帝感到大为不快的问题的出现，万历十五年（1587年丁亥），即可以作为一条界线。这一年表面上并无重大的动荡，但是对本朝的历史却有特别重要的意义。"若站在心理学的角度，朱翊钧的这种怠政也可以被理解为习惯性无助或忧郁症的临床表现。

明神宗大婚，王皇后受宠

万历时期政治的混乱，体现在朝廷中央，便是国本之争。我国古代有"太子者，国之根本"之说，所以国本之争就是指围绕太子之位的争斗，史学上的国本之争，基本就是指围绕神宗晚年立谁做太子的各方势力之争。

晚年的明神宗由于宠信皇贵妃郑氏，对自己先前所立的宫女王氏所生的皇太子朱常洛很不喜欢，于是处心积虑地想废掉朱常洛，打算立郑贵妃所生皇三子朱常洵为太子。为此神宗还曾与郑氏秘密宣誓，一定会立朱常洵为太子。但是，迫于朝臣和皇太后的压力，神宗也不敢轻举妄动，只是找各种借口为难皇太子。由于神宗并不喜欢这个由宫女所生的儿子，也没有要立他做太子的打算，只是后来在皇太后和大臣们的压力之下才被迫册封朱常洛为皇太子。

贵妃郑氏是大兴（今北京大兴）人，明万历初入宫，是万历皇帝最宠爱的妃子。郑氏于1565年出生，父郑承宪，万历九年（1581年）八月，朝廷下诏选美备嫔妃。十年二月，册郑氏为淑嫔。十一年八月，晋德妃。十一月乙巳日（1584年），郑德妃生皇次女（云和公主朱轩姝）。十二年（1585年）七月，晋贵妃。十二月十九日，贵妃郑氏生皇次子（邠哀王朱常溆）。十四年（1586年）正月五日，贵妃郑氏生皇三子（福王朱常洵，追尊恭宗）。三月，晋封皇贵妃。

郑贵妃画像

在郑贵妃生朱常洵之前，神宗皇帝已与一王姓宫女生了一个儿子，即后来的太子朱常洛，但从一开始，此子即不为神宗喜欢，任谁也难改变他的这种态度。

神宗皇帝十四岁时结婚，其时为 1578 年，礼部奉慈圣皇太后李氏旨意，选得锦衣卫指挥使王伟的长女王氏为万历皇后。皇后王氏是余姚人，但生长在北京，当时年仅十三岁，择得黄道吉日，由张居正等人主持，于二月十九日完成了皇帝的大婚典礼。

明代的嫔妃和宫女大都来自北京和周围省份的平民家庭，像选后妃一样，容貌的美丽与否并不是唯一标准。凡年在十三四岁或者再小一点的女子都可列在被选范围之内，但是他们的父母必须是素有家教、善良有德的人。明宫选后妃的条件包括：相貌端正，眉清目秀，耳鼻牙齿要周正整齐，身无疤痕，并且言行有礼。宫女的标准有别于后妃，各方面标准比后妃略低。她们在经过多次的挑选后，入选者便被女轿夫抬进宫中，仿佛是一步登天，从此却再难跨出皇宫一步。

对于神宗皇帝来说，他的大婚并不激动人心。他和这位十三岁的王氏少女结婚，完全是依从母后的愿望。但王皇后相貌端庄，举止稳重，个性严谨，体弱多病，虽不是神宗心中的佳偶，但婚后最初几年，两人的关系倒也过得去。王皇后不仅悉心照料神宗的衣食起居，而且经常帮神宗整理朝臣章奏，凡是神宗看过的章奏，王皇后都认真封识，然后一一收好，神宗只要提起某件事，王皇后就能迅速准确地取出有关的奏章交给神宗。神宗对她做事麻利和仔细颇为满意，因而对她的父兄也不断施恩，先是将她的父亲由都督封为永年伯，接着准备授她的两个兄弟为锦衣卫指挥使，只是张居正等内阁大臣反对，神宗作不了主，只好改授皇后的两个兄弟为锦衣卫正千户，因为未能如愿，神宗还为此闷闷不乐了几天。

但这时的神宗皇帝显然还是情窦未开，他虽然对王皇后不错，但在性方面可能没有兴趣，那个在他生活占有重要地位的女人郑贵妃，还要在几年之后才会出现在宫中，这时的他每天接触的是学业和寻找好玩的事物，由于母亲对他管束较严，他不免感到空虚和烦闷。

太后年高，望孙心切，在她心中对孙子的企盼是越早越好、越多越好。按照祖制，皇后一经册立，皇帝再册立其他妃嫔即为合理合法，她们都可以为皇帝生儿育女。于是在万历十年（1582 年）三月的一天，十八岁的神宗再次结婚，同时娶进九嫔，一下又有了九个老婆。按照皇家礼数，王皇后要带着九位嫔御去拜告祖庙，但她在做这件事时心里很不高兴，她极不愿意更多的女人和她争宠。于是她审视着九嫔的脸，发现有一个姓郑的淑嫔生得十分俏丽。王皇后心一沉，直觉告诉她这样的美色对丈夫是极大的诱惑，她感到了一种威胁，不由得狠狠盯了淑嫔一眼。

王皇后的预感不久成为现实，神宗果然对郑淑嫔十分宠爱，整日沉溺在与郑嫔的卿卿我我之中，皇后宫中很少再出现神宗的身影。这时的神宗无疑早已移情别恋，也许是在郑嫔的怂恿下，他不仅冷落了王皇后，而且削减她的膳食、服饰及侍从，她生病时也不去探望。

王皇后的遭遇很快传到外廷，臣民们为此吃惊不已，暗暗忧虑，有一个叫王德完的工科都给事中上疏进谏，婉转地求皇上厚待中宫，神宗却览奏大怒，将王德完下狱拷打。尚书李载、御史周盘上疏，请示皇上赦免王德完，又被神宗责骂。内阁次辅沈一贯则秘密上疏给神宗，请他作冷处理，否则激起官员们为王德完请命，后果会比较严重。

第二天，神宗只好下圣谕自我解释，说皇后是圣母选择的元配，现在与朕同处一宫，少有过失，怎么会不优待她。只是近几年来，她的脾气变坏，朕常常教训她，要她恪守妇道，她也知悔改，并没有生病一事。然后又让人将王德完暴打一顿，赶回老家。

之后，神宗害怕朝臣再为皇后的待遇问题没完没了地进谏，只好不情愿地改善王皇后的生活条件。

虽然神宗削减王皇后的待遇标准是让人非议，但王皇后在神宗娶九嫔后的表现也确实让人难以接受，史料上有神宗谕中说其"悍戾不慈"的劣迹。

在神宗娶九嫔之前，王皇后已生下嫡长女荣昌公主，她每天除了去定时侍奉神宗的嫡母仁圣太后，便是与年幼的女儿为伴，日子过得还可以；但自神宗娶九嫔之后，因为竞争者突然增多，她一时接受不了，觉得自己虽有皇后尊荣，却享受不到一个普通妻子应有的快乐，常常心情郁闷，暗自垂泪。

王皇后对郑氏非常嫉妒，但从不敢流露出来，她知道本朝历史上，宣德、景泰、成化、嘉靖四朝都有废后之举，她没能生个儿子，又不被皇帝喜欢，神宗要找借口废她是轻而易举的事，所以她虽然醋意大发，却对皇帝的所作所为从不干涉，对他的妃嫔也不为难，对自己该履行的职责也按部就班地照办不误，以求自保。由于内心的欲望长期得不到满足，王皇后的心情总是浸泡在痛苦和仇恨中，于是常在宫人身上发泄愤恨，史载她在后位的四十二年中死在她棍棒下的宫女不下百余人，她身边的太监也绝大多数都被她关过禁闭和降谪。

明神宗春风一度，王氏女诞下皇子

神宗大婚后第三年，即万历九年（1581 年）冬季的一天，神宗到母亲宫中问安，当时母亲不在宫中，一位十六岁姓王的宫女早早起床，梳洗打扮后便忙开了，却没曾想她的命运将发生意想不到的改变。

明神宗朱翊钧画像

作为宫女，王氏每天有很多的事要干，正在忙的时候，神宗信步来到她身边，让在一旁干活的她端水给他洗手，王氏连忙打好水，双手捧到神宗跟前。神宗看了一眼王氏，只见她相貌姣好，神态大方，眼光竟盯在了她的脸上。王氏见神宗注视着她，一抹红晕飞上脸颊，含羞地低下头。许是心情愉快的缘故，神宗竟被王氏少女的娇怯打动，不知怎么突然兴致高涨，动情地要临幸她，但王氏不愿意，神宗知道母亲不在宫中，也大胆起来，不管王氏愿不愿意，强行和王氏发生了关系。

按规矩，皇帝在私幸之后就该赐一物件给王氏，作为临幸的凭证，何况这一举动已被文书房的太监记入《内起居注》。但由于王氏是神宗母后宫中的宫女，虽然母后不会因为这件事去指责他的不轨，但他还是没揣摩透母后的心思，只是感到此事不大光彩，深怕母后的痛责，于是在强幸王氏之后，不顾王氏那哀怨的眼神，急忙穿衣束带后逃出了慈宁宫，却不料春风一度，王氏一次就怀了孩子。

几个月之后，王氏体型的变化被慈圣太后识破并盘问出来。这位老太后面对此情此景，想起自己当年作为宫女时的苦难与辛酸，因而对王氏的景况深表理解和同情，同时也为自己有了抱孙子的机会而大为高兴。一日，万历帝陪母亲慈圣皇太后吃饭，席间太后向万历帝问及此事，他却矢口否认。对万历一向管束严厉的慈圣太后有些生气，她立即命人取来《内起居注》，叫万历自己看。事实面前，万历窘迫无计，只得低头如实承认。慈圣太后又望着儿子好言安慰说："吾老矣，犹未有孙。果男者，宗社福也。母以子为贵，宁分差等耶？"

慈圣太后名李彩凤，是漷县人（今北京市通州区漷县镇），父亲李伟是位乡村的泥瓦匠。家乡遭受虫害之后，李伟携家带口到北京城里谋生。随父来京时，李彩凤只有十二岁。三年后，生活无着的李伟，将李彩凤送往裕王府当一名使唤丫头，这是泥瓦匠李伟一辈子做的最为正确的一件事，他一生的荣华富贵从此开始。因为这位裕王就是朱载垕——将来的明穆宗。

李彩凤刚进入裕王府邸时，服侍裕王继室陈王妃。因为裕王元配李王妃及所生一男一女都早逝，继室陈王妃为裕王生过一个女儿，不久就夭折，从此再没有生育。不知怎么裕王看上了李彩凤，让她当了小妾，在进裕王府的第三年，李彩凤为裕王生下第一个儿子，这就是后来成为万历皇帝的朱翊钧。两年后，她又为裕王生下第二个儿子，即是后来的潞王。凭着这两个儿子，李彩凤由一个卑微的王府宫女晋升为才人。

裕王朱载垕登基成为隆庆皇帝后，陈王妃被晋封为皇后，李彩凤则被晋封为贵妃。隆庆皇帝在位六年就去世，死时只有三十六岁。隆庆皇帝死时，李贵妃只有二十八岁，她儿子朱翊钧登基时只有十岁。这时的朝廷进入了"主少国疑"的非常时期。在万历帝登基的第一个月里，李贵妃做了两件事：第一，撤换司礼监掌印太监，将孟冲换成了冯保；第二，撤换内阁首辅，将高拱换成张居正。从此，李太后内依靠司礼监掌印太监冯保、外依靠内阁首辅张居正，推动了明朝中兴的"万历新政"，使本已气息奄奄、病入膏肓的明王朝迅速恢复了生气。

明神宗即位后，尊李贵妃为慈

慈圣太后李彩凤画像

圣太后，陈王妃则被尊为仁圣太后。如今身边的宫女被强幸怀孕，让慈圣太后想起了当年在裕王府中发生的事情，于是在其力主之下，被神宗强幸的王氏被册封为恭妃，孕期足月后王恭妃生下一个男孩，这个男孩就是神宗的长子，一生备遭神宗皇帝冷遇的皇帝——明光宗朱常洛。

郑贵妃恃宠而骄，生儿子欲立太子

到了1582年三月，受神宗宠爱的郑氏被册封为淑嫔，此时她来宫中已有两年，这位长得乖巧玲珑的女子，尽管十四岁进宫，两年之后才受到皇帝的宠爱，但她一介入神宗的生活，就使这位年轻的皇帝把王皇后和王恭妃置于脑后。更不寻常的是，他和这名女子的热恋竟终生不渝，而且还由此埋下了危及明朝政治的宫廷危机，最终导致大明帝国深受重创而最终沉沦。

郑贵妃之所以能赢得神宗的欢心，并不只是因为她的美貌，更多的应该是由于她的聪明机警，懂得媚惑，有宫中其他女人少有的才华。如果专恃色相，则宠爱绝不可能如此历久不衰。郑妃看清了作为一个异性伴侣所能起到的作用，深知怎样以自己的个性去填补皇帝精神上的寂寞。

在皇帝面前，别的妃嫔常是百依百顺，心灵深处却与皇帝保持着距离和警惕，唯独郑妃是无所顾忌，她敢于挑逗和讽刺皇帝，同时又能聆听皇帝的倾诉，替他排忧解愁。在名分上，她属于妾妃，但在精神上，可能她已经不把自己看成皇帝的姬妾之一，而是皇帝的妻子，或者说是管家婆，同时万历皇帝也真正感到了这种精神交流的力量。她不但不像别的妃嫔一样跟皇帝说话时低首弯腰，一副奴才相，反而公然和皇帝使小性子、斗嘴……这种"大不敬"的行为，其实恰恰是皇帝最缺的，除她之外，是没有人敢做的。也正是她表现得不同，万历皇帝才把她引为知己而更加宠爱，不到三年就把她由淑嫔升为德妃再升为贵妃。

1586年，郑贵妃生下儿子朱常洵。由于万历皇帝对王恭妃和郑贵妃的待遇不同，长达几十年的"国本之争"，便在此子的降生之时揭开了帷幕。

朱常洵一降生，神宗就欲立他为皇储。但废长立少，是不合乎封建礼法的，公卿大臣怕神宗真的走这步棋，遂推内阁首辅申时行为首，联名上疏，请立朱常洛为皇储。神宗却置之不理。于是通过这次上疏，申时行彻底明白了神宗的心意，那就是立朱常洵为皇储。

申时行既想讨好神宗皇帝，赞同他废长立少，又怕此举得罪文武大臣。他想来想去，决定采取首鼠两端的策略，在神宗面前赞同废长立少；在群臣面前，则装作恪守礼法，反对废长立少，就这样做了墙头草。

一些大臣见神宗不听劝谏，便把攻击的矛头指向郑贵妃，大加指斥。神宗见爱妃遭到贬斥，大为光火。申时行见状，为讨好神宗献上一计：官员上疏言事，范围限定在自己的职掌内；不是职权范围的，不得妄言；各部各院的奏疏，都先交各部各院长官，由他们审查，合乎规定的，才准上呈皇帝。神宗对此妙计大加称赞。从此，没人再敢指斥郑贵妃了。

但群臣建议尽快立朱常洛为皇储的呼声不断，申时行也装模作样地上疏劝谏了几次。神宗不能不有所表示了。万历十八年，他下诏说："朕不喜鼓噪。最近诸臣的奏疏一概留中，是痛恨一些人离间朕父子。若明年你们不再鼓噪，就于后年册立。否则，等皇长子十五岁以后再说。"申时行急忙告诫诸臣不要再鼓噪了。

第二年，工部主事张有德上疏，请神宗订立太子册封仪式。神宗又大怒，诏令册立之事延期一年。内阁中也有疏上奏，请准备册立之事，神宗还是不做处理。当时，申时行适逢休假，主持内阁事务的许国出于对申时行的尊敬，上疏署名时把他列在首位。申时行闻知，密上一疏，说："臣正在度假，那道奏疏实与臣无关。册立一事，圣意已定。张有德愚笨不谙大事，皇上自可决断册立之事，不要因一些小人鼓噪而影响大典。"这道密疏很快便传了出来，群臣们见申时行首鼠两端，大为气愤。给事中黄大效上疏，弹劾申时行表面上赞同群臣立朱常洛为皇储的建议，背地里却迎合皇上的心意，拖延册立一事，以邀皇恩。内阁中书黄正宾上疏，弹劾申时行排挤、陷害同僚。结果，黄大城、黄正宾两人均被罢官。

高玄殿秘藏圣谕，明神宗不立太子

　　大臣们在力争让皇长子朱常洛做太子，而郑贵妃却在一心让儿子朱常洵做太子。据王鸿绪《明史稿》的《后妃传》中说，神宗曾经应诺郑贵妃立朱常洵为太子，所记如下：大内北上西门之西，有大高玄殿，郑贵妃要帝谒神，以手谕写下密誓，立其子为太子，因御书一纸，缄玉盒（锦匣）中，赐妃为符契。

　　明宫大高玄殿位于今北京故宫之内，北海公园之东，景山之西，始建于明嘉靖二十一年（1542 年）。因大高玄殿临街大门是并排的三座门，此地又俗称"三座门"。大高玄殿为明清规格最高的皇家道教建筑群，清朝时期，大高玄殿继续被用作皇家道观。

大高玄殿占地面积约一万三千平方米，成南北向长方形，正面有两重绿琉璃仿木结构券洞式三座门，入琉璃随墙门，门后为过厅式的大高玄门，正门题额为"始清道境"，三间单檐歇山顶，左右各有偏门一座。大高玄门前原有旗杆（现仅存石座），后有钟鼓楼。正殿名大高玄殿，面阔七间，重檐黄琉璃筒瓦庑殿殿顶，前有月台，左右配殿各五间；后殿名九天应元雷坛，面阔五间，两旁配殿各九间。门外原有东西习礼亭及牌楼三座，其中习礼亭构造独特，为五花阁式，三重檐，歇山十字脊，结构类似故宫角楼，但更为精美。

大高玄殿后世多有修缮。现存主要建筑自垣墙所开辟的三座门，护以石栏。内有大高玄门、钟鼓楼、东西配殿、大高玄殿、九天应元雷坛、庑殿。二十世纪五十年代，为拓宽马路需要，习礼亭及牌楼被拆除。

大高玄殿

大高玄殿所祀者为玄天上帝，皇帝每年都在此祈雨雪。在明末，由于世宗崇奉道教的缘故，大高玄殿是个极神圣的地方，在此设誓也是件相当严肃的事。神宗如果真曾有这样的许诺，后来又不惜违誓以保皇长子，实在是出于无奈。

在朱常洵未出生以前，朝廷首辅申时行和王锡爵等人就曾建议神宗早立太子。但神宗皇帝不愿把自己不喜欢的女人生的儿子立为帝位的合法继承人，便以皇长子年龄尚小为借口推托过去了。

到了朱常洛五岁时，王恭妃还未受封，而朱常洵刚刚出生，郑妃即被封为皇贵妃，这不能不令那些早就疑心重重的大臣们怀疑神宗皇帝要废长立幼。就在册封郑贵妃的当天，户科给事姜应麟率先发难，给正热血沸腾的万历皇帝心中泼了一盆冷水，上疏指出："郑贵妃生皇三子（皇二子早夭）就犹正位中宫，而恭妃生皇长子却位居郑贵妃下，这样做违背了伦理纲常，使人心不安。要安定人心，还请皇上收回成命。如果是情不容己，那么请封恭妃为皇贵妃，然后再封郑妃，这样既不违礼也不悖情。如果皇上想正名定分，不妨册立皇长子为东宫，以安定天下之本，慰藉臣民之心，使宗社得以长久。"

姜应麟，字泰符，慈溪人。父国华，嘉靖中进士。历陕西参议，有廉名。应麟万历十一年举进士，改庶吉士，授户科给事中。他在此疏中用的言辞极为尖锐沉重，神宗看了，勃然大怒，狠狠地将奏章摔到地上，大骂姜应麟是疑君卖直，下旨谪姜应麟为大同广昌典史。姜应麟无非是希望神宗能收回成命，名义上说先封王恭妃，而实际则是要皇帝封皇长子为太子，结果使得姜应麟及后来为其说情的几位官员一并获罪。

但接着又有数十人上疏申救，神宗怕激起众怒，又在旨中表示"立储自有长幼"，于是群臣抓住这个口实，纷纷要求神宗兑现；神宗狼狈不堪，只好耍赖，对此置之不理，我行我素，因为他对自己的"私生活"被人干预感到极其恼火，难以忍受。而此时的臣僚们也对神宗皇帝越来越"出格"的行为同样感到困惑：贵为天子，怎能如常人那样感情用事、为所欲为呢？大臣们总是把希望寄托在一个好皇帝身上，不愿看到神宗被一个女人"勾引"而误国误民。

王锡爵建议立储，明神宗不置可否

　　自从册封郑贵妃为皇贵妃引起群臣几乎一致的反对以来，神宗对临朝听政十分厌恶，便不再上朝，并且一下就是几十年不上朝。这时候，慈圣太后已经在慈宁宫中安度晚年，早先神宗年少的时候，早晨上朝常不愿起床，于是慈圣太后便早早起来，五更时分就到神宗的住所叫他起床，然后陪他穿衣洗脸，之后带他登辇上朝。这时的神宗皇帝早已成年，生活和主政上早能自理，慈圣太后便不再到万历住所呼喊"帝起"并携之登辇上朝了，并且张居正已死、冯保被贬，首辅申时行又是个"和事佬"，于是神宗皇帝开始沉沦了，他沉沦的地方，便是后宫的脂粉堆，是风情万种的郑贵妃的怀抱。

　　日后，神宗皇帝放纵后宫的消息不断传出，加上皇帝不时以"头眩"为由不举行早朝，大臣们又发起新一轮请求。神宗皇帝被激怒了，上疏干涉皇帝"私生活"的礼部尚书洪乃春被拖到午门外廷杖六十下，然后削职为民，以致他最后怨愤而死。从这以后，廷杖几乎成了神宗对付那些非议他和郑贵妃之间关系的大臣们最主要的手段。

　　但大臣们在朝廷上挨了一顿棍打之后，立即便以敢于廷争面折，声名天下，并且名垂"竹帛"。死是人人都惧怕的，但只是屁股上挨几板子就可以名垂千古，为此而冒险的也就大有人在，神宗皇帝在这些前仆后继的劝谏者面前，到底还是筋疲力尽了。

神宗也不是所有臣子他都烦，有些人他还是比较喜欢的。比如，王锡爵，此人字元驭，号荆石，南直隶太仓（今属江苏）人，是太仓历史上官位最高的一品大员。据王氏谱牒记载，王锡爵为北宋真宗时宰相王旦的后裔。元代时，王锡爵的祖辈避战乱而南下，其中一支迁徙至今太仓浏河。王锡爵为太仓王氏第十一世孙。相传，王锡爵出生时，正巧有一群喜鹊飞集其家院宅，因古时"鹊"与"爵"通假，遂起名锡爵。

王锡爵自幼聪明颖异，嘉靖三十七年（1558 年）乡试第四名，嘉靖四十一年（1562 年）壬戌科会试第一，廷试第二，授编修，累迁国子监祭酒，以谨慎严厉著称。万历五年（1577 年）升詹事府詹事，并兼管翰林院、充任掌院学士。此时，户部侍郎李幼孜为了讨好张居正，提出"夺情"之议（即可以在职居丧不守孝），与封建思想不符遭到众臣反对，神宗却对翰林编修吴中行等夺职并廷杖，王锡爵求情皇帝与张居正均无效，并送礼为他们充军钱行。万历六年（1578 年）张居正回乡安葬父亲，不少官员联名请张居正回朝，锡爵拒绝签名，却申请回家探亲，直到父亲病亡。

张居正去世后，受到反对派的疯狂攻击，神宗也置张居正的丰功伟绩于不顾，一反常态，对他这位"恩师"、"先生"大打出手。张居正死后的第一年就被追夺官爵，第二年家产被充公，家属被充军。神宗召回了一大批当初反对张居正的人，王锡爵也在其中。当时很多朝臣都以诋毁张居正为自己捞取名利，而王锡爵却认为"江陵相业亦可观，宜少护以存国体"，并上疏皇帝指出：张居正为相时做了很多有益的事，是有政绩的，不应该全盘否定。

万历十二年（1584 年）冬，王锡爵被拜为礼部尚书兼文渊阁大学士，成为宰辅。李植、江东之与大臣申时行、杨巍等人相谋划，认为王锡爵在朝廷内外颇负时望，而且过去与张居正不合，所以力推王锡爵加入内阁。王锡爵入阁后，与申时行十分投机。当时群臣纷纷上疏请神宗早立皇储，以定国本，神宗皆不听。王锡爵就与申时行上疏建议神宗"勤御朝讲，日亲大臣，经常披阅章疏而早定根本"，神宗"温旨报闻"。

王锡爵画像

万历十四年（1586年）起，朝中大臣接连不断地上奏章，要求神宗册立皇长子朱常洛为皇太子。有一次朝廷对策时，东林党人顾宪成针对皇太子册立问题直言不讳指出："皇太子，国之本也，忠言嘉谟国之辅也，两者天下公也。郑贵妃即奉侍勤劳，以视天下犹皇上一己之私也，以一己而掩天下，亦以偏矣。"但神宗对此不置可否。

顾宪成，字叔时，号泾阳，常州无锡（今属江苏）人。将其一生都致力于政治团体"东林党"的创建和发展，是东林党的党魁，也是明末党争中至关重要的人物。顾宪成小时候家境十分清贫，他的父亲顾学开了家豆腐作坊，养家糊口，但因家庭人口多，常常入不敷出，要向人借贷才能度日。他家住的房子也很破旧，难蔽风雨，但艰苦的生活环境反而激发了顾宪成奋发读书的决心与进取向上的志向。他六岁就进私塾读书，学习十分刻苦，而且自小怀有远大抱负。他在自己所居陋室的墙壁上题了这样两句话："读得孔书才是乐，纵居颜巷不为贫。"颜回是孔子最得意的学生，但家里十分贫穷，居住在陋巷里，但他不以为苦，以学为乐。顾宪成以颜回自喻，表达了自己的以学为富的人生态度。

在学习上，顾宪成既不拘守于一家一说，也不厚古薄今，他博览群书，读了大量的宋代人的近作，如周敦颐的《太极图书》、程颢的《识仁篇》、张载的《西铭》以及朱熹、陆九渊、邵雍、王阳明的著作。他善于掌握全书的主旨大意，不沉溺于训诂章句之类，所以吸收了很多有益的思想。顾宪成在读书中，非常仰慕前贤先哲的为人，一心想仿照那些德高望重的人的思想举动去行事。

明万历四年（1576年），二十七岁的顾宪成赴应天（今江苏南京）参加考试，他在应试的文章《习书经》中指出：治理天下的关键在于用

人得当。只有选拔、任用贤才，使之各司其职，这样才能使国家稳固、政治清明、民情安定。同时，顾宪成还强调朝廷要广开言论，虚心纳谏，要以法治国，他很注意总结前代治国的经验教训。由于顾宪成的文章立意远大，分析透彻，这次考试他以第一名中举，时人将举人第一名称为"解元"。顾宪成从此名闻遐迩。

万历八年（1580 年），顾宪成赴京参加会试，又被录取在二甲第二名，被赐进士出身。当时，得中进士的人就可进入官场，顾宪成从此也就开始了他的仕宦生涯，投身到了明末动荡的社会激流中。

当时，顾宪成带着强烈的政治热情踏上的仕途，真心想为国为民做些有益的事。但当时皇帝明神宗和宦官、王公、勋戚、权臣早已结合成为一股最反动、最腐朽的势力，操纵朝政，政治黑暗，军事溃败，财政拮据，而人民由于苛政暴敛被迫反抗的事件也层出不穷。由于明朝国力渐衰，崛起于关外的满洲贵族也逐渐不服明朝中央政府的管辖，并且逐渐构成对明朝的威胁。面对这种国是日非的形势，顾宪成初入仕途，就不顾自己位微言轻，上疏直谏，主张举用人才，评论时政得失，无所隐避。他先在户部、吏部任职，后外放桂阳（今属湖南）、处州（今浙江丽水）等地为官，后又奉调再入吏部，不管在什么地方、什么部门任职，他都不媚权贵、廉洁自守、正直无私、办事认真。

万历十年（1582 年）六月，时任内阁首辅（相当于宰相）、权倾天下的张居正病情加重，举朝官员深谙张居正喜欢别人恭维，便联名捐金到

顾宪成画像

东岳庙为张居正祈祉禳灾。顾宪成认为现在全国官场风气日下，一切不问是非，一味迎合顺从，朝政败坏到了让人忧心如焚的地步，自己不能同流合污。所以，他便拒绝参加。同僚担心他日后因此遭到打击，便好心地代他签名出钱，顾宪成得知后立即骑马前去将自己的名字抹掉，表现了不附权势的耿直性格。不久，张居正去世了，他才没有受到追究。张居正去世后，继任首辅王锡爵只知道在朝中一味迎合神宗，不能听取君臣的合理意见，弄得人心离异。

神宗冷遇皇长子，诸臣纷纷鸣不平

万历十四年，神宗最宠爱的郑氏刚生下皇三子，被册为皇贵妃，跃居皇长子生母王恭妃之上，地位仅次于王皇后。廷臣们很清楚，此时再不督促神宗册皇长子为太子，皇三子极有可能"雀占凤巢"，被立为皇太子。长幼有序、有嫡立嫡、无嫡立长的伦理观念和立嗣制度，是祖宗留下的规定，朝臣们奉若神明，决不允许神宗违背。神宗虽然也承认长幼有序、有嫡立嫡、无嫡立长，但他也不能容忍他不喜欢的皇长子做他的接班人，于是在王皇后身上大作文章，"皇后"一词一时间频频从他的口中吐出。他常说，皇后还很年轻，完全有可能生下嫡子，如果现在立皇长子，一旦皇后生下嫡子，岂不违背了立嗣原则。其实他在心里打着如意算盘，因为王皇后经常生病，肯定是个短命鬼，一旦她归天，就可以册立郑贵妃为皇后，到时候，皇三子就成了嫡子，立他为皇太子，

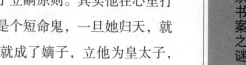

大臣们自然无话可说。

但大臣们也对神宗的小算盘洞若观火，他们反驳说，如果王皇后生了嫡子，到时候将皇长子废掉就是。他们也很担心王皇后享年不久，因此坚决要求尽快册立皇长子为太子。

而在册立太子一事上，王皇后毫不犹豫地站在皇长子一边。她对神宗已没有影响力，无法通过自己的力量促使神宗及早册立皇长子，只好在保护皇长子少受欺负上出一份力。神宗是一个心胸狭窄、寡恩薄义之人，他没办法将和郑贵妃生的皇三子立为太子，就在郑贵妃的蛊惑下把私愤发泄到皇长子身上。他对皇长子百般刁难，已到了匪夷所思的地步，既不关心皇长子的教育、不让皇长子出阁读书，也不让皇长子和生母见面，并将皇长子的膳食、衣服、侍从等削减到最低限度。并且神宗还听信郑贵妃的挑拨，派人到皇长子居住的景阳宫，来验证皇长子是否还是童男子，因为郑贵妃说："皇长子整天与宫女嬉戏，早已不是童体了。"朱常洛的母亲王恭妃为此气得全身发抖，悲痛地说："13年来，我一直与常洛同住，片刻也不敢离开他，就是怕有人诬陷，没想到真有这一天！"幸好来人如实向神宗作了汇报，皇长子才平安地过了这一关。

对于神宗对皇长子朱常洛的冷遇，王皇后也看在眼里，急在心里，她常常将皇长子召到自己宫中，照料他的衣食，给予他精神上的安慰，对他可谓是"呵护备至"、"深护有加"。王皇后还对已去世的李贵妃所生两个幼子悉心照看。因此，王皇后虽然没能生个儿子，却在几个皇子身上倾注了母爱，她死后被上谥号为"孝端"，与此不无关系。

神宗对皇长子的冷遇，让朝野议论纷纷，大臣们都表示看不惯，社会上也充斥着神宗将改立太子的传说，很多有志之士也为皇长子抱不平，变着法儿攻击郑贵妃及其势力，第一次"妖书案"便是在这期间发生的。

吕坤《闺范》重教化，郑妃借其抬身价

　　万历十八年（1590年），著名大儒吕坤担任山西按察使，在职期间，他采辑了历史上贤妇烈女的事迹，著成《闺范》一书，意在教化天下女性，恪守伦理道德，谨遵妇道闺范。但在他著书之时，根本没有想到，他的这本书将给明廷朝野带来极大打击，引发喧嚣一时的"妖书"一案。

　　吕坤，字叔简，一字心吾、新吾，自号抱独居士，河南宁陵人。明朝文学家、思想家，1536年生于河南省宁陵县，他天资聪颖，六岁入学启蒙。十五岁作《夜气铭》、《招良心诗》。二十五岁中秀才第一，嘉靖四十年（1561年），二十六岁中举人。万历二年（1574年），三十九岁中进士。初为襄垣知县，因政绩卓著，居三年，召为左佥都御史，历刑部左、右侍郎。

　　吕坤为人刚正不阿，为政清廉，所至颇有政绩，深受百姓爱戴。他在山东任参政时，"崇文教，恤孤寡，伸武备，禁邪党，立社学，创冬生院以恤残疾"。时有奸人借朝泰山之机装神弄鬼，诈取人财物，还致人死亡。吕坤得知后立即派人捉住凶犯，严惩恶人。巡抚山西时，著有《实政录》，被仕宦奉为做官的楷模。吕坤爱百姓如子弟，视贪官若仇人，深受士人称颂。他与沈鲤、郭正域被誉为明万历年间天下"三大贤"。

　　万历二十五年（1597年）五月，吕坤上疏陈天下安危，劝神宗励精图治，言词慷慨激昂，忧国爱民之情溢于言表。疏中说："今天下之苍生贫困可知矣。自万历十年 (1582 年) 以来，无岁不灾，催科如故。臣久为外吏，见陛下赤子冻骨无兼衣，饥肠不再食，垣舍弗蔽，占藁未完；流移日众，弃地猥多；留者输去者之粮，生者承死者之役。君门万里，孰能仰诉？今国家之财用耗竭可知矣。数年以来，寿宫之费几百万，织造之费几百万，宁夏之变几百万，黄河之溃几百万，今大工、采木费，又各几百万矣。"

　　吕坤在疏中言"采木"一事云："以采木言之。丈八之围，非百年之物。深山穷苦，倘遇险阻，必成伤殒。蜀民语曰'入山一千，出山五百'，哀可知也。"吕坤在疏中言采矿一事云："朝廷得一金，郡县费千倍。"疏中还向朝廷发出"奸臣当道，举朝无犯颜逆耳之人，快在一时，忧贻他日"的警告。在边防上，吕坤亦高瞻远瞩，提出："倘倭夷取而有之，籍众为兵，就地资食，进则断我漕运，退则窥我辽东。不及一年，京城坐困，此国家大忧也。"在疏中还提到"抄没法重，株连数多"的祸国殃民问题："诬以多赃，则互连亲识。宅一封而鸡豚大半饿死，人一出则亲威不敢藏留。加以官吏法严，兵番搜苦，少年妇女，亦令解衣。臣曾见之，掩目酸鼻。"

　　吕坤在疏中还对万历皇帝严加指责："陛下不视朝久，人心懈弛已极，奸邪窥伺已深，守卫官军不应故事……章奏不答，先朝未有……臣观陛下……不知天下之财止有此数，君欲富则天下贫，天下贫而君岂独富？今民生憔悴极矣，乃采办日增，诛求益广，敛万姓之怨于一言，结九重之仇于四海，臣窃痛之……臣老且衰，恐不得复见太平……"吕坤上疏后，因其言辞过激，廷臣不敢上报，后来又因妖书案遭给事中戴士衡等人诬告，于是吕坤愤然称病乞休，结束了他 26 年的为官生涯。

　　吕坤隐退后，杜门谢客，授徒讲明心学，以继往开来为己任，学者称他为"沙随夫子"，"所著述，多出新意"。万历四十六年六月八日（1618 年 7 月 28 日)，吕坤病故，享年八十二岁，葬于宁陵西北吕坟村，吕坤墓至今保存完好。

吕坤墓大门

吕坤不但是一位政治家，也是一位正直质朴、学识渊博的哲学家，是中国历史上的理学大家。理学是中国哲学史上非常重要的一个发展阶段，它持续时间最长（从北宋到清代中期），社会影响最大，具有完整的哲学体系。理学家对哲学问题的探讨，无论从深度和广度上都超过了以往任何一个时期，吕坤在理论思维方面达到了很高的水平。

吕坤主张打破学术禁锢，万家齐鸣；为学不主一家，"我只是我"；"不儒不道不禅，亦儒亦道亦禅"，有熔铸百家，抱独自立的气势。他主张去伪存真，实学实用，学术与事功并重，明体以达用。吕坤把万物一体立为学术宗旨，他的著作始终贯穿着重民或民本思想这一主线。

吕坤思想对后世有很大影响。他对专制主义的批判闪烁着民主精神，开清代黄宗羲、唐甄等批判专制主义的先河。他求真务实、经世济时的思想，是一种由理学向实学的学术转型，对清代颜李学派有很大影响。

吕坤的诗文，语言通俗而又巧发奇中，文风峻峭而不失浑厚。他曾潜心研究音韵学，所著《交泰韵》不拘泥前人而另辟蹊径，是一部颇有创见的音韵学专著。吕坤一生著作颇丰，主要作品有《呻吟语》、《实政录》、《夜气铭》、《招良心诗》等，此外还有《去伪斋集》等十余种，内容涉及政治、经济、刑法、军事、水利、教育、音韵、医学等很多方

面。吕坤思想对后世有很大影响，其代表作《吕坤全集》是文化典籍整理中的原创性之作。现在宁陵有吕坤篆盖于慎行的墓志铭。

吕坤最有名的著作当属《呻吟语》，此书在日本影响很大。"呻吟"乃吟咏之谓，亦可说有痛病而呼。吕坤有何所感而呼？他生活在当时社会，涉世体验，势孤力薄难抗权贵，又不愿同流合污；唯有洁身自律，昭彰良风。他表明"五不争"：余行年五十，悟得五不争之味。人问之，曰："不与居积人争富，不与进取人争贵，不与矜饰人争名，不与简傲人争礼节，不与盛气人争是非。"

《呻吟语》完成于万历二十一年(1593 年)，这是吕坤花费 30 年心血写就的一部语录体著作。这部著作谈哲理，抨时弊，探求人生，思考宇宙，举凡人之修养、处世原则，人际交往，居家生活等等方面。具有真知灼见，时时闪现警句妙语，不一而足。这部著作不失为中国传统思想文化宝库中的一朵奇葩。此著作凝聚着吕坤丰富的人生经验和探幽发微的哲思。如"无屋漏工夫，做不得宇宙事业"、"名心盛者必作伪"、"处世常过厚无害，惟为公持法则不可"等等，时至今日仍有现实意义。

吕坤早年"曾有心迹双清之志"。身为朝官，刑部侍郎，相当于今之司法副部长。要做到思想和行为高洁，就必须清正廉明。既不与人争富，也不与人争贵，更无意与骄矜虚饰之辈争名。身居高官，要富比石崇，只有贪污、受贿；要显贵，也无非巧夺权柄，排除异己；要争名，也必然抗纳派别，沽名钓誉，蹈奸臣之道。正因如此，才表明"五不争"，这也是他的为官之道。

吕坤还十分注意修身养性，令人玩味的，莫若为其室题名曰"远美轩"。人世间，有谁不追求美者。然，其又为要"远美"而有独特之见。吕坤曰："天地之间祸人者，莫如多。令人易多者，莫如美。美味令人多食，美色令人多欲，美声令人多听，美物令人多贪，美官令人多求，美室令人多居，美田令人多置，美寝令人多逸，美言令人多入，美事令人多恋，美景令人多留，美趣令人多思。皆祸媒也。不美则不令人多，不多则不令人败。予有一室，题之曰'远美轩'。而匾其中曰'冷淡'。

非不爱美，惧高之及也。"

之所以要"远美"，吕坤说得很浅白。不过，此浅而易懂的道理，又往往不为人重视。是何因？吕坤列举了一些事象，很有启示。他说："夫鱼见饵不见钩，虎见羊不见阱，猩猩见酒不见人。非不见也，迷于所美，而不暇顾也。"

诚然，多少人触法祸身，并非不明刑法之严，而是迷追"美事"，忘乎所以，不暇顾及而祸身。吕坤认为"此心一冷则热闹之景不得入，一淡则艳冶之物不能动"。出门入户，警语拱照，作为清神醒脑之警钟，冷静思索，很有感慨。

伪楚王案发，妖书案兴起

吕坤在当时名气很大，他的书也很畅销，其《闺范》一书出版后，不久之后便风行天下，更在京城传抄不断，宫中宦官陈矩（后来执掌东厂，参与审理第二次"妖书案"）出宫时看到了这本书，就买了一本带回宫中。

陈矩将此书带到宫中后，开始在宫女间传阅，不知怎么被郑贵妃看到了，她看到之后，便打起了这书的主意，想借此书来抬高自己的地位，于是命人增补了十二文，以汉明德皇后开篇，郑贵妃本人终篇，并亲自加作了一篇序文。之后，郑贵妃指使伯父郑承恩及兄弟郑国泰将《闺范》一书改头换面，重新刊刻了新版的《闺范图说》。

吕坤《闺范》一书古本

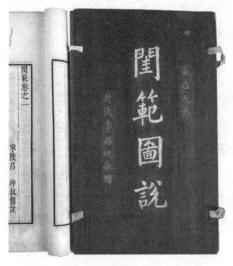

线装古版《闺范图说》

实际上，尽管这版《闺范图说》与第一版《闺范》有许多相同之处，但出书人的初衷却有本质的区别，但逐渐有人开始将两版书混为一谈。其实第二版书应该算是第一版的盗版书，或者说"山寨版"。

万历二十六年（1598年）五月，担任刑部侍郎的吕坤又上《天下安危疏》（又名《忧危疏》），请明神宗节省费用，罢去矿监税监，停止横征暴敛之举，以安定天下。吕坤本是好意，但因为吏科给事中戴士衡先前可能看到了《闺范图说》的郑贵妃重印版，就对吕坤没有了好印象，认为他是个沽名钓誉之徒，想巴结郑贵妃和皇帝为自己的仕途铺路之人。于是戴士衡借此事大作文章，上疏弹劾吕坤，说他先写了一本《闺范图说》，然后又上《忧危疏》，是"机深志险，包藏祸心"，"潜进《闺范图说》，结纳宫闱"，逢迎郑贵妃。

吕坤平白无故却蒙受了不白之冤，立即上疏为自己辩护，说："万历十八年，臣为按察使时，刻《闺范》四册，明女教也。后来翻刻渐多，流布渐广，臣安敢逆知其传之所必至哉……伏乞皇上洞察缘因《闺范图说》之刻果否由臣假托，仍乞敕下九卿科道将臣所刻《闺范》与（郑）承恩所刻《闺范图说》一一检查，有无包藏祸心？"

吕坤确实比较冤枉，他原来的书被人改头换面，本来就与他无关，却被说成是他自己偷偷送进宫里，企图"结纳宫闱"，更是莫名其妙的罪名。

此事上报朝廷后，因为整个事情牵涉到郑贵妃，明神宗便装聋作哑，没有理睬。但几乎就是在同时，远在湖南、湖北的两湖之地，发生了有关皇室亲王身份之疑的"伪楚王案"。

事情是这样的，明隆庆五年（1571年），被封为藩王的楚恭王朱英金死于湖北武昌，留下宫人胡氏遗腹孪生子朱华奎、朱华壁二人。万历八年（1580年），明神宗封朱华奎为楚王，继承了朱英金的王位，朱华壁则被封为宣化王。

然而到了万历三十一年（1603年）三月，楚宗人辅国中尉朱华越递上奏疏，谓朱华奎、朱华壁皆非楚恭王子，华奎实为王太妃之兄王如言的侍妾尤金梅所生，华壁乃王妃族人王如绖之奴王玉所生。因王妃无子，便密令人将他们带入府中，称为己子。最初王府中就有人进行揭发，朝廷让巡抚调查，因王妃态度非常坚决，方才将这种议论暂时平息。今朱华越再次上告，并有其妻王氏（王如言之女）言证。

楚府宗人朱华越素来强悍，因事得罪了楚王而遭训斥，心中很是不满。于是，他在万历三十一年（1603年）联合了同宗的二十九人，上书告状，说朱华奎是异姓之子，不应立为楚王。朱华越的妻子是王如言之女，出堂作证。朱华奎不愿为此事再起争端，使得家丑外扬，便贿赂首辅沈一贯，请他代为设法阻挡。沈一贯则以"宫闱暧昧"、"年月久远"、"事体重大"为由，从中作梗，命其心腹通政使沈子木将朱华越的奏疏压住不报，沈子木见事情复杂，就暂把奏疏压下。

通政使是通政司长官。明代通政司负责录臣民建言、陈情、申述及军情灾异等事，送所司办理，大事则请旨定夺，故沈子木有此权力。

六月，朱华越闻讯，请楚王宗室二十九人联名奏疏，亲自携带进京。沈子木慌忙找到朱华越，求他把原奏时间改为近日，上呈万历皇帝。朱华越答应后，沈子木赶紧递了上去，之后得圣旨说发交礼部处理。

又过了一段时间，朱华奎上疏弹劾宗人，此事才被报到神宗处。神宗命部院计议解决办法，时任侍郎署礼部事的郭正域是东林党人，力主查勘虚实，应由巡抚公勘。沈一贯为保护朱华奎，提出亲王不应被公勘，建议由巡抚等秘密查访，郭正域认为事关宗室真伪，不通过直接讯问，怎么能秉公作出决断？所以依旧坚持己意，由此也得罪了沈一贯。但神宗最终采纳了郭正域的建议。

朱华奎得知消息后，便派人携百金拜访郭正域，请他不要纠缠此事，承诺事后馈赠沈一贯多少，也赠予郭正域多少，结果遭到郭正域严词拒绝。沈鲤得知后，非常支持郭正域的举动。沈一贯见此情况，便决定借此事向他们发起一场进攻，矛头主要指向郭正域。

神宗下令公勘案件发到湖广，由巡抚和巡按御史会同勘问，对王府有关员役七十多人加以刑讯，都未获得能够证明华奎不是恭王所生的证据，只有朱华越的妻子王氏依旧一口咬定朱华奎是"伪王"。

不久，巡抚调查的结果便报了上来，称伪王之事没有根据，但朱华越之妻却死死咬定朱华奎是异姓子。湖广巡抚把勘问结果申报入朝，神宗一时难以决断，便再下公卿计议，参与计议者达三十七人。他们在西阙门集会合议，各抒己见，意见各不相同，书面送交礼部。沈一贯欲借此机会打击东林党人，授意给事中钱梦皋劾奏郭氏"陷害宗藩"，授意另一给事中杨应文指控郭氏之父曾被楚恭王笞责，所以挟嫌报复。而郭正域则以沈一贯指使沈子木匿疏不上、阻止查勘和接受楚王行贿等事上疏争辩。

郭正域主张把众人之见尽数奏上，礼部左侍郎李廷机认为言辞太繁，应摘要奏上。沈一贯知道后便指使心腹给事中杨应文、御史康丕扬弹劾礼部囿于群议，不据实上奏，矛头直指郭正域。

朱华奎接着上疏，指控郭正域乃湖广人，与朱华越勾结，华越进京就住在其兄国子监丞郭正位家中。郭正域上疏为自己辩解的同时揭发了沈子木匿疏、沈一贯受贿及阻止公勘等事。沈一贯见事情不妙，便造谣说郭正域私下包庇朱华越，并派家人引导朱华越上疏。沈一贯的心腹给事中钱梦皋、杨应文等也先后上疏，诬称郭正域的父亲曾受楚恭王笞辱，所以郭正域趁机陷害楚王。

当双方争论正激烈时，神宗先是没有理会，后又突然传旨停止调查此事。原来他认为朱华奎如为异姓，为何在嗣位二十余年后才被告发，况且丈夫告状，妻子作证，不足为凭，由此判定朱华越诬告，降为庶人。朱华奎既得安宁，也上疏弹劾郭正域，请求罢免了他的职位。郭正域无奈，只好上疏请辞，幸有人指出因藩王之事而进退的大臣不可取，郭正域才暂时未被加罪。在这一回合中，沈一贯一派暂时取得了胜利。

郭正域，字美命，江夏人，神宗万历十一年 (1583 年) 进士，授编修，历礼部侍郎。博通经籍，勇于任事，有经济大略，人望归之，郭正域与沈鲤、吕坤同被誉为万历年间天下"三大贤"。

由于此案事关皇室亲族，无人敢私断，于是久决不下，最后万历帝认为朱华越夫妇"夫讦妻谮，不足凭据"，因而把他降为庶人，禁锢于凤阳；附和他的宗人朱蕴钫等多人，或罚减俸禄，或革爵幽禁；王府两名仪宾则永远发配边疆去充军。但"楚宗之争"并未就此了结，后来楚宗室聚众冲毁楚王府，抢掠财物，直到万历帝出面干预，事件才得以平息。

郭正域《批点〈考工记〉序》

但在此案中未受打击的朱华奎最后的下场也很惨，他后来被农民起义军张献忠装在竹笼里，扔进了长江。

伪楚王案结，"妖书案"之有关《闺范图说》一书的事本也无事了，却不料平地再起风云，一个自称"燕山朱东吉"的人专门为《闺范图说》写了一篇跋文，名字叫《忧危竑议》，以发传单的形式在京师广为流传，于是妖书案再度兴起。

妖书出吕坤辞官，受打击郑妃诉苦

《忧危竑议》作者"朱东吉"三字的意思，就是朱家天子的东宫太子一定大吉。"忧危竑议"四字的意思是：在吕坤所上的《忧危疏》的基础上竑大其说，因为《忧危疏》主要谈的是矿监税使问题，并没有谈到国本问题，所以《忧危竑议》采取一问一答的方式大谈国本问题，通篇充满了主观意淫之辞，其原文译成现代文大意是这样：

朱东吉："我看了《闺范图说》之后，感到此书虽然没有涉及易储问题，但吕坤明显是想让福王朱常洵来继承太子之位。"

另一人："不可能吧，吕坤乃忠义之士，怎么可能做这样的事情。"

朱东吉："你知其一，不知其二啊。"

另一人："吕坤既然想用此书来给天下妇女树立楷模，为何不让朝廷进行官方刊印出版，反而要自己私刻呢？"

朱东吉："这你就不知道了吧，孔子见南子的时候，其目的是为了宣传自己的思想，并不是因为南子身份尊贵而屈尊于她。既然如此，吕坤为了他的阴私目的，也不会为了整饬风化而刻意要让官家出版他的书。"

另一人："吕坤在这本书中对前朝的皇后大加赞赏，这让本朝的皇

明末四案之谜

后情何以堪啊！"

朱东吉："这算什么？你见到自古以来有给现任宫妃写传的吗？肯定是吕坤受了某些人的恩惠。"

另一人："从古至今贤惠的皇后多矣，为何偏偏要挑中明德皇后，将她放在第一位？明德皇后贤德的事情有很多，为何要单单强调明德皇后是由贵妃晋升为皇后呢？"

朱东吉："吕坤自然有他的理由，他会说，明德皇后也无子，即使成为皇后，也是跟当今的郑贵妃在某些方面类似而已。所以，你是说不过吕坤的。"

另一人："大家都说吕坤因为阴谋败露，所以上了一道《忧危疏》来替自己开脱，这岂不是欲盖弥彰嘛？"

朱东吉："可不是嘛，《忧危疏》表面上看起来是忠肝义胆，实际上是装模作样地卖弄自己罢了。"

另一人："我见《忧危疏》中说了很多事情，但发现他单单不提国本问题，你觉得是不是？"

朱东吉："你怎么发现的呢？人们越是想得到的东西越是忌讳提及，很多事情只能意会，不能言明，他吕坤还会不知道这些吗？"

另一人："唉！吕先生写此书可能也是有苦衷吧，我们应该体谅他。"

该文就是妖书案中所谓的第一篇"妖书"，文中采用问答体形式，专门议论历代嫡庶废立事件，影射"国本"问题。大概意思是说，《闺范图说》中首载汉明德马后，马后由贵人进中宫，吕坤此意其实是想讨好郑贵妃，而郑贵妃重刊此书，实质上是为自己的儿子夺取太子之位埋下的伏笔。又说吕坤疏言天下忧危，无事不言，唯独不及立皇太子事，用意不言自明。又称吕坤与外戚郑承恩、户部侍郎张养蒙、山西巡抚魏允贞等九人结党，依附郑贵妃。由于这个时候皇帝还没有立太子，文官们借着写匿名"大字报"的方式将郑贵妃编书的目的揭露出来，那就是郑贵妃自比明德皇后，想成为皇后，其目的还是为了让自己的儿子继太

子位。因为《忧危疏》中没有提到立太子的问题，这份《忧危竑议》表面上是指吕坤，实际上是指郑贵妃。

此文一出，就在朝野上下引起了轩然大波。人们不明所以，纷纷责怪书的原作者吕坤。一位叫戴士衡的史科给事中上疏弹劾吕坤包藏祸心，说他先写了一本《闺范图说》替郑贵妃抬轿，然后又上了一道《忧危疏》来替自己解脱。吕坤百口莫辩，知道惊涛骇浪即将来到，忧惧不堪，只好借病致仕回家。

明神宗看到《忧危竑议》后，大为恼怒，可又不好大张旗鼓地追查作者。郑贵妃伯父郑承恩因为在《忧危竑议》中被指名道姓，也大为紧张，便怀疑《忧危竑议》为与其有嫌隙的戴士衡和全椒知县樊玉衡所写。因为在戴士衡上疏之前，全椒知县樊玉衡曾上疏请立皇长子为皇太子，并指斥郑贵妃，所以郑承恩就上奏说此书是此二人所写。

但是戴士衡的上疏并没有起到应有的作用，郑贵妃因而哭诉说《忧

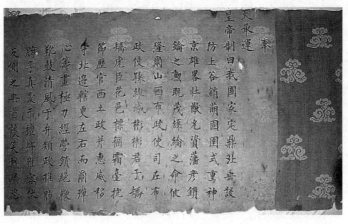

万历年间的圣旨

危竑议》这份"大字报"出自戴士衡之手，明神宗也不想把事情闹大，便亲下谕旨，说明《闺范》一书是他赐给郑贵妃的，因为书中大略与《女鉴》一书主旨相仿，以备其朝夕阅览。接着又下令逮捕樊玉衡和戴士衡，经过严刑拷打后，二人忍受不住只好认罪，刑部以"结党造书，妄指宫禁，干扰大典，惑世诬人"的罪名分别谪戍他们到广东雷州和廉

明末四案之谜

州服刑。而吕坤因为已经患病归乡，因此置之不问。

吕坤之后再也没有步入仕途，只闭门著述讲学，二十年后谢世。戴士衡于万历四十五年（1617 年）死于廉州。明光宗即位后，起用樊玉衡为南京刑部主事，不过为樊玉衡推辞。

樊玉衡，字以齐。湖北黄冈人。万历十一年进士，先任广信推官，掌勘刑狱，后调任御史，因事贬任无为县判官，不久后调任全椒知县。万历二十六年 (1508 年) 四月，因书请早册立皇嗣事触怒神宗及郑贵妃，神宗拟加罪，赖大学士赵志昂等力救得免。后以事受株连，被判戍雷州府 (今广东雷州半岛大部地区)。光宗即位，起为南京刑部主事。曾上疏陈述任贤者、远奸佞等十事，为光宗所嘉许。官终太常少卿。

妖书再现举朝惊，朋党之争更激烈

看《忧危竑议》之内容，可以明显看出它是出自人微言轻的低级官僚之手笔，既具有现代人所谓的"八卦"性质，又具备恶毒的政治攻击性质。但这第一次"妖书案"，由于明神宗故意轻描淡写地处理，所以并未引起政坛的波动。至于谁是《忧危竑议》的真正作者，始终没有人知道。而六年后的第二次"妖书案"就非同一般了，其曲折离奇之处，令人匪夷所思，引发的事件和影响，也远比第一次要大得多。

万历三十一年（1603 年）十一月十一日清早，内阁大学士朱赓在家门口发现了一份题为《续忧危竑议》的揭帖，内容指责郑贵妃意图废太子，册立自己的儿子为太子。不仅朱赓收到了这份传单似的东西，之前一夜，与此帖相同内容的传单已经在京师广为散布，上至宫门，下至街巷到处都有。《续忧危竑议》也是两个人的对话，假托"郑福成"为问答，其核心是说太子之位岌岌可危。所谓"郑福成"，意即郑贵妃之子福王朱常洵当成。

本书署名是吏科给事中项应祥编撰，御史乔应甲手书，书中牵涉了朱赓，但作者绝不是这两位。该书译成白话文，意思大致如下：

一人问郑福成："今天总算天下太平了，太子也立好了，你还有什么好担忧的？"

郑福成答："怎么能这样说呢？当今的形势，就好比将火种放在柴薪之下罢了，说不定哪天就着了呢。"

一人问："你说得未免太危言耸听了吧，难道太子的位置还会不稳吗？"

郑福成："是的。虽然皇帝立皇长子为太子，但是东宫至今一个官吏都没有配备，怎么能够说天下就太平了呢？因为沈一贯的请求，皇帝才立的东宫，但是现在却不配官，就是为了将来改立东宫。"

一人问："那改立谁呢？"

郑福成："当然是福王了。"

一人问："你怎么知道？"

郑福成："满朝那么多人，皇帝为什么要用朱赓呢？是因为'赓'者'更'也，就是要将来更立太子。"

一人问："有点道理，但用朱赓难道就能改立太子吗？不怕大家反对吗？"

郑福成："这个你就不知道。天下趋炎附势的人多了去了，皇长子能立为太子，难道次子就不能立吗？"

一人问："也是，那这些趋炎附势的人都是谁？你能说出来吗？"

郑福成："这有何不可说的。王世扬、孙玮、李汶、张养志、王之祯、陈汝忠、王名世、王承恩、郑国贤、郑贵妃，此其十乱也。"

一人问："噢，那首辅沈一贯难道就不出来说话，主持正义吗？"

郑福成："沈一贯为人阴险不可信任，他只会趋利避祸，让他出来说话主持正义，是不可能的。"

这书中所说的沈一贯，字肩吾，又字不疑、子惟，号龙江，又号蛟门。鄞县（今浙江宁波）人。隆庆二年（1568年），成三甲进士，选庶吉士，不久授职检讨。万历二年（1574年），出任会试同考官，之后历任翰林院编修、日讲官兼经筵讲官、左春坊左中允兼翰林院编修、侍读学士、右春坊右谕德、吏部左侍郎兼侍读学士，加太子宾客。

张居正主政时，沈一贯与张居正多有不合，长期被闲置不用。张居正去位，经廷臣举荐，沈一贯升东阁大学士，始入阁参与明廷机务。史载"一贯之入阁也，辅政十有三年，当国者四年，枝柱清议，论者丑之"。

万历十二年（1584年），沈一贯擢升詹事府少詹事，兼翰林院侍读学士，教习庶吉士，为郭正域师。万历二十二年（1594年），出任南京礼部尚书。万历二十二年（1594年），出任南京礼部尚书、正史副总裁；协理詹事府，但未赴任。万历二十三年（1595年），入内阁，参与机务。万历二十九年（1601年）十一月，成为当朝首辅。

当时万历帝长期称病从不上朝，大权遂旁落沈一贯手中。沈一贯网罗朋党，大力排除异己，在沈一贯执政后期，楚太子狱、妖书案、辛亥京察案三事均与他有直接关系，因此弹劾者非常多。万历三十二年（1605年），内阁考察京官（京察）时，因庇护同党、打压异议而引公愤，他因势利导，告病请退。不久被召起用，晋封太子太保兼少师，不久再次受到弹劾，遂以年逾七十高龄托病辞官，归乡杜门，不出十年之久，整日埋头诗书著述，于八十四岁去世。卒，赐太傅，谥文恭。

《续忧危竑议》之书一出，朋党之

明代青花瓷盖罐

争便更加激烈，此书原文大概只有三百来字，书中说：皇上立皇长子为皇太子实出于不得已，他日必当更易；皇帝用朱赓为内阁大臣，是因"赓"与"更"同音，寓更易之意。接着又进一步拿当朝首辅沈一贯开刀，骂沈首辅是"阴贼"，顺便也捎上了十多位其他官员。这样的内容如同重磅炸弹，在京城中立即掀起了轩然大波。

从上面这段对话我们可以看出，写此书的人明显是针对皇帝不配备东宫官吏而来的，这是对皇帝的警告。撰写此书的人希望能以此逼迫皇帝从速给东宫配备官吏，从而将未来可能发生的不确定性因素消于无形，从这方面来讲，这份匿名大字报无疑具有极强的正面意义。时人以此书"词极诡妄"，故皆称其为"妖书"。此便是妖书案中第二篇"妖书"。

沈一贯诬陷对手，沈仲化备受打击

"妖书"的力量是惊人的，闹得人心惶惶。被郑福成点名批评的内阁辅臣沈一贯、朱赓立马上疏，要求罢官回家以示清白，其余被点名的官员也如此。

直到朱赓和沈一贯上疏要求辞官，明神宗才得知京城又有妖书起，于是大为震怒，下令东厂、锦衣卫以及五城巡捕衙门立即搜捕，"务得造书主名"，第二次"妖书案"由此而起。

《续忧危竑议》指名道姓地攻击了内阁大学士朱赓和首辅沈一贯，

朱赓画像

称二人是郑贵妃的帮凶。这二人大惊失色，除了立即上疏为自己辩护外，还为了避嫌，不得不戴罪在家。沈一贯老谋深算，为了化被动为主动，便指使给事中钱梦皋上疏，诬陷礼部右侍郎郭正域和另外一名内阁大学士沈鲤与"妖书案"有关。

之所以要诬陷沈鲤，除了因为沈鲤与沈一贯一直不和之外，还因为当时朝廷内阁只有三人——首辅沈一贯、次辅朱赓和沈鲤，沈一贯和朱赓均被"妖书"点名，只有沈鲤一个人榜上无名，独自主持内阁工作，人们会理所当然地怀疑他。

而诬陷郭正域，一是因为郭正域之前与沈一贯因为楚王一事闹得很不愉快，二是同知胡化告发妖书出自教官阮明卿之手，而阮明卿就是给事中钱梦皋的女婿。钱梦皋为了替女婿脱罪，需要找个替罪羊。郭正域不但是沈鲤的门生，而且是胡化的同乡，加上当时已经被罢官，即将离开京师，很有"发泄私愤"的"嫌疑"。

总而言之，沈一贯和钱梦皋联合起来诬陷沈鲤和郭正域，不过是因私报复，但却由此引发一场大狱，让沈、郭二人平白受冤。

郭正域正要离开京师时被捕，巡城御史康丕扬在搜查沈鲤住宅时，又牵扯出名僧真可（即著名的紫柏大师，字达观）和医生沈令誉、琴师钟澄等人，厂卫则捉到嫌疑犯毛尚文（郭正域家仆）。史载："数日间，银铛旁午，都城人人自危！"

沈鲤字仲化，号龙江，归德府（今河南商丘）人，生于明世宗嘉靖十年（1531年），嘉靖四十四年（1565年）进士，授检讨。神宗即位后，进左赞善，累迁吏部左侍郎，好荐贤士。擢礼部尚书，修《景帝实录》，后拜东阁大学士，加少保，进文渊阁，被推崇为贤相。他为人正直，为官清正廉明，强直谏言。朝中往来，摒绝私交，力荐贤士。因与沈一贯一同共事，致仕归。八十五岁卒，赠太师，谥文端。沈鲤著有《亦玉堂稿》、《文雅社约》、《南宫草》等，均与《四库总目》并行于世。

沈鲤一生历嘉靖、隆庆、万历三朝，被称为"三代帝王师"，他在张居正的指导下，出任神宗万历皇帝的经筵讲官，世称"沈阁老"、"归德公"。在朝中，沈鲤与首辅张居正一样，心中都只装着大明王朝的振兴与安危，二人意气相投，算得上一对志同道合的好友，况且，他一向十分敬重张居正。但在沈鲤任翰林院掌院学士期间，张居正有病待在家中，满朝官员为讨好买巧，争先恐后前去探望，并谋划为张首辅设坛祈祷，唯独沈鲤不去凑这个热闹。有官员"好心"劝他道："同官之谊，您应该去。"沈鲤却回答："事当论其可与不可，岂能论同官不同官！"沈鲤认为，官员病了原本不是什么大事，有交情的同事拎着礼品探望也无可厚非；可一旦有没有交情的人都一窝蜂跟进，还要大张旗鼓地设坛祈祷，显然这已经不是那位官员病大病小的问题了，而是官风不正罢了，这容易造成结党营私。

沈鲤一生将国家前程置于心中，他宁肯被张居正误解，也坚决不做营私之举。有一次，张居正约沈鲤在自家私宅同写奏折。沈鲤当即拒绝："国政绝于私门，非体也！"他固执地认为，国事就是国事，私事就是私事，公与私绝不能混为一谈，相提并论。若是私事，在你我谁家里都能办。国家大事，就只能放在朝堂上、摆在大众眼皮子底下公办，决不能躲到谁家现场办公，这不成体统。张居正也拿他没办法。

对一朝的首辅如此，对一朝之君万历皇帝，沈鲤同样不愿意让其有损圣德。万历皇帝爱钱，更爱珍宝，曾经为买进一颗珠宝花银两千万两，于是上行下效，皇上的爱好成了臣民巴结和效仿的对象，朝臣纷纷为万历捐俸，并自以为得意。沈鲤很愤怒，有人建议沈鲤也捐俸，沈鲤说："我只知养廉，不知逢君之欲。"令闻者无不自惭形秽。这事之后，沈鲤又赶紧进宫面见万历皇帝，奏明道："圣上喜欢什么是小事，而传播出去可就成了大事。臣民纷纷进献，劳民伤财，怨声载道，岂不有损圣德？"沈鲤曾做过万历皇帝的老师，万历帝只好听从老师的奏请，不再明着收受捐俸。

沈鲤在官位上绝不徇私情，身为皇族的秦王请封其弟为将军，后宫的郑贵妃为父请恤，万历钦封郑氏为皇贵妃等，均遭沈鲤据理抵制。

沈鲤赤心报国，一身正气，纳忠论奏又无所避，因此也遭到当朝不少权贵们的怨恨，到万历帝面前告沈鲤黑状的不乏其人，其中沈一贯在第二次妖书案发生后对沈鲤的攻击尤其为人不齿。

在多人的诋毁下，时间长了万历皇帝也开始对沈鲤不信任了，口中也多了怨言。在沈鲤五十七岁那年，他决定辞官归里。已经快六十岁的人了，这官不当也罢。首辅张居正死后，申时行任首辅。申时行本来就嫉妒沈鲤，一向认为沈鲤不是自己的人。尽管万历皇帝坚持挽留说："沈尚书好官，奈何使去？"申时行还是趁火打劫，于万历十六年（1588年）一再请旨，放沈鲤告老还乡。

沈鲤这一去就是十四年。而在这十四年里，沈鲤并没有只在家赋闲，他在家乡修文雅社，立社仓，设义塾，造福乡民，当时黄河中下游多次决口泛滥，民不聊生。沈鲤上书万历皇帝，为民请命修筑两道大堤。一道西起荥城（今荥阳），东至洪子胡（今洪泽湖），全长四百余公里；另一道北顶东西黄河大堤，南由商丘古城北城郭外向东南至永城曹家洼，长九十余公里，人称沈堤。不久后堤成，汛期来时，滔滔的河水能分流出去，河南各县始免洪灾。

万历四十三年六月辛卯日（1615年7月11日），八十五岁的沈鲤在商丘病逝，万历皇帝闻讯非常悲伤，赠太子太师，谥文端，先后遣河南布政使司堂上官于首七、三七、七七、百日、周年、三年，六次谕祭，祭文中称赞他"乾坤正气，伊洛真儒"。并御笔亲书"责难陈善"、"肖德世臣"二匾以赐。并且先后累赠沈鲤之父沈杜、祖沈瀚、曾祖沈忠为柱国光禄大夫、少保兼太子太保、吏部尚书、文渊阁大学士。史称"皇恩波及，眷顾特隆，四世褒封，同列一品"。

沈鲤画像

巡城御史康丕扬在搜查沈鲤住宅时牵扯出的名僧真可就是达观和尚。达观和尚，其字达观，号紫柏，世称紫柏尊者，是明末四大师之一。他俗姓沈，江苏吴江人。十七岁时辞亲远游，欲找机会立功报国，求得功名，行至苏州时宿虎丘云岩寺，闻寺僧诵八十八佛名号，内心欢喜；第二天早晨，即解腰缠十余金设斋供佛，从寺僧明觉出家。

真可出家后，常闭户读书，二十岁时受具足戒（具足戒又称近具戒、大戒，略称具戒。为比丘、比丘尼所应受持的戒律，因与沙弥（尼）所受十戒相比，戒品具足，故称具足戒）。不久后至武塘景德寺闭关，专研经教，历时三年，万历元年（1573 年）至北京，万历二十年（1592 年），他游房山云居寺，礼访隋代高僧静琬所刻石经，于石经山雷音洞佛座下得静琬所藏佛舍利三枚。神宗生母李太后曾请舍利入宫内供养三日，并出帑金布施重藏之于石窟。后来他又与高僧德清同游石经山。

万历二十八年（1600 年），真可因对南康太守吴宝秀拒不执行朝廷征收矿税命令而被逮捕表示同情。他慨叹说："憨山不归，则我出世一大负；矿税不止，则我救世一大负；传灯未续，则我慧命一大负。"因而遭到一些宦官的嫉恨。这时他的门人为他的安全着想，相继写信劝他出都。但他不相信会与政治扯上关系，也不避讳与官员交往，特别是与沈鲤关系不错，京城妖书案案发后，他恰在沈鲤府上，有人诬陷他是妖书的作者，于是被捕。

之后，真可和名医沈令誉都受到了严刑拷打，真可更是被拷打致死，但二人宁肯冤死都不肯出卖朋友，所以未能如沈一贯所愿牵扯出郭正域和沈鲤等人。

郭正域锒铛入狱，朱常洛为师鸣冤

对于该案，东厂和锦衣卫都进行了过问，还进行了三法司（刑部、都察院、大理寺）会审。真可和尚死后，为了让沈令誉服罪，三法司事先做了不少布置，沈令誉奶妈的女儿只有十岁，也被叫到大堂作证。东厂提督陈矩（之前带吕坤《闺范图说》入宫的那位）问那小女孩："看到印刷妖书的印版有几块？"那小女孩说："满满一屋子。"陈矩听了忍不住大笑。《续忧危竑议》只有短短三百来字，顶多也就两张纸，哪来的一屋子印版。沈令誉的冤屈显而易见，由此对郭正域和沈鲤的诬陷自然也不能成立。

但这个时候，有些人想利用这个无头大案来打击对手，于是纷纷出来检举揭发自己的仇敌，锦衣卫都督王之祯等四人揭发同僚周嘉庆与妖书有关，但不久就查明纯属诬告。之后案情越发展越复杂，参与审讯的官员又得到沈一贯暗示，想逼迫之前诬陷钱梦皋女婿阮明卿的胡化承认郭正域是妖书的主谋。胡化却不肯附和，说："（阮）明卿，我仇也，故讦之。（郭）正域举进士二十年不通问，何由同作妖书？"

沈一贯还让人派兵到杨村包围郭正域乘坐南归的海船，拘捕了他的仆婢和代抄的"佣书者"多人，但没有逼出有用的口供。被捕诸人中，只有周嘉庆毫无疑迹，释放后革职回到老家。而他的舅父、礼部尚书李戴，已因此被勒令辞官了。

因为郭正域曾经当过太子朱常洛的讲官（老师），朱常洛听说此事后，对近侍说："为什么想要杀掉我的好老师呢？"这话虽然很普通，但出自太子之口，就没有人敢不认真对待了，于是审讯诸人闻之皆惧，认为太子既然如此说，那郭正域就不能动了。

为了营救老师，朱常洛还特意派人带话给东厂提督陈矩，让他手下留情。陈矩为人精明，心知尽管太子地位不稳，但也决不能轻易开罪太子，加上没有任何证据证明郭正域跟"妖书案"有关，显而易见，这是件大冤狱，于是不敢再将此案往郭正域身上引，后来正是由于陈矩的鼎力相助，郭正域才免遭陷害。

针对郭正域的审讯一连进行了五天，始终不能定案。明神宗震怒，下诏责问会审众官，众官惶惶不安。东厂、锦衣卫，包括京营巡捕，压力都相当大，京师人人自危，如此一来，必须要尽快找到一只替罪羊，来消除朝廷对该案的恼怒。

万历三十一年（1603 年）十一月二十一日，妖书发现后整整十日，东厂捕获了一名形迹可疑的男子䥵生彩，之后，䥵生彩揭发兄长䥵生光与"妖书案"有关。

䥵生光成替罪羊，妖书案未白而结

传说䥵生彩之兄䥵生光生性狡诈，专门以"刊刻打诈"为生，不知怎么弄了一个顺天府生员（明朝的生员不仅是官学生，还是一种"科名"）的职位，并借此大肆行骗，讹诈过许多人。

明人冯梦龙在《智囊全集》中记载了一则他的故事：有一乡绅为巴结朝中权贵，到处访求玉杯，想送给权贵做为寿礼，也曾托过皦生光。三天后，皦生光拿着一对玉杯求售，说这对玉杯来自官府，价值百金，现在只要五十金就行。乡绅很高兴地买下。但没过几天，忽然卒吏匆匆地押着两个吵闹不休的人前来，再仔细瞧，原来是皦生光和一名宦官，皦生光皱着眉头说，前次卖给乡绅的玉杯本是皇宫中宝物，被宦官偷出变卖，现在事机败露，只有物归原处，双方才能平安无事。乡绅大为窘困，玉杯已送权贵无法索回，只好请皦生光想办法，皦生光面露难色，过了许久才答应帮忙，他建议乡绅出钱贿赂宦官、衙门官员，或者能得以幸免。乡绅不得已，只有答应，于是拿出近千两银子，日后虽明知皦生光借机诈财，但也无可奈何。

不仅如此，皦生光还胆大包天地借"国本之争"讹诈过郑贵妃的兄弟郑国泰。当时有个叫包继志的富商，钱财多得没处花，便想附庸风雅，就委托皦生光代纂诗集，皦生光故意在诗集中放了一首五律，其中有"郑主乘黄屋"一句，暗示郑贵妃为自己的儿子夺取皇位。包继志根本不懂，便刊刻了诗集。诗集发行后，皦生光立即托人讹诈包继志，说他诗集中有悖逆语。包继志情知上当，却也无可奈何，但由于书已出版发行，他也只好自认倒霉，出钱了事。

但这皦生光并不罢休，他又拿着诗集去讹诈郑国泰，说此书揭露其妹郑贵妃欲做太后，郑国泰自从做了国舅，常怕因其妹妹的身份而被人诽谤，加上此时朝野上下舆论都对郑贵妃不利，他也只好出钱了事。

皦生彩揭发声名不佳的兄长后，皦生光之前的劣迹全部曝光，锦衣卫如获至宝，立即逮捕了皦生光，其实皦生光与妖书案本没有关系，但锦衣卫将其屈打成招。

事情到了这个地步，本来就可以结案了，但沈一贯因与郭正域有嫌隙，一心想借此打垮他，于是找来其亲信刑部尚书萧大亨，让他在审案的时候，要皦生光把事情往郭正域身上引。

萧尚书于是给具体负责此案的属下写了一张字条，塞进他的袖口里，要属下把郭正域牵扯进去。不料那位属下很有正义感，不肯配合，反还诘问上司一句："狱情不出囚口，出袖中乎？"

沈一贯不见黄河不死心，又命令萧大亨让人对皦生光严刑逼供，要他指证郭正域，不想皦生光虽然之前狡诈，此时不知怎么却表现出少有的骨气，在酷刑下始终没有牵连他人。他还大义凛然，说："死则死耳！奈何教我迎相公（沈一贯）指，妄引郭侍郎（郭正域当时是礼部侍郎）乎！"因为该案，他的妻妾和年仅十岁的儿子都受到了拷打，他也都没有按萧大亨的意思招供。

萧大亨

案情的进展真是出乎人的意料，很多人都想早早结案。于是御史沈裕在一次审理中，当众疾呼："已经牵连了这么多人，你还是认了吧！"

皦生光自知冤屈，但一连几天的严刑拷打，他终于受不了了，松了口，说是自己干的。

尽管所有人都明白"妖书案"其实与皦生光无关，就连急于结案的沈一贯、朱赓都不相信，他们认为《续忧危竑议》一文论述深刻，非熟悉朝廷之大臣不能为，皦生光这样的落魄秀才绝对没有这样的能耐，也没有这样的动机。但急于平息事端的明神宗不管是非对错，还是匆匆结案，不久后皦生光被凌迟处死，家属发配边疆充军。

皦生光死后，离奇的第二次"妖书案"就此而平，"妖书"的真正作者始终没有人知道。过了一段时间后，朝野开始流传"妖书"其实出于武英殿中书舍人赵士桢之手。

赵士桢被疑变疯，朱华奎献金被抢

赵士桢，字常吉，号后湖，乐清（今属浙江）人。他是历史上杰出的火器专家，一生研制并改进了多种火器。此人善书能诗，还著有《神器谱》、《神器杂说》、《神器谱或问》、《防虏车铳议》等关于火器（即神器）研制开发、使用训练等方面的论著，是中国古代科技史上不可多得的人才。另有《用兵八害》、《备边屯田车铳议》、《东事剩言》、《续草》等时评和杂论。

在他研制的所有火器中，最具创新的莫过于"迅雷铳"了，此火器可称作历史上最早的机关枪，他制造的"火箭溜"则为我国古代火箭发展史上里程碑式的发明。有人认为他当与明代科学家宋应星、徐光启相并列。

赵士桢的一生，颇富传奇色彩。他早年是太学生，在京师游学。他能写一手好字，书法号称"骨腾肉飞，声施当世"，常于扇上题诗变卖，时人争相买他所题的诗扇。有个宦官也十分喜欢赵士桢的书法，买了一把诗扇带入宫中，结果被明神宗看见，大为赏识。之后，赵士桢一下子平步青云，以布衣身份被召入朝，任鸿胪寺主簿。鸿胪寺日常职责是凡外国或少数民族的皇帝、使者，到京师朝见皇帝或进贡，按等级供给饮食及招待等。

赵士桢为人慷慨，有胆略，交游颇广。万历五年（1577年），张居正丧父，因改革和贪恋权位不肯回家奔丧，"夺情"事件发生，五名大臣因此被廷杖。赵士桢不畏干连，予以调护，颇受尊敬。不过，他因"生平甚好口讦，与公卿亦抗不为礼"，加上又因为制造火器得罪了不少人，一生并不得志，当了十八年鸿胪寺主簿才升为武英殿中书舍人，还经常受到怀疑和诽谤。

自从㦎生光被杀，京中盛传妖书是赵士桢所作后，赵士桢大为受惊，为此而身心劳瘁，精神错乱，甚至多次梦见㦎生光索命，终于一病不起，抑郁病亡。

但赵士桢是妖书作者始终只是传说，并没有证据，真正的作者到底是谁，始终没有人知道。"妖书案"虽平，但其影响所及，却已远逾宫廷，遍及朝野，险恶的宫廷斗争也并没有就此平息。

就在"妖书"案结束不久，楚王朱华奎感戴皇帝在"伪楚王案"中的照顾之恩，适逢朝廷要修宫殿，他遂以"助工"之名，向皇帝敬献万金，神宗平生最喜钱财，于是笑纳。

但敬献的金钱在运送途中，却被以朱蕴钤为首的楚姓宗室给抢了，当时朱蕴钤、朱蕴訇、朱蕴钫、朱华堆、朱华焦等人纠集了几百人，在汉阳一带对献金进行拦劫，于是"劫杠案"发。

朱蕴钤一行人不知怎么搞的，他们或许是想明抢，由于双方都认识，所以抢时都大打出手，他们的争斗招来了官府的过问。拦路抢劫这一行为，当时被称为"劫杠"，"杠"乃抬送重物所用的粗棒，有时也代指箱柜，民间旧时称进贡的东西为"皇杠"，这一行为的罪名和《水浒传》中晁盖一帮人打劫花石纲是一样的。

由于官府到来，汉阳兵巡副使周应治因职责所在，当场拘捕了带头行劫的人犯 36 名，送往狱中。但楚王宗族飞扬跋扈，气焰嚣张，他们群起闹事。周应治官小，无法对他们进行约束，事后只得匿身民间，不敢露面。

挂衔兵部尚书和右副都御史的湖广巡抚赵可怀得知此事后，立即提讯被捕各犯。他在审问时走下大堂，对朱蕴钤等人温语讯问。却不料朱

明末四案之谜

蕴钤和朱蕴訇两名贼首突然挣断刑枷，并用其猛砸赵可怀头部，致使他当场死亡。

赵可怀，本籍重庆，于万历年间上任为福建巡抚，卸任后续任湖广、陕西巡抚等职。利玛窦在南昌生活了三年，他在南昌编绘的世界地图名曰《山海舆地全图》，原广东南雄同知王应麟于1593年升任镇江知府后，将此地图送给了时任应天巡抚赵可怀。赵可怀曾将《山海舆地全图》摹刻在苏州姑苏驿外的大石头上，他还自撰一跋赞美该图，对推动中国地图测绘事业有所贡献。

《山海舆地全图》

此时的赵可怀既是封疆大吏，又是朝廷大员，竟突然被罪犯打死，在场的人慌作一团，后来好不容易才重新收监了罪犯，经巡按御史吴楷告变，皇帝命鄂境严兵戒备，防止击杀大臣的罪犯外逃。附近地区因而哄传楚宗室"称兵谋逆"，都惊惶不安。鄂西北的郧阳巡抚胡心得等人甚至操练兵马，向上级请求"会师进剿"，闹事诸人听说后自忖难和官军抗衡，也准备息事宁人，于是事态才未扩大，凶犯和带头"劫杠"者朱蕴钤和朱蕴訇因而落入法网。

万历三十三年四月，"劫杠"案定谳。朱蕴钤和朱蕴訇两个人被解送湖广承天府显陵(明世宗父母葬地)处死，朱华堆等三人被勒令自杀，朱华焦等二十三人被监禁，朱蕴钫等二十二人被革爵幽囚，其余多人或降爵、或革禄，处分不一。

当时著名文学家袁宏道对本案发出感慨说："国体藩规俱不论，老臣涂血也堪怜！"袁宏道之所以这样说，也是对当时党争对国家危害的批评。

梃击案之谜

第二部分

科场案起，王衡遭诬

其实妖书案的发生与发展，明显是有高级官僚在参与，不仅涉及国本问题，更涉及到党争问题。谈明史不能不谈党争，谈党争不能不谈"四案"，"四案"实质上是党争的四个议题。"四案"本身并没有什么吸引人的地方，但是因为党争的介入显得诡谲，双方不断以此为题进行炒作，打击对方。争论随着朝代的更替，双方势力的消长而跌宕起伏，耐人寻味，而接下来的梃击案，便是党争的又一次深化，各方势力的再一次交锋。

张居正主政时，和宫中大太监冯保交好，张居正死后遭到神宗皇帝的清算，于是作为张居正的好友，太监冯保也倒霉了，因为明神宗对他也产生了忌恨，他被放逐到南京，后因病而死，家产亦被抄收。

张居正的势力彻底被消灭，各方势力开始就张居正离开后的权力真空进行重新分配，原来被内阁侵占权力的各地方、各部门有收回自己权力的需求，这不可避免地要与内阁这个既得利益者发生冲突。

言官们是张居正时代最大的受害者，加上自身监察权力的特殊性，因此脱离内阁掌控比较容易。但其他行政部门就不一样了，而这些部门中最让人瞩目的就是吏部。

吏部古称天官、太宰，一直就是同级官员之首，天生就高出各部一头，即便在明朝也是如此。从礼仪上说，其他五部尚书与内阁在大

道上碰头都得回避阁臣，但吏部尚书有不避的特权，可见其地位的确受重视。

不过，如果阁臣比较强势，吏部尚书也只好避让了。明朝第一个能够使吏部尚书回避的人是严嵩，到了隆庆和万历时期，首辅是高拱，但他也兼任吏部尚书，自己当然不用避自己，后来张居正任首辅，吏部不避就更不行了，因为他乘坐一个三十二人抬的轿子，这大轿子能把道路占满，谁不避就被挤到路边沟里去了。而在张居正死后，通过神宗皇帝对他的清算，内阁势力有所削弱，于是吏部与内阁的派系斗争开始了。

张居正之后的首辅是张四维，但没干多久就回家丁忧，接替的是申时行，申时行不像几位前辈那么强硬，不过当时的吏部尚书是杨巍，他和申首辅关系非常亲密。他于万历十一年七月上任，直到万历十八年二月才退休，任职时间比较长。他退休后，吏部也就进入了走马灯时代。

之后，由户部尚书改任吏部尚书的宋纁准备向内阁发难，恢复祖制夺回铨权（人事任命和官员考核权），吏部的一些人事处理也不再送交内阁，而是直接上报皇帝，这让申时行很不爽。

万历十七年正月，爆发了一场科场案，有人爆料说申时行女婿李鸿和王锡爵儿子王衡（字辰玉）在科考时有作弊行为，申时行和王锡爵身为阁臣，可能都有徇私舞弊行为。史载："十六年庶子黄洪宪典顺天试，大学士王锡爵子衡为举首，申时行婿李鸿亦预选。礼部主事于孔兼疑举人屠大壮及鸿有私。尚书朱赓、礼科都给事中苗朝阳欲寝其事。礼部郎中高桂遂发愤谪可疑者八人，并及衡，请得覆试（古代有的考试分二场，第一场叫做初试，第二场叫做覆试）。"

高桂的这篇奏章在《明神宗实录》一书中有详细记载，其中写道：

中试礼部主客司郎中高桂言，万历十六年顺天乡试，蒙旨以右庶子黄洪宪等往。其中中试举人第四名郑国望稿止五篇，第十一名李鸿股中有一囡字。询之吴人，土音以生女为囡。《孟子》义、《书经》结尾，文义难通。他若二十一名茅一桂、二十二名潘之悝、二十八名任家相、三十二名李鼎、七十名张敏塘，即字句之疵，不必过求，然亦啧有烦言。且朱卷遗匿，辩验无自。不知本房作何评骘，主考曾否商订。主事于孔兼业已批送该科，科臣竟无言以摘发之。职业云何？方今会试之期，多士云集。若不大加惩创，何以新观听？伏乞敕下九卿会同科道官，将顺天府取中试卷逐一简阅，要见原卷见在多少，有无情弊，据实上请，以候处分。其有涉迹可疑，及文理纰缪者，通行议处，明著为例，以严将来之防。自故相之子先后并进，一时大臣之子遂无有见信于天下者，今辅臣王锡爵之子素号多能，岂其不能致身于青云之上，而人之疑信相半，亦乞并将榜首王衡与茅一桂等一同覆试，庶大臣之心迹益明矣。"

王衡石刻像

高桂指责中试举人中有七人答卷有疑问，还引例为证，这应该还是有一定根据的，而后面单独摘出榜首王衡来，其原因却仅仅由于他是"辅臣之子"，就认为"疑信相半"，似乎有点吹毛求疵，却也是有因而发。其奏中所称"自故相之子先后并进，一时大臣之子遂无有见信于天下者"，指的是万历十年之前首辅张居正的两个儿子相继在会试中蝉联状元、榜眼，引起读书人普遍的不满。即便是在张居正被治罪之后，这种不满和忧虑也仍然存在，所以对王衡乡试第一的质疑，其实隐藏着人们对权臣把持科举制度的积怨。高桂所提出的有疑问的举子之一的李鸿，是当时首辅大臣申时行的女婿，也是在这个背景之下。

众言官对抗内阁，王锡爵被迫辞官

　　言官们对王衡和李鸿的指责，实际上是向身为大学士的王锡爵、申时行的问罪，除了对大臣操纵科举的怀疑和不满，也另有党派之间的攻讦性质。原来王锡爵在张居正当权时，曾因反对张居正廷杖大臣愤而辞职。后来，张居正死后，言官们有意推举王锡爵入阁，借以对抗曾为张居正所信用的申时行，不料王锡爵却与申时行相合，常置言官们的意见于不顾，使言官大为不满。

　　明代吴应箕在《东林本末》中如是记载："初东仓王公（名锡爵）以营救吴、赵为江陵（张居正）所忌，故诸君子共推毂，致大拜，计藉以抗申（申时行）。王一旦反而与申合，诸所欲斥，申不自发，辄授意王，使讼言排之，诸君子皆为愕然出意外，猝无以抗也。"

　　言官因为反对申时行和王锡爵，就借这次顺天乡试的舞弊事件发起攻讦，真意其实是想推倒他们所不满意的内阁。

　　明代言官敢于言事，虽是一种良好的传统，但凡事过犹不及，由于太过坚持己方立场，往往会走向另一个极端，就是党同伐异，进而将进谏变成意气之争。清代人杜纲即评之为："明朝风气，言官最喜说长道短，以显脚力，一本不准，第二本再上，这个不准，那个又奏，把朝廷聒噪个不了。即皇亲国戚，稍有过失，都惧怕他。始初还论是非，继而更尚意气。"王锡爵、申时行二人既然本来就被言官们所不满，这次的乡试举士又确实有把柄可抓，高桂进奏，就是必然的事了。

对于高桂的奏章，当时神宗复旨说："不必覆试。自后科场照旧规严加防范，毋滋纷纷议论，有伤国体。"圣旨既云"不必覆试"，其意颇为含混，既没有否认舞弊的指责，又不许议论，显然有回护内阁的意思，自然难以服言官之心。而"大学士申时行、王锡爵以高桂论科场事，词连锡爵子衡、时行婿李鸿，各上疏自明，且求放归。上俱慰留之。"言官的进谏使申、王两个阁臣上疏自明并"求放归"，其实既有负气，也不无要挟皇帝之意。

同年二月，王衡等人参与了覆试，结论是"王衡等七人平通，屠大壮一人亦通。疏入，得旨：文理俱通，都准会试。"这样高桂所言便被认为是轻率论奏，他因此被夺两月俸禄。

对于参与覆试的王衡而言，其蒙受的冤屈本来已可以完全洗刷，但此前人们对科举积怨太多，这次覆试的结果显然并不能使言官们满意。

在覆试的过程中，考官们就因为考生屠大壮的取舍问题，已经发生了争执，"礼部侍郎于慎行以大壮文理不佳，原本不予好评，不料有人力争，才列甲乙以上。"而覆试之后，因"性刚负气"的王锡爵不忿自己素有才名的爱子蒙科场嫌疑，认为让王衡覆试是极大的耻辱。朝臣攻讦的白热化，使得当时任工部主事的饶伸上疏为高桂辩护，直斥申、王，言辞极为激烈："张居正三子连占高科，而辅臣子弟遂成故事。洪宪更谓一举不足重，居然置之选首。"

"子不与试，则录其婿，其他私弊不乏闻。覆试之日，多有不能文者。时来罔分优劣，蒙面与桂力争，遂朦胧拟请。至锡爵讦桂一疏，剑戟森然，乖对君之体。锡爵柄用三年，放逐贤士，援引憸人。今又巧护己私，欺罔主上，势将为居正之续。时来附权蔑纪，不称宪长。请俱赐罢。"

此疏一上，申时行、王锡爵的愤怒达到了极点，二人皆"杜门求去"，这样一来，内阁中竟出现了没有一个人理事的局面，甚至连中官将奏章送到申时行私第，申时行也封还回去，使万历皇帝亦惊讶："阁中竟无人耶？"

阁臣离去，对朝政的不良影响甚重，皇帝不得不对二人进行抚慰挽留，立即"下伸诏狱"，申王一派的大臣乘机弹劾饶伸、高桂，连最开始向科臣指出乡试中有不合格录取现象的礼部主事于孔兼也受牵连，被指责是高桂的背后指使者，于孔兼为自己上奏辩护，亦求罢职。廷臣互讦的最后结果，是"诏诸司严约所属，毋出位沽名，而削伸籍，贬桂三秩，调边方"。

饶伸革职为民，高桂降级处分，这一场攻讦，表面上以内阁的胜利为结束，但余波未完，直到九月，仍有工部、吏部的两个给事中弹劾顺天乡试的主试官黄洪宪科场作弊，使黄洪宪几次求辞职归省，却不得允许。而王锡爵在这次科场案中态度强硬，与言官交讦之语极为激忿，更加致使言官对其不满，以至"御史乔璧星请帝戒谕锡爵，务扩其量，为休休有容之臣，锡爵疏辨。以是积与廷论忤"。

王锡爵与言官的嫌隙，自此成为不可调解之势。万历十九年，在言官们的反对下，王锡爵终辞官还乡。其后不久虽再度入朝为首辅，仍然不能与言官为好，最后因遭物议不能自明而乞病休，直到万历三十五年，朝廷有复召王锡爵入阁的意向，他力辞不就，且仍放言诋毁言官："时言官方厉锋气，锡爵进密揭力诋，中有'上于章奏一概留中，特鄙夷之如禽鸟之音'等语。言官们闻之大为愤怒，给事中段然上奏首劾之，王锡爵亦自阖门养重，竟辞不赴。"未几去世。

王衡愤作《郁轮袍》，顾宪成东林讲学

　　这次科场案冲突的实质，其实正是党争激烈的反映，同时也体现了朝廷中言官与执政的少壮派与守旧派的斗争。万历十六年，顺天乡试的舞弊情节并非纯属构陷，如高桂指出的郑国望稿止五篇、李鸿使用了不合格的俗字等等，但王衡却不是，以他以前的才名和在覆试时"通敏，人皆叹服"的表现，都决非考试舞弊之人，却因其父的特殊地位，无端遭到指责，内心的愤怒与痛苦可以想象。

　　更不堪的是，由科场案引发的廷臣攻讦，牵涉如此之广，到最后又是言官与执政两方俱有所损，矛盾越来越深。作为事件中心人物的王衡，却无法左右事态的发展，只能被动地接受各种非议，陷入了极尴尬的境地。对于王衡来说，言官对自己中榜嫌疑的指责固然属于臆测，但因为之前有张居正为子谋高第的事例，同榜举子也的确有人存在问题，并不能完全怪高桂、饶伸等人指责；而王锡爵与言官的交锋咄咄逼人，令朝臣普遍不满，就给人留下了王锡爵没有容人之量的口实，这样一来，作为被父亲维护着的王衡，也不得不替父亲背负一部分骂名。

　　王衡与性情刚烈、急躁的父亲王锡爵不同，他的性格要平和得多，在王锡爵与高桂、饶伸的激烈攻讦之中，他力图从中周旋，甚至在二人遭受贬谪后，请父亲上疏相救，"人更以此多之"。王衡的行为，与其说是出于对二人直言敢谏的敬意，不如说是出于维护父亲名誉的考虑，因

为王锡爵虽然获得了胜利，却因为态度过分强横导致非议纷纭，一样付出了沉重代价，在舆论的压力下不得不对饶伸网开一面："伸既斥，朝士多咎锡爵。锡爵不自安，屡请叙用。"性格刚愎的王锡爵竟然一再奏请叙用严厉指斥自己的饶伸，除了迫于舆论压力外，没有王衡在其间劝说、周旋也是难以做到的。

万历十七年，顺天乡试案发并通过覆试之后，王衡没有参加当年的礼部会试，称自己"三不试南宫"。万历十九年，其父以"归省"名义致仕还乡；二十一年复出为首辅，王衡不参加会试，实际上是为了避嫌，在他内心中，未必能忘怀一个读书人取功名的最高理想，也未必不存在着中榜以洗雪自己不白之冤的愿望。可是父亲再度为相的情况，又使他不敢再蹈风波，只能"闭置一室"自己读书，虽然"时论高其品，而原其心"。但他的心情，其实是"惆怅浮生堕棘围，几番心事恨多违"，充满了抑郁不平之气的。

杂剧《郁轮袍》是王衡的代表作，可能就是作于覆试之后的，此剧通过写才子王维被诬钻营取第，最终得以昭雪的故事，影射自己的经历。杂剧中的王维最后在真相大白时，拒绝了重为状元的荣耀，与好友裴迪拂衣归隐，其实剧情也可以当作王衡对自己将来道路的规划，而十年之后他会试获中，获翰林编修后当年即辞官归养，也果然没有违背自己的心愿。

王锡爵出任首辅仅有一年半的时间，和言官的纷争却始终未绝。在用人问题上，内阁与言官各自都欲任用自己的人，并排挤对方的人。王锡爵与东林党斗争不断，在一番针锋相对的斗争之后，顾宪成被"削籍归"，开始讲学东林书院，"讽议时政，裁量人物，朝士慕之，亦遥相应

王衡画像

和。由是东林名声大著。其后孙丕扬、邹元标、赵南星等相继讲学，自负气节，与政府相抗，是为东林党议之始"。

顾宪成是于万历二十二年（1594年）九月从北京回到家乡泾里的。顾宪成在朝中因公务繁忙，积劳成疾，再加遽遭削职，冤屈难伸，因此经过长途跋涉回到家中，因体质极弱，病痛频发，好几次生命陷入垂危。然而他绝不放弃自己为国为民的抱负，尽管已不能在朝中实现自己的志向，也要在故乡做些有益的事。顾宪成认为：讲学，可以传授知识，风议人物，扶持正论，为国家培养人才，这和自己重人才、重舆论的政治思想是一致的。于是便把精力集中到讲学上来，顾宪成一生最辉煌的事业就此展开。

由于顾宪成在政界、学界都有很高的声望，所以慕名来请教他的人很多。他不顾病体，不管其贫富贵贱，一视同仁，热情地欢迎接待。后来，他看到前来泾里的人很多，小小的泾里镇上，连祠宇、客栈和自己周围邻居家都住满了客人，还容纳不下，就与长兄性成、次兄自成及弟弟允成商量，在自己住宅南边造了几十间书舍供来人居住。顾宪成的夫人朱氏给学生们烧饭做菜，此后泾溪南北，昼则书声琅琅，夜则烛火通明，一派日以继夜奋发攻读的景象。即使许多已有功名、才学亦高的学者也争相前来求教。

顾宪成在居家讲学的同时，还经常到苏州、常州、宜兴等地去讲学，经常与苏州、松江、常熟、太仓、嘉兴、宜兴等吴中学者聚会于无锡惠山天下第二泉畔研讨学术。在讲学活动中，顾宪成迫切感到必须具备一个固定的讲学场所，从而将分散的讲学活动变成一个有组织协调的统一活动，从而对吴地乃至整个社会产生良好的影响和作用。

万历三十二年（1604年），经顾宪成和吴地学者的共同努力，官府终于批准在无锡城东门内的东林书院遗址重建兴复东林书院。重建工程开始于这年四月十一日，至九月九日告竣，共用了1200多两银子。作为首倡发起人之一的顾宪成捐银最多，他又去策动吴地官员和乡绅捐资助修，出了大力。顾宪成又亲自为书院讲会审订了宗旨及具体会约仪

式，这年十月，顾宪成会同顾允成、高攀龙、安希范、刘元珍、钱一本、薛敷教、叶茂才（时称"东林八君子"）等人发起东林大会，制定了《东林会约》，顾宪成首任东林书院的主讲。顾宪成的讲学活动成为他一生事业的辉煌时期。

东林讲学是在特定历史条件下，适应时代、社会和学人的共同需要兴举起来的。它规定每年一大会，每月一小会，除了严寒盛暑外，定期会讲。这就将原来士绅的分散游学形式变为集中固定的有组织的讲学活动。而且书院不分尊卑、不限地区、不论长少、不收学费，只要愿意，均可参加，还提供食宿。讲授方式十分灵活，有时采用演讲方式，讲了一段时间后，就穿插朗诵一段诗词，以活跃气氛、开发性灵，主讲者还随时回答提问。有时采用集体讨论方式，沟通思想、交流心得。

东林讲学博采诸家合理之言，取长补短、不执门户之见，讲学内容也较为广泛、丰富、适用，主要以儒家经史著述为主，但也兼及并包括一些必要适用的自然科学知识和具体实际的应用与管理方面的知识在内，还把评论政事得失、乡井是非联系在一起，把理论与实践结合在一起，要求学生身体力行。由于东林讲学开创了一种崭新的讲学风气，引起了朝野的普遍关注。一些学者从全国各地赶来赴会，学人云集，每年一次的大会有时多至千人，不大的书院竟成了当时国内人文荟萃的重要会区和江南讲学者遥相应合。东林书院实际上成为一个舆论中心，这里的人们便逐渐由一个学术团体形成为一个政治派别，从而被他们的反对者称为"东林党"。那时所谓的"党"，不同于今天的政党，而是指政治见解大致相同、在政治活动中经常结合在一起的一批人。东林党与朝廷中的腐朽势力展开了殊死的斗争，东林书院的主讲顾宪成则以其卓越的思想气度成为东林党的精神领袖。

顾宪成思想的最大特点是重视社会政治，关心世道人心，充满了以天下为己任的救世精神。这种救世精神本是儒学祖师孔子、孟子的传统，但在汉代以后封建专制统治下的儒生，不但多数沉溺为科举功名之士和从事考据、词章之士，背离了这种精神，只是把它当作升官发财，

明末四案之谜

猎取名利的手段，即使连标榜义理之学的儒生，也多半只是脱离社会实际地空谈玄理。顾宪成花了大量时间和精力，深入研究各家的学术观点，从造福天下的观念出发，认为沉溺功名或空谈心性都是有害的，因为这两种学术思潮都将导致人们对现实社会和具体学问的漠不关心。他认为如今的政治形势已危机四伏，如同把干柴放到烈火之上那么危险，因此顾宪成强调研究学问的出发点必须是为了社会国家民生所用；他认为如果眼光短浅，营营于一己之私，即使功名很高、学问很深、修养很好，也不足挂齿，提倡士人不管是做官、为民，身处何境，都要明辨是非，注重气节，敢于和不良势力斗争。

顾宪成在青年时代曾自撰了一副对联："风声雨声读书声，声声入耳，家事国事天下事，事事在心"，表达了他读书期间对社会的关注。当时社会风气不正，一些人品德很不端正，没有是非观念，注重私利，见风使舵。顾宪成对这种状况愤愤不平，时时想找出矫正的办法，做到把书本知识和社会实际结合起来进行研究。在东林书院的讲堂里，顾宪成就挂上了这副对联，教育学子们要把读书、讲学同关心国事紧紧地联系在一起。

同时，顾宪成也以庶民身份积极参与和评论朝政事务，将注意乡井民情和关心国事落实到实际行动上。万历三十二年，以贩粮谋点微利的赵焕在江阴长泾（今江阴长泾）为税棍俞愚、金阳暗下设计，被活活打死，并将尸体沉入附近河内。他的儿子赵希贤多次为父讼冤，由于乡党官员相互包庇，一直得不到伸冤。顾宪成为此愤愤不平，在他的出面下，案件才得到公平解决。

顾宪成对朝局的败坏十分关心，他鼓励东林成员不管时局千难万难，一定要坚守职责，直言敢谏，精诚报国，"即使天下有一分可为，亦不肯放手"，"天下有一分不可为，亦不可犯手"。意思是说，只要天下还有一线希望，就要坚决地干下去，切不可知难而退，归居林下，使一邦宵小奸党全面控制朝政，同样，只要有一丝一毫不该做的，也绝不参与插手，绝不能同流合污，使政局更为糟糕。

顾宪成纪念馆

　　顾宪成辞官还乡，开始东林讲学，采用的是一种虽出世却入世的方法，他的目的是让更多的人学会怎样治国安民、造福天下。但因他学生众多，交际又广，后来他的学生和一些朋友又形成了后期的东林党，因与其他党派斗争不断，对明末的时局产生了很大的影响。

王锡爵打击异己，汤显祖发愤著书

　　在万历年间的廷臣党派斗争中，神宗皇帝是明显袒护内阁的，但皇权的偏护并不能改变舆论的导向，在与言官的冲突中，身为内阁首辅的王锡爵，并不是绝对的胜利者。

　　王锡爵在政治上比较保守，也缺乏宽宏大度的心胸，虽然他能够用比较正确的态度评价曾经与他有嫌隙的张居正，在张居正死后遭皇帝清算时还为他说公道话："居正殁，搏击者众，锡爵独寓书当事，言江陵相业亦可观，宜少护以存国体。"但在对待当朝官员中的反对派的方面，却很难令人信服。

如汤显祖因为在万历十九年上了《论辅臣科臣疏》弹劾内阁而被贬，王锡爵对于这个门生一直耿耿于怀，坚持不给他返回朝廷的机会。

汤显祖，字义仍，号海若、若士、清远道人，江西临川人，中国历史上著名的戏曲家、文学家。汤显祖出身书香门第，从小天资聪慧，受家庭熏陶，勤奋好学，早有才名。五岁时进家塾读书。十二岁时的诗作即已显出才华。十三岁（嘉靖四十一年）从徐良傅学古文词。十四岁便补了县诸生。二十一岁中了举人。

汤显祖极有才学，他不仅对于古文诗词颇精，而且能通天文地理、医药卜筮诸书，按说他在仕途上本可望拾青紫如草芥了，但这时明代的科举制度已经腐败，科举考试成了上层统治集团营私舞弊的幕后交易，基本成为确定贵族子弟世袭地位的骗局。

万历五年（1577年）、万历八年（1580年）两次会试，当朝首辅张居正要安排他的几个儿子取中进士，为遮掩世人耳目，又想找几个有真才实学的人作陪衬。他打听到海内最有名望的举人无过于汤显祖和沈懋学等人，就派了自己的叔父去笼络他们，声称只要肯同宰相合作，就许汤显祖等人中在头几名。以宰相之威势，加以许多人梦寐以求的诱惑，沈懋学等出卖了自己，果然中了高科；但汤显祖却洁身自好，一无所动。他虽然并不反对张居正的政治改革，但作为一个正直的知识分子，他憎恶这种腐败的风气，因而先后两次都拒绝了招揽，还说："吾不敢从处女子失身也。"结果是可想而知的：汤显祖名落孙山。而且，在张居正当权的年月里，他永远落第了。但因此，汤显祖却以高尚的人格和洁白的操守，得到朝野人士的称赞。

张居正死后，张四维、申时行、王锡爵相继为相，汤显祖迎来了人生中可以报效国家建功立业的机会，他投到王锡爵门下，成了他的门生，这时的汤显祖34岁，终于以较低的名次中了进士，坎坷的仕途从

此开始。

中进士后，汤显祖在南京先后任太常寺博士、詹事府主簿和礼部祠祭司主事。但汤显祖又看不惯王锡爵、申时行的一些做派。明朝万历十九年（1591年），他目睹当时官僚腐败，愤而上《论辅臣科臣疏》，严词弹劾首辅申时行和科臣杨文举、胡汝宁，揭露他们窃盗威柄、贪赃枉法、刻掠饥民的罪行，疏文还对万历登基二十年的政治作了抨击。汤显祖此举不但彻底得罪了王锡爵等人，还触怒了皇帝，神宗一道贬谪圣旨，把汤显祖放逐到雷州半岛的徐闻县为典史。

一年后，汤显祖遇赦，内迁浙江遂昌知县。在遂昌一任五年，政绩斐然，他"去钳剧（杀戮），罢桁杨（加在脚上或颈上以拘系囚犯的刑具），减科条，省期会"，建射堂，修书院。有时下乡劝农，这种古循吏治的作风，终于使浙中这块贫瘠之地大为改观，桑麻五畜都兴旺起来。也许汤显祖是把这里当作他的理想王国了，在上述善政之外，竟然擅自放监狱中的囚犯回家过年，元宵节让他们上街观灯，为的是实施自己一无顾忌的政治主张。这使他的政敌终于抓住了把柄，待考核官员的时机一到，他们就出来暗语中伤。汤显祖自然知道有人想赶走他。万历二十六年（1598年），听说朝廷将派税使来遂昌扰民，他不堪忍受，便不待别人攻击，给吏部递了辞呈；他也不等批准，就扬长而去，回到家乡。

居家期间，汤显祖心情颇矛盾，一方面希望有"起报知遇"之日，一方面却又指望"朝廷有威风之臣，郡邑无饿虎之吏，吟咏升平，每年添一卷诗足矣"。后来他逐渐打消仕进之念，潜心于戏剧及诗词创作，发愤著书，创作了许多脍炙人口的戏剧，成为我国历史上最著名的戏剧家。

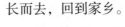
汤显祖画像

王锡爵致仕返乡，王辰玉金榜题名

　　万历二十二年，朝廷言官纷纷被贬谪，也都是忤怒王锡爵之故。由于王衡是首辅的儿子，他在其间难免受到不满者的抨击，时人直接将他父子比之为王安石与王雱，云："此公（指王锡爵）耳软目混，心地亦不真实。居中用事者，王雱在焉。"似乎在隐指诸言官之贬，王衡也在其中起了推波助澜、甚至主导谋划的作用。顶着这样的名声，王衡的心理压力自然不小，他试图替父亲挽回局面，在王锡爵的政敌顾宪成被贬出都时作文亲切致意，却不得报。王衡与顾宪成应当有过不错的交谊，却因顾与其父的政见冲突而形同陌路，王衡写给顾的信中说："不佞累辱先生以道义见知。两年以来不通片纸者，避世嫌也。"他也在给自己妻叔的信中抱怨："顾考功素称知己，亦绝不复往来。彼远膻避腻，一至于此，可叹。"

　　虽然王衡为父亲在朝廷中的事务做了种种周旋，除致意政敌之外，还曾向蓟辽总督顾养谦对边防将领的人选提出建议，体现了他"留心边务"的志向，但因为王锡爵与言官的矛盾始终未能解决，终于在遭受物议的情况下，"郎中赵南星斥，侍郎赵用贤放归，论救者咸遭谴谪，众指锡爵为之。虽连章自明，且申救，人卒莫能谅也。锡爵遂屡疏引疾乞休"。万历二十二年五月，王锡爵返乡，从此再也没有踏入官场。

　　王衡对父亲一直怀有极深厚的感情，王锡爵在位时，王衡替他操心政务，周旋于朝臣之间，王锡爵退位后，王衡又劝他放开胸怀，超然处世。但王锡爵对自己迫于时势而引退似乎很不满意，王衡就写了《上父书》，规劝父亲。他的杂剧《真傀儡》大约也作于此时，用意本来也是为劝勉父亲而作。他对父亲的体贴帮助，也使王锡爵很受感动，后来王衡先父而卒，王锡爵接连写了十二篇祭文悼之，父亲哭子很少有这样无所顾忌的悲痛。若理解了王衡对父亲的感情，关于这部《真傀儡》杂剧蕴涵的良好祝愿之意，也就容易理解了。

在王锡爵致仕之后，王衡重新又回到了科举的道路上。经历过科场风波，他对科举已经不再怀有憧憬，但中第是每个读书人都向往的目标，又何况曾经遭受科场不白之冤的王衡，更需要一举中第以示清白。所以科举对于王衡，已不再是理想，而成为了为自己正名的必做之事。其友陈继儒就在他身后评价他："数十年为功名所缚。"对于王衡本人，实则是一件十分不幸的事，当他在万历二十九年会试中终于以第二名赐进士及第之后，心情却是酸楚的，《万历野获编》中记载他与试官的这样一段对话：王辰玉（王衡）发解时，名噪海内。后以口语，两度不入试，或不竟试而出。至辛丑登第，则逾不惑矣。房师温太史语之曰："余读兄戊子乡卷时，甫能文耳，不谓今日结衣钵之缘。"王衡潸然落泪。

科举带来的心灵创伤，在王衡得第之后也未能弥补，在其中进士、授翰林院编修的同年十月，王衡奉旨南下，即上疏请求"终养"，从此不再进入仕途。这是他曾经在自己所作杂剧《郁轮袍》中写出的结局，也是他对好友陈继儒许下过的诺言。

陈继儒记载："辰玉叹曰：'吾归非独谢子，且以谢高饶两公……今两公尚顿田间，而余为瀛洲散吏，安欤，否欤？'"可见在他的心中，始终无法放下十二年前那场改变了自己一生命运的科举风波，这场风波也同样使当时攻讦他的高桂、饶伸一直困顿田间，仕途断绝。王衡这么说，也许尚有负气之意在，但也是一种风度。自万历十七年起就始终背负心灵上的重担，在登第后又即辞官的举动中，算是完美地放下了。

王衡少年时即有才名，生长在世代书香的太仓王氏之门，博通书史的同时，在政治方面也具有相当的才华，如果没有万历十七年这次背景复杂的科举风波，他的一生可能会改写，成为明代官吏中的一员，甚至像其父一样担负起辅佐朝政的任务，时势却把他推向了无缘仕途的道路上，当时人评之："衡诗文俱名家，尤长经世略，注意边务，论者多惜其未用。"陈继儒也称王衡为："不幸生于相门，为门第所掩。"

名士徐朔方在《晚明曲家年谱·王衡年谱》中评价说："王锡爵不像张居正那样大刀阔斧、厉行整顿，他也不像张居正那样专横独断，而是一位兢兢业业、奉公守法的首相，稳重有余，而魄力不足。在沉重的负荷之下，儿子受到的压力可能大于他所受到的庇荫。俗话说：'天上神仙府，人间宰相家。'王衡生活在安富尊荣的环境中，却很少有文人像他那样不幸。"

王衡满腹才华，又因科场案而满腔愤懑，发而为诗文，发而为词曲，终究写下了足以流传后世的文学作品，尤其是杂剧《郁轮袍》，正因为与他的科场遭际密切相关，才能写出真情实感，脍炙人口。这种"不幸"，在某种程度上，也可以说并不完全绝对。

科场案党争大起，内阁吏部互攻讦

在申时行女婿和王锡爵儿子的科场案发生后，党争发展得愈发激烈，内阁与各部大臣矛盾不断，特别是吏部，吏部尚书宋纁态度暧昧，

让申时行等非常反感。申时行虽然不如前辈们强硬，可也不是好惹的。但是宋纁本人在主持吏部时杜绝请托，惩治贪腐，处置劣官一百多号，虽然得罪了不少人，可不怎么好抓把柄。

申时行没把柄，就开始鸡蛋里挑骨头了。这时有一个小官因为戍边有功准备升官到詹事府，申时行当即怒斥他，一个跑后勤理财的人怎么能当詹事府这种清流官职？宋纁自然明白首辅是指桑骂槐——宋纁此前干了四年户部尚书，天天摆弄银子。于是宋纁连续上疏辞职，不过得到皇帝的挽留没走成，大概因此背了包袱或者生了气，万历十九年五月就病逝了。

接任的陆光祖是佛门信徒，他是嘉靖二十六年进士，资格很老，但不久后神宗皇帝就因故将他撤下，这时吏部已经从内阁手中夺回铨权，这对于吏部来说是个胜利，也给接任的孙鑨打下了一个好基础。可惜孙鑨上任后依旧从礼仪下手，把陆光祖变相恢复吏部尚书不避阁臣之举变成了直接恢复，之后就光明正大地和阁臣平等了。

宋纁画像

这时内阁只剩下赵志皋和张位，赵志皋为人比较软弱，对吏部变得强势没什么说法，但他的好朋友张位却不是如此，他上疏大谈就陆光祖之前提议“吏部九卿科道会推”的重要职位应该由九卿各出一人会推，开始对内阁下手。孙鑨等人反对未果。

张位没把察疏送到内阁，而是直接上奏皇帝，让内阁干瞪眼。孙鑨在京察时对自己的属下兼同乡予以包庇，被内阁抓住把柄，内阁立刻指责吏部专权结党。

虽然王锡爵在万历皇帝心里的分量远远高于吏部这群人，但万历皇帝还是没有严厉处罚孙鑨和赵南星，只罚了孙鑨三个月工资，降了赵南星三级。按说这样下去起码吏部能保存不少实力，但顾宪成的弟弟顾允成和另外一些人站出来给考功司赵南星求情！不料求情起了反作用，估计万历皇帝据此认定赵南星是主谋，于是赵南星被免职，上疏求情的顾允成等人被降级调出京师。而没有被求情的孙鑨退休了，吏部尚书的位置自然空了出来。此时当年弹劾张居正夺情而名扬天下的赵用贤被调任吏部侍郎。

赵用贤与时任文选司员外郎的顾宪成颇有交往。内阁对赵用贤先下手，确切的说是当初廷杖时给赵用贤等人讲情的王锡爵。至于理由，则是赵用贤的女儿在百天的时候许配了一家，后来赵家悔婚，嫁了另一家。被退婚的那家是王锡爵的同乡，而其本人又是御史，赵用贤终被罢官。

这次折腾牵连进了不少人，戴着"论财逐婿"帽子的赵用贤灰溜溜地回家不算，与孙鑨一起主持京察的左都御史李世达也被免官。还有一个日后非常有名的高攀龙，他怒斥朝中"善类几空"，说皇帝把上至孙鑨、下至赵南星等人一并驱逐是很不好的，结果高攀龙被降级外调，随即吏部文选司郎中也被赶走，员外顾宪成终于上位。

顾宪成上任后，干的第一件事就是说服吏科的朱爵、许弘纲等人阻止王锡爵的亲信罗万化接任吏部尚书，而以陈有年接任，顾宪成成功了。万历二十一年，顾宪成再次上疏："昔人有言：天下事非一家私事。盖言公也，况以宗庙社稷之计，岂可付之一人之手乎。"

王锡爵那边呆不下去了，坚决提出辞职，于是万历皇帝暂时忘记了张位的九卿会推那一说，而是命令文选司会推阁臣——很难说是信任还是试探。

顾宪成最终上报了七人名单：原任东阁大学士王家屏、南京礼部尚书沈鲤、原任吏部尚书孙鑨、礼部尚书沈一贯、左都御史孙丕扬、原任吏部右侍郎邓以赞和少詹事冯琦。

以这个榜单来说，首先可说顾宪成是业务不精——去职阁臣起复这事儿不归吏部管；其次是万历皇帝的批复先是挑明"先年陆光祖谋推自用"，然后以名单里有前任吏部尚书和左都御史为理由怒斥"显属徇私"！最后下令吏部把初选名单上交，初选名单有两份，一份是沈鲤、李世达、罗万化、陈于陛和赵用贤；另一份是朱赓、于慎行、石星、曾同亨和邓以赞。

神宗皇帝从三份名单中选出陈于陛和沈一贯入阁。随即以业务不精为由训斥了顾宪成一通，把顾宪成"降调杂职"。自然立即就有人上疏求情，连吏部尚书陈有年都出来替顾宪成承担责任，后来的直接结果是陈有年被勒令退休，求情的被贬官外调，被求情的免职回家。

万历二十二年五月，因为业务不精被赶回老家的顾宪成埋头以讲学来发展势力。

顾宪成孜孜国事，反而获罪罢官，朝野许多人士为朝中失去这样一位正直无私的官员扼腕叹息，也对顾宪成的品格十分钦佩，顾宪成的名望反而更高了。

顾宪成被罢后，其不畏强权、敢于犯上的性格颇受朝野内外正直之士的敬重，很多大臣都上疏举荐，要求召顾宪成归朝复职。然而仕途的挫折使顾宪成看透了明王朝的腐败，他再也不愿混迹官场。但长期的儒家传统教育又使他不可能完全放弃对现实的关注，不可能归隐山林不问时务。强烈的责任感使得顾宪成选择了另外一条参与政治的道路，即通过著书办学来传播自己的政治主张，抨击时政，以社会舆论的力量，左右朝政。

顾宪成被罢也标志着内阁和吏部的恶斗结束，内阁一方虽然付出代价，但还是成为赢家。不过虽然内阁和吏部的斗争虽然局势已明，但还没正式落幕——接任吏部尚书的是孙丕扬，他为防止官员授任被人为干扰而创立了抽签制度。而孙丕扬比前几位干得时间长，干了两年才回家，也是被人整回家的。整孙丕扬的人有两个，一个是次辅张位，另一个是右都御史沈思孝。

明神宗"三王并封"，朱常洛出阁读书

妖书案的矛头指向的是郑贵妃及其势力，在此案的影响下，郑贵妃不得不有所收敛。明神宗也知道朝野间都明知自己不喜欢长子朱常洛、偏爱朱常洵之心，为了消除非议，他也只好做做样子表示自己对皇长子很好。万历十八年（1590年）元日，神宗驾御毓德宫，召内阁辅臣进见。神宗牵着皇长子的手，用以说明他们父子二人关系很融洽，没有废长立幼的意思，大臣们连忙跪拜。神宗于是手谕各大臣："伦序已定，朕何敢私？特以皇长子羸弱，待十年后，大典并行。"

万历十九年（1591年）夏，王锡爵以母亲患病请假回家探视，之后滞留不归。万历二十一年（1593年），申时行、许国、王家屏相继离开内阁，宰辅乏人，神宗遂又召王锡爵回朝，拜为首辅。此前神宗曾答应于万历二十一年春举行册立大典，朝臣们都在拭目以待。王锡爵入朝后密请册立东宫。神宗答复他说："朕虽然有今年春天册立东宫的旨意，但昨天读到

永寿宫（明代称长乐宫、毓德宫）

祖训，应该是立嫡不立庶。皇后的年龄还不算大，如果生了儿子，该如何处置？现准备将常洛与他的两个弟弟并封为王，再等几年，到那时皇后仍然没有生育的话，再册立也不迟。"

当时王恭妃生子常洛，郑贵妃生子常洵，周端妃生子常浩，于是有了三王并封的手谕。王锡爵顺从地奉诏拟旨，提出了"三王并封"之说，即将长子常洛，三子常洵、五子常诰同时封为藩王，虚太子位以待。

此说一出，举朝哗然。大臣们把矛头直指王锡爵，群臣弹劾之章如雪片般飞至，造成内阁与部臣间的矛盾日益激化，党争愈演愈烈。

当时还在官场的顾宪成识破了神宗的用意，立即上疏反对，他指出："太子，天下本。预定太子，所以固本。是故有嫡立嫡，无嫡立长。"对于神宗提出的种种借口，顾宪成在疏奏中也一一加以驳斥。同时他又写信给王锡爵，指责他"排群议而顺上旨"，是负国误君。

神宗和王锡爵看后十分恼火，但迫于时论的压力，只好放弃了"三王并封"的打算。事后，王锡爵对顾宪成耿耿于怀，一天下朝之后，王锡爵故意走近顾宪成，对他抱怨说："当今所最怪者，堂庙之是非，天下必欲反之。"意思是说：当今奇怪的事是，朝廷认为对的，外人一定认为不对；朝廷认为不对的，外人一定认为是对的。他本意是责怪官员、百姓心不向着朝廷。不想顾宪成立即反唇相讥道："吾见天下之是非，庙堂必欲反之耳。"意思是说：我看应该这样说，外人认为对的，朝廷一定认为是错的；外人认为是错的，朝廷一定认为是对的，顾宪成义正词严，一点也不示弱，指出国事搞不好的责任在朝廷而不在下面，一语道破了朝廷当权者们颠倒黑白、混淆是非的真相。

之后王锡爵又想出一条权宜之计，他援引汉明帝马后、唐玄宗王后、宋真宗刘后的典故，想让皇后抚养常洛，以作为立储的预备。谁知神宗竟不肯答应，仍然坚持之前的决定。这下朝中大臣又开始议论纷纷。神宗后来迫于公论，不得不取消"三王并封"。

万历二十一年（1593 年）秋，皇太后生辰，神宗接受群臣朝贺后，独召王锡爵于暖阁，王锡爵再次力请早定国本。神宗说："中宫有出，奈何？"锡爵言道："此说在十年前犹可，今元子已十三，尚何待？况自古至今，岂有子弟十三岁犹不读书者。"

神宗听了很感动，万历二十二年（1594年）初，神宗在先前王锡爵的请求下终于下诏，命皇长子朱常洛出阁读书，辅臣轮流侍班。礼节依太子出阁的旧制，于是举朝上下一片欣慰。

皇长子此时已十四岁，出阁讲学（读书学习）时，宫中却不许礼、工、兵等部按礼制所规定的标准为皇长子讲学准备仪从和用具，这估计都是郑贵妃的安排。不仅如此，当时天气很冷，天寒地冻，皇长子长袍内仅一件寻常狐裘，出来学习时冻得瑟瑟发抖，而太监们却在密室围炉烤火。讲官郭正域看不下去了，便大声呵斥这些太监，他们才把炉子抬出来给皇长子用，这事传到神宗耳中，他却无动于衷，毫无半点怜惜之情。

朱常洛得立太子，郑贵妃为子争位

不管怎样，皇长子朱常洛出阁读书，就是大有被封为太子的希望，此举无疑很让郑贵妃不爽，但皇长子天天都在慈圣皇太后、王皇后和王恭妃的保护下，郑贵妃也没有办法。郑贵妃依旧专宠，王皇后仍然体弱多病，宫中的太监都觉得她如有不测，郑贵妃一定会正位中宫，郑贵妃的儿子常洵就会被立为太子，所以朱常洛的准太子之位十分危险。

大臣黄辉从内侍那里得知皇长子在宫中的情况后，就私下和给事中王德完说："这是国家大政，恐怕早晚会发生变化，将来传载史册，必定说是朝中无人。您担负着这个责任，怎么能不说呢？"王德完点头，接着和黄辉一起上奏。不料神宗读完奏折后，怒火中烧，立即将王德完逮捕下狱，严刑拷打。尚书李戴、御史周盘等人上疏相救，也均遭到指责。

黄辉，字平清、昭素，号慎轩，又号"无知居士"、"云水道人"，四川南充高坪区人。自幼他就聪明机警，记忆力强，被视为神童。十五岁中解元，三十一岁中进士，选翰林院庶吉士，为编修。后迁右春坊右中允，为皇长子讲官，又升少詹事兼侍读学士，卒于官位上。黄辉的诗和书法都很有名，他的诗清新轻俊，自舒性灵，状景抒情，真切动人，与公安派的主将陶望周齐名。他的书法"布局疏朗，行气脱落，韵致潇洒，墨法圆润"，与当时大书法家董其昌齐名，人们称誉他是"诗书双绝"。

王德完，字子醇，四川广安人。万历十四年(1586年)中进士。选庶吉士，改兵科给事中，直言敢谏，半年上数十疏，悉军国大事，多被采纳。寻迁户科都给事中，主张厉行节俭，开源节流，以备国用。万历二十一年(1592年)，朝廷再议对日本封贡，他上疏言："封则必贡，贡则必市，是沈惟敬议经略(宋应昌)，经略误总督(李如松)，总督误本兵(石星)，本兵误朝廷也。"因其力反封贡，后封贡果不成。此后他又上疏言内宫事(即上述议立皇长子为太子之事)，触怒明神宗，被下诏入狱，除官。到光宗继位后，又被召为太常少卿。天启年间，他官至户部左侍郎，卒于任上。

到了万历二十八年，皇长子朱常洛已年近二十，已到了婚娶年龄。大臣们又请求神宗先册立储君，再为皇长子行婚娶之礼，神宗仍旧不理不睬，又过了一年，阁臣沈一贯一再坚持册立储君，神宗母亲慈圣皇太后也要求儿子快立太子，于是此事已是势在必行。

但神宗仍怕此事会让郑贵妃不高兴，数日未有动静，还在他迟疑的时候，郑贵妃不知从哪里听到神宗要立朱常洛为太子的消息，她不禁怒火中烧，备感失落，虽然感到大势已去，但她还是要作最后一搏，为其子争太子之位。

早在几年前，万历皇帝为讨郑贵妃的欢心，曾许愿将来封朱常洵为太子。郑贵妃施展聪明，哄劝神宗皇帝写下手谕，珍重地装在锦匣里，放在大高玄殿中的梁上，作为日后凭据。此时郑贵妃赶紧让人去取下锦匣，欲拿出神宗当年的手谕，取其为证，请神宗守约，可是当郑贵妃满怀希望地打开锦匣时，不禁大吃一惊，她珍藏的这一纸手谕让衣鱼（蛀虫）咬得残破不堪，最奇怪的是偏偏把"常洵"两字也被吃进了衣鱼腹中！神宗皇帝见了，不禁悚然而惊，长叹一声说道："天命有归，朕也不能违背天意。"

此话一出，郑贵妃知道难以挽回，竟然在地上打起滚来，像泼妇一样破口大骂。神宗忍耐不住，大踏步走出西宫，召来沈一贯，立朱常洛为皇太子。沈一贯立刻草写，颁发给礼部，当天施行。

谁知刚过了一晚，神宗皇帝又准备更改册立日期，他是受了郑贵妃的软磨硬泡，又改变了主意。但沈一贯拒还谕旨，一再申明不可，这才在万历二十九年十月十五日，举行了立储典礼，皇长子朱常洛被册立为皇太子，成为国之储君。第二年正月，神宗又册立郭氏为太子妃。

明光宗朱常洛画像

朱常洛被册立为皇太子后，其他各位皇子也被陆续封王。朱常洵被封为福王，封地为富甲天下的洛阳地区，朱常浩被封为瑞王，还有李贵妃的儿子朱常润、朱常瀛也都被册封。

李太后怒骂神宗，王恭妃病死幽宫

神宗之所以不立朱常洵，实亦由于形势所迫，爱莫能助。

第一，李太后及王皇后保护太子。史载"国本之争"事件爆发后，李太后看不下去了，把神宗叫来问话，问他："你为什么不把朱常洛立为太子？"神宗漫不经心地回答："因为他是宫女的儿子。"李太后听后大怒，厉声说道："你也是宫女的儿子！"神宗当即直冒冷汗，跪地给李太后赔不是，好说歹说才糊弄过去。

第二，群臣坚请立长。未立之前犹可假嫡庶为托词，既立欲废，更为困难。因此，到后来唯有设法不使福王朱常洵就国。

皇太子册立东宫，神宗特遣官赐敕存问罢官在家的王锡爵，其中言："册立朕志久定，但因激阻，故从延缓。知卿忠言至计，尚郁于怀，今已册立、冠婚并举，念卿家居，系心良切，特谕知之。"

至此，前后争吵达十五年，使无数大臣被斥被贬被杖打、神宗皇帝身心交瘁、郑贵妃悒郁不乐、整个帝国不得安宁的"国本之争"，才算告一段落。但事情至此却远没有结束，却恰恰是另一个开始，明末后宫谜案之首的"梃击案"，便是发生在这之后的一段时期内。

皇长子朱常洛被立为储君之时，其生母王恭妃仍然没有得到加封，她一直居住在幽宫之中，到岁终都没有再见过皇帝一面，免不了感叹寂寞，整日流泪，渐渐双目失明，什么都看不到了。万历三十四年，皇太子的选侍王氏生了儿子朱由校，这孩子就是神宗的长孙，后来的明熹宗。

神宗有了孙子后很高兴，立即给母亲奉上慈圣太后的徽号，并晋封王恭妃为贵妃。王恭妃名义上虽然加封，但实际上仍然失宠，就是母子之间也不能时常见面。朱常洛出生前五十天，大学士张居正逝世，万历帝独揽大权，王氏就被打入冷宫，连儿子也不能相见，以至抑郁成疾，渐渐双目失明。光阴易过，王恭妃整日哀愁感叹，后来便卧床不起。

万历三十九年（1611年）王氏病重时，朱常洛听说母亲病重，请旨前去探望。不料宫门竟然是锁着的，当下赶紧四处向太监寻找钥匙，然后开锁推门而入，只见母妃惨卧在床榻之上，面容憔悴，话都说不完整。太子看到这种情形，不禁心如刀割，大哭起来。

王贵妃听到声音后，就用手撩住太子衣服，呜咽着说："是我儿吗？"太子哭着说是。贵妃又用手摸着他的头，半天才说："我儿啊，做娘的一生困苦，只剩下你这一脉骨血了。"说完，又哽咽起来。太子扑到母亲怀里嚎啕大哭。王贵妃接着说道："我的孩儿都长这么大了，我死也无恨了。"说到"恨"字，已经是气喘吁吁。一口痰竟噎在喉咙里，王贵妃张着嘴想要再说点什么，已经发不出声音了，转瞬间气绝而亡。太子抱着母亲的尸体大哭不停，后来还是神宗召他入内，好言劝慰了半天，太子方才节哀。

当时大臣沈一贯、沈鲤因妖书案发而同时罢官，神宗任用于慎行、李廷机、叶向高三人为东阁大学士，与朱赓共同办理内阁事务。于慎行上任十天

王恭妃随葬之皇后凤冠

就病逝了，朱赓也随后逝世，李廷机因被参劾而罢官，只有叶向高上疏说："太子的母妃病逝，应该厚葬。"奏折递上去之后，没有消息。再次上疏，神宗才准奏，赐王恭妃谥号温肃端靖纯懿皇贵妃，葬于天寿山。

郑贵妃漫天讨封，王曰乾告其厌胜

郑贵妃得知王恭妃的死讯后，又开始觊觎太子之位。福王朱常洵本来已被封到洛阳，大臣们屡次请他上路，都被郑贵妃暗中阻止。神宗也被她迷惑，一味沉溺在温柔乡里。朱常洵婚娶时，排场阔绰无与伦比，花费的银两多达三十万，神宗一点也不在乎。

神宗还为朱常洵在洛阳建下王府，规模和宫廷相差无几，花费的银两多达二十八万，是平常亲王的十倍。在京城崇文门外，朱常洵府上的人还开设了几十家官店，售卖各种物品，与百姓争利，所得的盈余专供福王府使用，其一切起居饮食和皇太子常洛比起来不知要好多少倍。万历四十年冬，洛阳府竣工，宰相叶向高等人请福王上路，这时福王已二十七岁，叶向高上疏力争，神宗将日期定在来年春天。

叶向高，字进卿，号台山，晚年自号福庐山人，福建福州市福清县人。他的父亲叶朝荣官至养利知州。叶向高于神宗万历十一年（1583年）中进士，授庶吉士，进编修。万历二十二年（1594年）授南京国子监司业，后被召为左庶子，充皇长子侍班官。不久，又升任南京礼部右侍郎，后改任吏部右侍郎。"妖书《续忧危竑议》"一案兴起后，他上书首辅沈一贯，力请不要株连无辜，引起沈一贯的不满，因此受沈抑制，以致他九年未得升迁。

沈一贯罢职后，万历三十五年（1607年）五月，叶向高晋升为礼部尚书兼东阁大学士，成为宰辅。次年，首辅朱赓病死，他又升为首辅，此时内阁只有他在主政理事，于是有人称之为"独相"。

转眼间就是初春，礼部向神宗申请让福王就国，神宗却又失信了，没有回应。到了初夏，兵部尚书王象乾又对此事奏了一本，神宗没有办法，只好说亲王上路，惯例都是在春天，现在已经逾期，就等来年吧。没过多久，又从宫内传出消息，郑贵妃说福王到藩地的时候，要给四万顷田庄才行，满朝大惊。因为向来亲王到藩地时，除了每年的俸禄以外，再适量给些草场牧地，或者一些废田河滩，但最多不超过千顷。于是叶向高立即上谏阻拦。奏折递上去不久，神宗就有批复下来，说："田庄的事情之前就有成例。"叶向高又上疏书："东宫辍学已经八年，而且很久不能见到皇上，福王却一日两见。但愿皇上能够坚守明年春天的信约，不要再以田庄为借口。"

神宗开始不承认一日两见，但事实却屡有发生，后见舆论汹汹，福王不能不就藩，郑贵妃就为儿子福王将赐田减为两万倾，又提出以下要求：

第一，庄田四万顷减半，仍须两万顷，中州腴土不足，取山东、湖广的良田凑足。

第二，籍没张居正的财业，尚存官的拨归福府。

第三，从扬州到安徽太平，沿江各种杂税拨归福府。

第四，四川盐井的一部分收益划归福府。

第五，请淮盐一千三百引。

以上五项均影响国计民生，以及边防军饷，给国家造成负担，后果异常严重。而神宗一概答应，赐了两万顷田庄。中州肥沃的土地向来就少，从山东、湖广那边割了好多地才算凑足了数。神宗又赐他一千三百引淮盐，让他可以开店卖盐。福王还不满足，又奏请神宗将已故大学士

张居正的家产，以及江都到太平沿江各州的杂税，还有四川的盐井、茶树等都给他，神宗也全部答应。

此五项好容易办妥，郑贵妃依然不让福王按制度就藩，其实这事不必细想也知道，屡屡延期无非是郑贵妃暗地里牵制着神宗。正巧这件事情被李太后得知，她宣召郑贵妃到慈宁宫，问她福王为什么不上路，郑贵妃叩头回答："常洵想祝贺母亲明年的寿辰，所以迟迟不行。"太后马上生气地说："你这嘴巴也真是善辩。我的儿子潞王封到卫辉，明年也能来祝寿吗？"郑贵妃碰了这个大钉子，只好唯唯而退。

郑贵妃明着无法让儿子继皇位，便暗里施起了诅咒的手段，欲用厌胜之术害太子。史载万历四十一年九月初三，锦衣卫百户王曰乾突然告变，说有奸人孔学等人受郑贵妃指使，与一伙"妖人"密谋，要害死太子。

此事发生得很突然，朝廷中枢为之震动。王曰乾是个锦衣卫下级武官，本人大约也是个混混儿一个，他与京城无赖孔学、赵宗舜、赵圣等因纠纷打官司未能获胜，一怒之下，闯进皇城放炮，上疏申诉。刑部大为骇异，要拟他死罪。王曰乾自知闹下去也没什么好结果了，索性一不作二不休，向阁臣声言要告发大阴谋。

据他告称，有一民女嫁给了郑贵妃的太监姜丽山，两人感激郑贵妃，思图报答，就在阜城门外姜太监的田庄上歃血为盟，欲广结好汉，共谋大事。

当年的二月，他们请到了妖人王三诏等，在家中聚议。几人在社学（设在乡村的学校）的后园，摆下香、纸、桌子与"黑瓷射魂瓶"，又剪纸人三个，书写了皇太后、皇帝的名字与太子生辰，将新铁钉49枚钉于纸人眼上，于七天后焚化。然后约定，在皇太后诞辰之后，便下手谋害太子，还约了赵思圣带刀行刺，意图谋逆。

万历帝不久后看到王曰乾的告发奏章，不由火冒三丈，他面色阴沉地绕着桌案踱步半日之久。左右太监见状，都十分惶恐，不敢上前。后来，万历帝问太监："出了如此大事，宰相为何无言？"

这一次"告变案"发生后，首辅叶向高颇为镇定，在给万历帝的上疏中，对处理"王曰乾告变案"作了冷静的分析，他说："此事大类往年妖书案，但妖书案是匿名，无可查究，所以难于处置。而今日的事情，告发者和被告发者都露面了，法司一审，其情立见。皇上只须以静处之，不必张皇。若一张皇，则中外纷扰，反而有不可测之祸。"

万历帝觉得言之有理，稍有所安，又过了几个时辰，已是当夜交四更以后，叶向高又有奏疏从外边传进宫中。这次他进一步阐发了自己的观点，请求万历帝不要把王曰乾的告变奏疏公开。他说："此疏若下，上必惊动圣母（皇太后），下必惊吓太子，而皇贵妃与福王也皆不自安。不如暂且留中。所有奸徒的处置，以别疏批出。或者另传圣谕。"

此时万历帝深夜未眠，仍在绕着桌子打转，看了叶向高的第二疏，方才茅塞顿开，大大松了口气，竟叹道："我父子、兄弟得安矣！"

叶向高吸取了以前处理妖书案的教训，主张尽量减少案件的影响与波及，这一思路，可说是相当高明。第二天，叶向高就按他的想法果断进行处置，授意三法司对王曰乾施以酷刑，将其当场打死。人一死，所告发的一切事情就都无法对证了，此事就此告终。

叶向高之所以敢这样处置，原因在于他分析出事情不可能完全不牵连郑贵妃（这也是万历帝十分焦虑的原因）。如果彻查的话，万历帝会很尴尬，假如一旦查明郑贵妃真的做过此事，那么处理也不是，不处理也不是。而万一王曰乾真是诬陷，追究下去又有可能牵出反郑的一派人物，朝廷又无宁日，这也是叶向高不愿意见到的。所以他干脆对王曰乾灭口，不让案件波及开来。如此，不管事情有没有，隐藏在背后的人都会因王曰乾被活活打死而受到震慑，在短期间内不会再构成什么威胁了。

此案子就这样波澜不惊地完结

叶向高书法

了。这件事也让神宗明白一个道理，只要福王不就国，就会有人拿他和郑贵妃说事，从而巩固皇太子的地位，神宗无奈，只好诏谕礼部，命福王在万历四十二年就藩洛阳。但此事同时也纵容了郑贵妃，让其觉得就是做些坏事，也没人敢把她怎么样，这样该案也为其日后的梃击案埋下了伏笔。

朱常洵就藩洛阳，朱常洛如释重负

第二年二月，神宗的母亲李太后驾崩，宫廷内外相继哀悼。郑贵妃还想留住儿子福王朱常洵，于是怂恿神宗，让他下谕改期。后来经叶向高拒还手敕，再三劝阻，万历皇帝敌不住大臣们的轮番攻击，在慈圣太后去世一个月后，终于让福王赶赴洛阳，福王这才就藩洛阳去了。

启程前一天晚上，郑贵妃母子抱头哭了足足一夜。第二天一早，福王辞行，郑贵妃和儿子面面相对，泪如泉涌。已是两鬓斑白、长须飘胸的神宗也恋恋不舍，握着他的手叮嘱很久。

福王进轿启程的时候，郑贵妃扶轿大哭，皇帝再也控制不住自己的感情。他抬起龙袖，想遮掩自己发烫的眼睛，但浑浊的泪水还是哗哗地流了下来。

万历四十二年（1614 年）二月，朱常洵带着无数金银财宝就藩洛阳，其排场之大，在明代空前绝后。船只用了一千一百七十二艘，护卫士卒一千一百名，浩浩荡荡沿运河南下，队伍前后达一百多里。

按照明朝崇祯年间首辅孔贞运所撰文的《明资政大夫正治上卿兵部尚书节寰袁公墓志铭》的记载："福王之国，睢沩夫至五百四十名，外加协济三百名。公（袁可立）曰：'民力竭矣'。即白之卫辉何守。寻得减免，人人感悦。"袁可立当时因直言进谏明神宗被贬官回籍睢州二十多年，福王就国给睢州百姓带来的沉重负担是他亲眼所见，记载当是真实可信的，所以他才出面为睢州民众求情减免。

但不管怎样，福王这个祸害终于走了，史载："宠王（福王）就国，中外交为东宫幸，如释重忧。"意思是说，福王就藩去国，朝野上下都为太子朱常洛庆贺，如释重负一般。

福王出宫后，还四次被召回，神宗约好让他三年上一次朝，并且常常想念他。

福王朱常洵虽号封"福王"，却根本不懂招福之道。他就国之后，横征暴敛，侵渔百姓，千方百计搜刮钱财，坏事做绝，无人敢与他作对。万历皇帝也对他包庇纵容，万历帝不理朝政达三十年，群臣上的奏章大多不理睬，唯独对福王府早上递交的奏章，下午即答复，其要求无所不允。有这样的便利，四方奸人，亡命之徒，纷纷趋之若鹜般聚集在朱常洵门下。到了天启皇帝和后来崇祯皇帝即位后，因这位福王是帝室尊属，所以对他也很是礼敬。

这位体重达三百六十多斤的肥王爷一辈子醉生梦死，终日闭阁畅饮美酒，遍淫女娼，花天酒地，当时土匪山贼正猖炽之时，河南又连年旱蝗大灾，人民易子而食，福王不闻不问，仍旧收敛赋税，连基本的赈济样子都不表示一下。

福王朱常洵虽得父母宠爱，但却招来了天下人的共恨。当时明朝征战四方的军队经过洛阳，士兵纷纷怒言："洛阳富于皇宫，神宗耗天下之财以肥福王，却让我们空肚子去打仗，命死贼手，何其不公？"

在洛阳退养在家的明朝南京兵部尚书吕维祺，多次入王府劝福王，对他说即使只为自己打算，也应该开府库，拿出些钱财援饷济民。但福王与其父明神宗一样嗜财如命，根本不听，依旧醉生梦死。

到了崇祯十四年(1641年)春正月十九日，李自成率军围攻洛阳，福王仍不肯散财犒赏军队，也不肯花钱组织军民抵抗，以至洛阳很快城破。其子朱由崧赶紧逃命，在人帮助下缒城逃走，日后被明臣迎立为南明的"弘光皇帝"。

大军来攻，人人恨不能脚底抹油，福王的众多门客瞬间逃得不知去向，但别人逃得了，福王却没有这能耐，此人体重三百六十多斤，走路都困难，于是福王带了一帮女人躲入郊外僻静的迎恩寺，仍想活命，但他很快就被农民军寻到并被逮捕，押回城内。半路，正遇被执的南京兵部尚书吕维祺。吕尚书激励他道："名义甚重，王爷切毋自辱！"言毕，吕尚书骂贼不屈，英勇就死。福王只怕被杀，哪有心自杀殉国？他见了李自成立即投降，叩头如捣蒜，哀乞饶命。

李自成雕像

李自成看见堂下跪着一身肥膘哭喊饶命的福王爷，于是灵机一动，让手下人把福王剥光洗净，之后大卸八块，又从福王府中牵来几头鹿宰杀掉，一起放到几口大锅里炖肉煮汤，还美其名曰"福禄宴"，李自成与一众将官，将其做了下酒菜，吃了个饱。大半生享尽荣华富贵的朱常洵，怎么也想不到他会落得如此下场。

事后，李自成让手下搬运福王府中的金银财宝以及粮食，数千人人拉车载，数日不绝，福王府终被运空而去。福王朱常洵从全天下搜刮来的财产，都被李自成的军队用作了击败明军的军费。

明末四案之谜

太子入住慈庆宫，莽汉忽行梃击案

再说明神宗，其爱子福王去了洛阳，他也没有对太子更好一些。朱常洛被封为太子时已经二十岁了。依照明朝的常制，一般在十六岁左右就会大婚，而后出阁讲学接受教育，但朱常洛二十一岁才大婚，可见神宗对他的冷淡程度。

太子朱常洛大婚之后，神宗让他移居慈庆宫居住，皇太子住在慈庆宫，非奉召不得觐见，父子二人好像陌生人一样。这慈庆宫名义上是太子的寝宫，实际上还比不上宫中的一般宫殿，不仅破陋不堪，而且防卫甚差，神宗仅仅派了几名老弱病残的侍卫来防守。宫中服役的宫女、太监也很少，仅有几个随朱常洛一块长大的贴身太监跟着来到这里。与皇三子朱常洵曾经居住的宫殿相比较，太子居住的慈庆宫的情况十分寒酸，朱常洵也依仗父母宠爱常常气势凌人，似乎他才是真正的皇太子。

朱常洛被立为太子，郑贵妃不想罢休，她侍宠而骄，又贪得无厌，见朱常洛成为太子，气得吃不下饭，更使起手段来，除了在吃住等方面迫害朱常洛，还处心积虑地要除掉皇太子，由自己的儿子朱常洵取而代之。在使用了各种方法都未能成行的情况下，万历四十三年 (1615 年)，太子居住的慈庆宫发生了梃击一案。

万历四十三年 (1615 年) 五月初四日黄昏时分，一个身材高大的男子，穿着短衣窄裤，手持一根粗大的枣木棍，径直闯入太子朱常洛居住的慈庆宫。守门人是太监李鉴，他上前拦阻时被此人打伤在地，此人进去之后直奔太子就寝的大殿而去，几个老太监上前拦阻，又被其舞棍打倒。朱常洛的贴身太监们很用心，见外边的太监拦截不住，马上关闭了太子所住的宫殿大门，并临窗大声呼喊"抓刺客，抓刺客"。此人进不得门，舞棍乱打，有几位太监迅速来到院子里与此人纠缠，后来宫里的侍卫们闻讯赶到，为首的韩本用带人与太子宫的太监们一起合力将这名男子制服，将他绑到东华门，交由东华门的守卫指挥使朱雄收监。

第二天恰是端午节，一大早，朱常洛急忙将此事告知了父亲神宗皇

清代时在慈庆宫原址上建起的"南三所"建筑

帝，神宗听后大惊，认为应在第一时间问出凶犯的基本情况，急忙派人将此案移交到巡皇城抵御史刘廷元手中，让其提审这名行刺的男子。

这件怪事，发生在福王朱常洵赴洛阳就国一年以后，其时福王虽已就国，神宗待太子甚薄，因此"梃击"一案发生，举朝惊骇悲愤。巡视御史刘廷元审讯后奏称，此人名叫张差，蓟州井儿峪人，其说话"语言颠倒，形似疯狂"，所答语无伦次，只说了一些"吃斋讨封"、"效劳难

为我"等等不知所云的话，再三拷讯仍"语非情实，词无伦次，按其迹若涉疯魔，稽其貌的系黠猾，情境叵测，不可不详鞫重拟者"。

刘廷元的禀报，正说明其是个老滑的刑事官员。因为他的这个模棱两可的汇报，是当时流行于官场的惯伎。两方面情况都沾边儿，留有很大余地——反正这犯人是很快就要交给别的衙门去审的。他只求顺利脱手，不惹麻烦。

万历帝看到初审结果后，也看不出名堂来，就命立即将凶犯交刑部再审，先问清缘由。刑部奉旨参与会审的是郎中胡士相、员外郎赵会桢和劳永嘉。

案发当时，朝中情况与"王曰乾案"发生时已大为不同。如今皇太后已死，郑贵妃的权势更为显赫，朝中上下，无不布满谄媚之人。连当时的首辅方从哲，也唯郑氏马首是瞻以致太子早晚就要被废的流言传遍京中。

胡士相糊涂判案，郑贵妃嫌疑难逃

胡士相、赵会桢和劳永嘉三人接手案子后，该如何处理案子，他们心中已然有数。这案件哪里是可以深究的？万一挖出郑贵妃的什么线索，那还怎么脱手？恰好刘廷元的初审结果，为他们提供了一个最好交差的思路——就按犯人是疯子去审！这样，既可以应付天下舆论，也可以避开郑贵妃。

但史书上记载的另外一说为：第二次审问张差的是刑部郎中胡士相和岳骏声。在当时，明末的"党争"已很激烈，因沈一贯、方从哲都是浙江人，先后依附于他们的官员，就被称为"浙党"。胡士相恰恰就是"浙党"的一员，且是初审官刘廷元的亲戚，当然要维持疯癫之说，以此封住世人之口，不至于牵连到郑贵妃的家族。

因此这案子在审讯之前，实际上就已定好了框架，最后他们得出的审讯结果是：张差原以卖柴草为生，由于被李自强、李万仓烧毁了供差的柴草，气极而疯，于四月即来到京城，想要告御状诉冤。在进京的路上，曾有两个不知姓名之人，哄骗张差说，告状须有状子（告状材料），如没有状子，拿一根棍子亦可。张差一个文盲，哪里懂那么多，便信以为真，于五月初四手持木棍（即所谓的"梃"），从东华门潜入大内，来到慈庆宫门前，打伤了守门官。

主审胡士相等断定：张差此举，系"疯癫闯宫"。依照"宫殿前射箭、放弹、投砖石伤人律"，拟问斩。因该犯又持梃击伤内侍（太监），应罪加一等，拟立斩决（一般死罪是秋后斩决），马上杀了算了。

这样一来，前后两次的审判结果就出现了不一样的变化，在这次的供状中，不仅张差没了"吃斋讨封"的话头，连带狡黠的性格判断也没有了，变成纯粹的一个"疯癫"的结论。

但不管怎样，案情就这样定了，只等将报告呈送刑部"堂官"（即刑部尚书），代为转奏皇上，就可以结案了。这个处理，倒是干净利落。大事化小，不额外牵连一人，省得给郑贵妃惹麻烦，想必也很符合万历帝的心愿。

他们没想到就在此时，刑部的这个审判结果流传到了外间，立刻引起舆论大哗。这种供词和处理的结果引起了朝中一些官员的怀疑，众言官根本不信事情就这么简单！他们认为前后两次供词差别如此之大，似乎并非偶然。联系到这段时间郑贵妃的种种活动，再联系到太子之位引发的种种争斗，这个事情恐怕有人在背后操纵，而且似乎就是冲着皇太子朱常洛去的。于是他们纷纷上疏论奏，直指审讯不公，说张差一个粗人，何事要入宫行凶，背后必有主使之人；刑部不予穷追，仅锁定张差一人，且拟速斩决，岂不是意在灭口、好让真凶就此逃脱。众言官强烈要求另外详加审讯，以找出幕后真正的元凶。

除了上疏之外，朝中官员私底下的议论也相当厉害，都认定郑贵妃一定是幕后的主使，否则一个疯子满京城哪里去撒野不好，偏要去那冷冷清清的慈庆宫打人呢？

郑贵妃一派闻知舆论如此，不由大为惊恐；万历皇帝也不禁为之烦恼。好在刑部多少领会了上面的意图，将张差严加看管，外人均不得探视，以防止张差通过别的渠道泄露案情。

王之寀私审张差，梃击案真相渐现

但是他们没有想到，大小官员中，关注这案子的大有人在，都想勘破这里面的实情。刺客张差被囚禁在刑部，刑部的监狱名为"诏狱"，俗称"天牢"，诏狱的狱政归"提牢厅"管，直属长官是刑部提牢主，为一名主事，名叫王之寀，他字心一，明朝邑（今属陕西省大荔县）人。万历二十九年（1601 年）中进士，任清苑知县，后改刑部主事，是个六品小官。为了皇太子的安危，王之寀对此事很是用心，决心把案情探个明白。

王之寀过去当过知县，熟谙刑侦审讯的那一套。此次会审当然不会有他的角色，但他想，自己身在刑部，总有办法可以接触案犯，从而问

出实情来。

想来想去，王之寀想到一个点子——去管理牢饭，这是接近犯人的最佳途径之一。于是王之寀当天就亲自带领狱卒给犯人们分饭，他先叫其他犯人出来领饭，唯独把张差留在最后。等轮到张差时，这家伙早已饥肠辘辘。王之寀却叫人把饭先置于一旁，仔细看了看张差，见其身强

王之寀画像

力壮，不像是疯癫的人。王之寀事先是看过张差的两次供词的，初招"告状着死撞进"，复招"打死罢"，都似有隐情，便对张差说："你闯慈庆宫到底是想干什么？实招，就给你饭吃，不招就饿死你！"随即将饭放在张差面前。

张差受过几次刑，体力已经不支，此时饥饿难耐，这饭菜当然是个大诱惑。他看了看香喷喷的饭菜，口水直流，低下头欲言又止，过了一会儿才开口道："不敢说。"

于是王之寀命牢中其他狱吏回避，只留两个记录和看管的人，让他只对自己说。张差就招供说："我小名叫张五儿，父张义病故，还有马三舅、李外父等亲人，某日有个不知名的太监要我办一件事，事成之后给我几亩地种！后来太监骑着马引我入京，先到燕角铺歇脚，第二天来到了京城。"

王之寀赶紧问："是什么人收留了你。"张差说："不知道，只到一不知名街道的大宅子，一个太监给我吃完饭，说：'你先冲进去，撞着一个，打杀一个，打杀了我们救你！'然后领我由厚载门进到宫内。守门的拦住我，我把他打倒在地。太监多了，我就被抓住了。小爷（皇太子）福大，没打着。"后又招"有柏木棍、琉璃棍、棍多人众"等情

（此指慈庆宫守卫的太监所持用的棍子名称）。

王之寀听后大惊，明白了这次张差行刺确实有宫里的人在背后指使，而且后面那句"小爷福大，没打着"，已隐晦地说明其要打杀的目标就是皇太子。

王之寀又问起马三舅、李外父的名字以及大宅的住处。张差却又开始答非所问、装疯卖傻。

王之寀将供词录下后，心中已然有数。这家伙虽然吞吞吐吐，但基本案情已经透露出来，那就是闯宫梃击显系宫中太监收买所致。他立即将情况报给了刑部侍郎张问达。

张问达见到这份供词也大为震惊，说道："张差既没有疯也不是狂，他有谋略有胆识。因为担心受到刑罚而不肯招，欲言又止。请皇上亲自审讯，或者派三司会审，一切自然水落石出。"

但张问达也知道事关重大，不知该不该报上去，不免有些犹豫，因为他也怕皇上不愿意听。但忽地想起前几天夜里所梦：日出东方，光芒万里。日为君，出为新。他想到，事涉太子，也就是未来的皇上，这不是神明已有明示了么。于是不敢不尊，让王之寀把录下的供词写成密揭，由他代奏万历皇帝。

在密揭的最后，王之寀将自己的见解写了上去，他说："臣看此犯不癫不狂，有心有胆，惧之以刑罚不招，要之以神明不招，啜之以饮食始欲默欲语，中多疑似。愿皇上缚凶犯于文华殿前朝审，或敕九卿科道三法司会问，则其情立见矣。"

王之寀这个小小牢头的作为，在此案中相当关键，此举不仅使本案有了新的突破，而且后来还影响到更大的局面——小人物的行为影响大历史，于此也是一例。

奏疏上去后，神宗并未作声，这显然与他的心意不合，因为果是如此，岂不是要把问题搞大了么？就算是打伤了太子，万历帝大概也不会太在乎，但要是牵扯上郑家的人，他可是老大的不乐意。在这样的情况下，神宗为了保护郑贵妃及其家人，只好对此案久无裁示——章奏留

中，在皇帝那儿就压下了。

神宗此举虽是权宜之计，却并非明智之举，因为"留中不报"这办法在平常也许好用，但在此时，此举无疑等于掩耳盗铃。密揭的内容很快就流传了出去，王之寀对张差的审讯结果在朝中立即引起轩然大波。大臣们议论纷纷，猜疑不止，认为这个事情背后肯定有宫里的大人物指使，私下都认为此事的主谋一定是郑贵妃，并且经过大家的推理分析，认为郑贵妃的哥哥郑国泰在其中干系重大，是郑贵妃与郑国泰一起在谋害太子。

于是大理寺丞王士昌上疏，对神宗皇帝扣押王之寀奏章的行为提出异议，大意是说儿子的性命受到威胁，老子居然无动于衷，难道世上还"有此人情乎？"

紧接着，户部行人司正陆大受也上疏，对本案审理中的疑点提出质疑。他的分析相当有见地，说"大奸之奔走死士，或出其技之庸庸者，姑试之于死地，以探其机，而后继之以骁桀，用其死力于不经意之处，有臣子所不忍言者。"其意是说，一个张差，不过是个探路的，看看能否闯进去。如果闯宫不难，倘或不加追究，糊里糊涂了结，则对"大奸"是一种鼓励，后面就有武艺高强的职业杀手跟着来了。

他还说，既然张差业已招认，有内侍策应，那么为何不说是谁？既然明说有街道大宅，怎能又不知是何处？陆大受在奏疏里，还多次提到了"奸戚"一词，矛头所向，就是外戚郑氏一门。陆大受主张彻底追究，问道："张差业招一内官，何以不言其名？明说一街道，何以不知其处？"

神宗为此很感到头痛，因为此奏疏中语涉"奸戚"，意指郑贵妃的弟弟郑国泰，心中不悦，便置之不理；其实这时案子的线索已经很明确了，但神宗却像有什么隐情似的犹犹豫豫，将这些大臣们的奏折全都留中不发，又另外派人查究此案。

十三司会审张差，陆梦龙诱其招供

事还未定，郑国泰颇为恐慌。有个叫过庭训的御史跟着也上疏，请尽快断案，声言"祸生肘腋，不容不闻"，但他的奏疏也被万历皇帝压住，于是他索性移文蓟州，让当地官员搜集张差来京前在家的情况，讯查张差的底细。

而蓟州知州戚延龄的奏折复文则详述张差所以得了疯癫症的始末，折子中说："郑贵妃派太监到蓟州建造佛寺，太监烧制陶瓷需要柴薪。当地人于是都想去卖柴薪赚点小钱。张差把自己的地卖了，换成柴薪，想从中牟利。不料被当地人嫉妒，一把火把他的柴全都烧掉了。张差到太监那里诉冤，反而被太监指责。想到自己破产，竟然开始发疯，就想上京来告御状，这便是张差到京城的缘由。"

明代建筑

这个调查说张差这人确属疯癫之人，与刘廷元的初审

结果基本吻合，极有利于持"疯癫说"的一派官员。于是，"疯癫"二字再次成为梃击一案定案的依据。但很多人认为这是一套预先安排好的双簧，有人甚至怀疑郑家是否已派人到蓟州活动过，知州戚延龄也许是受了贿，想将张差疯癫铸成铁案。

果然，蓟州回文一到，郑国泰等立刻有了精神，连负责初审的刘廷元也颇为自得，多方活动起来。

这时有两个有正义感的官员傅梅和陆梦龙发现胡士相在捣鬼，陆梦龙认为这件事关系重大，不应该模糊结案，于是又建议十三司会审。明代刑部依十三行省区分为十三清吏司，"梃击"一案虽归山东司郎中胡士相主办，但重要案件，各司郎中都可向长官提出处理办法。

傅梅和陆梦龙便去见刑部右侍郎署部事兼署都察院事张问达，主张不必等皇帝有所批示，传提张差所供的"马三舅"、"李外父"等人犯，彻底追究。张问达接纳了要求，派了胡士相、劳永嘉、赵全桢、陆梦龙、傅梅、王之寀、邹绍先等七名司官会审。这七个人分成两派，除了王之寀与傅梅、陆梦龙以外，其余都是帮郑国泰的。但只要有正人君子在，人少，也强过没有。这一审，果然审出了不少内幕！

审问的情形，据《明史》卷三百四十一所记，情形如下："将讯，众咸嗫嚅。梦龙呼刑具三，无应者；击案大呼，始具。差（张差）长身骈胁，睨视傲语，无疯癫状。梦龙呼纸笔，命画所从入路。梅问：'汝何由识路？'差言：'我蓟州人，非有导者安得入？'问：'导者谁？'曰：'大老公庞公，小老公刘公。'且曰：'豢我三年矣，予我金银壶各一。'梦龙曰：'何为？'曰：'打小爷。'于是士相立推坐起，曰：'此不可问矣！'遂罢讯。"

《明史》里对这段审讯描绘得可谓相当精彩，言语让人回味无穷，意思大致是说：审讯一开始，一众刑部官员聚集堂上，命衙役带了张差上来。这时的张差不知是谁给他打了气，不仅面无惧色，反而挺身叉腰，"睨视傲语，无疯癫状"。胡士相等众司官都嗫嚅不愿多言。

陆梦龙见状十分生气，想打打罪犯的气焰，于是连呼三声"上刑"！不想左右竟无应者，没人愿听他的，陆梦龙更是怒极，抓起惊堂木用力击案，大呼"用刑"。手下衙役见员外郎发了怒，只得将刑具取来，打了张差二十大棍，张差的气焰才有所收敛。

陆梦龙便叫人取来纸笔，命张差画出闯宫时的路线。傅梅便问："你怎么会认得入宫的路呢？"张差答道："我本蓟州人，非有导者安得入？"傅梅又问："导者谁？"张差说："大老公（明清时期民间称太监为老公）庞公，小老公刘公。"陆梦龙问："你怎么识得这二人？"张差说："两位公公豢养我三年了，给了我金银壶各一把。"陆梦龙怒目追问："何为？"张差曰："打小爷。"

这真是石破天惊的一答！堂上的胡士相闻言勃然变色，立刻推开椅子起身，说："此不可问矣！"他是当日主审官，他这样一说，别人也不好再发话，于是审讯草草结束。

张差此次透露的案情极为重要。庞、刘两位太监豢养张差三年，意欲谋害太子，这已经接近了案件的核心。胡士相的"不可问"不知何所谓？陆梦龙不肯罢手，一定要追出庞、刘两太监的名字，他向张问达表示了这个意思。

张问达闻得报告，表面故作惊讶，内心却已经有数。他是早就看出案情奥妙之所在的人，但此时还不到他出面向皇上表态的时候，因为前些时日，他曾上疏请斩张差，现在又说要深究，岂不自相矛盾？经过考虑，张问达决定将事情报给内阁大臣、次辅吴道南，由吴阁老去向皇上说。

吴道南是去年首辅叶向高致仕时，由叶本人举荐的两位内阁大臣之一，另一位就是首辅方从哲。

吴道南接手此事后，也觉得很有些棘手，他素与在翰林院任编修的孙承宗交情甚厚，敬佩其才高力强，且最近他又在教导皇孙（就是后来的天启皇帝），可能会知道一些内宫的情形。于是吴道南找到孙承宗，以此事相询问，孙承宗断然说道："事关东宫，不可不问；事连贵妃，不可深问。庞、刘二太监而下，不可不问；庞、刘

二太监而上，不可深问。"

孙承宗，字稚绳，号恺阳，北直隶保定高阳（今河北保定）人。明末军事战略家、忠贞的爱国者，抗金英雄。曾为明熹宗朱由校的老师。他以东阁大学士兼兵部尚书的身份亲临山海关督师，经营将近四年，组训了十几万辽军，选拔培养了如马世龙、袁崇

孙承宗画像

焕等一批文武将领，恢复失地四百余里，逼迫努尔哈赤后退七百里，营造了著名的关锦防线，为后来的宁远大捷和宁锦大捷奠定了基础。两次因遭魏忠贤掣肘，告老回家。明亡后，其全家老小四十余人殉国。南明福王时，被追赠太师，谥号文忠。

吴道南见孙承宗此等见识，果然非同一般，这样的做法既能不得罪人，又能使事情不扩大化，他的这个建议，此后便成了有关方面恰当处理本案的一个准则，无怪此人后来成了明末一位举足轻重的人物。

皇太子巧施压力，皇太孙作文暗喻

此时身在慈庆宫的太子也极为关注案件的进展，但以他的能力和见识，并不能左右案情的查问。好在太子朱常洛的身边有个太监王安，是

一位古代少有的贤宦，从皇长子儿时起，他就是常洛的伴读，对维护常洛的地位出过死力。梃击案审理进入微妙状态的这一情况，自有人及时通报给太子和王安。王安得知后，让太子采取了一个妙招，就是以父亲的名义命皇孙朱由校写了一篇论汉朝中郎将（官名）郅都的文章，大大颂扬了一通郅都的忠直。

郅都，西汉时期河东郡杨县（今山西省洪洞县东南）人，生卒年不详，主要活动于文景二帝时期，是西汉时期最早以严刑峻法镇压不法豪强、维护封建秩序的"酷吏"。

汉文帝时，郅都踏入仕途，初任郎官，为文帝侍从。汉景帝继位后，郅都晋升为中郎将。他性格耿直，史称其敢于直谏，在做事上也能抛开情面，"面折大臣于朝"。

有一次，郅都随汉景帝到上林苑，随行的贾姬如厕时，突然一头野猪冲进厕所。汉景帝以目示意郅都去救贾姬，但郅都手持兵器，只保护在皇帝身旁，并不行动。汉景帝生怕野猪伤了爱姬，就自己拿起武器想进去救人。郅都却赶紧拦住汉景帝，跪在前面说："失掉一个姬妾，还会有另一位姬妾入宫。天下难道会缺贾姬这种女子吗？陛下如此轻视自己的安危，将社稷和太后置于何地？"

听了郅都的话，汉景帝只好把贾姬丢在一边，还好虚惊一场，野猪没有伤人就跑出了厕所。

景帝的母亲窦太后听说这件事后很高兴，认为郅都是个难得的忠臣，能考虑宗庙社稷，直言进谏，于是赐郅都百金。汉景帝也从此开始重用郅都。

西汉初年，政府倡导"无为而治"，豪强地主势力迅速膨胀，有的居然横行地方，蔑视官府，不守国法。如济南郡的瞷氏家族，仗着宗族户多人众，称霸地方，屡与官府作难。地方官循于常法，"莫能制"，于是汉景帝拜郅都为济南郡太守。郅都针对不法豪强目无国法、肆行无忌的特点，采取了以暴制暴的手段。到任即捕杀瞷氏首恶，推行严法，开西汉以严厉手段打击豪强之先河。瞷氏首恶被诛，"余皆股栗"，不敢再

与官府对抗，不法之事遂绝。他在任一年多，"郡中不拾遗"。郅都雷厉风行地打击济南豪强，影响极大，周围十几郡太守对他衷心敬服，视他如上司。

公元前150年，郅都晋升为中尉，掌管京师治安，亲领北军。他执法不阿，从不趋炎附势，也不看权臣脸色行事。丞相周亚夫官高傲慢，而郅都见到他只是作揖，并不跪拜。文景时期朝廷一意恢复国家的经济实力，实行"轻徭薄赋"的政策，因而人民安居乐业，极少有百姓触犯法律之事，犯法者多为皇亲国戚、功臣列侯。郅都行法不避权贵，凡犯法违禁者，不论何官何人，一律以法惩之。列侯宗室对郅都是又恨又怕，见他皆侧目而视，背后称他为"苍鹰"，喻指他执法异常凶猛。

郅都为人勇敢有节操，为官公正廉洁，从不翻开私人求情的信，别人送礼他也不接受，私人的请托他也不听。他常常告诫自己说："已经背离父母而来当官，我就应当在官位上奉公尽职，保持节操而死，不能顾念妻子儿女。"

汉景帝庶长子刘荣，公元前153年4月被立为太子。公元前150年，因其母栗姬失宠，刘彻（即后来的汉武帝）之母王夫人暗中唆使大臣向汉景帝请求立栗姬为皇后，汉景帝以为是栗姬让其为己谋私，于是大怒，废刘荣为临江王。

公元前148年，被贬到江陵的刘荣又被人中伤，他被人告发侵占宗庙之地，修建宫室获罪，汉景帝召刘荣觐见。刘荣一行由江陵北门出发。上车刚走时车轴折断，江陵父老流涕窃言曰："吾王不返矣！"

刘荣到长安后，被传到郅都所在的中尉府受审，负责审问的就是郅都，他面对王子也不留情面，对其责讯甚严，让刘荣觉得其罪甚大，不由心生恐惧，请求郅都给他刀笔，欲写信直接向汉景帝谢罪，郅都不许。窦太后堂侄魏其侯窦婴派人悄悄送给刘荣刀笔，谁知刘荣向景帝写信谢罪后，便在中尉府自杀身亡。

窦太后得知长孙在中尉府无辜而死，悲怒交加，深恨郅都执法严苛不肯宽容，准备用严厉的刑罚处置郅都，汉景帝虽然也很悲痛，但知道责任并不在郅都，只将他罢官还乡，随后却派使者持节追上了他，将他任命为雁门郡太守，不必到长安领旨，直接赴雁门上任。

在文景二帝时期，北方的匈奴铁骑连年南侵骚扰边境，边境数郡久不安宁，汉景帝任命郅都为雁门太守，实在是巧妙又合理的安排。匈奴人一向敬佩郅都的节操和威名，得知郅都就任雁门太守，不由十分惊恐，郅都刚抵达雁门郡，匈奴骑兵就全军后撤远离雁门，至郅都死，都不敢靠近雁门郡。

几年后，窦太后得知汉景帝再次重用郅都，不由愤怒异常，不加分辨就追究，立即下令逮捕郅都。汉景帝想替郅都辩解，就说郅都是忠臣，想让太后放过郅都。但窦太后不忘孙儿刘荣之死，说："临江王难道就不是忠臣吗？"在她的干涉下，郅都终于被杀。郅都死后不久，匈奴骑兵重新侵入雁门。

郅都为官忠于职守，公正清廉，对内不畏强暴，敢于对抗豪强权贵；对外积极抵御外侮，使匈奴闻名丧胆。他为官有一句名言"以倍亲而仕，当奉职死节于官下，总不顾妻子"，是他为官做人的最好写照。后人对他评价很高，司马迁称赞他"伉直，引是非，争天下大体"。汉成帝时，大臣谷永在一道给汉成帝的奏折中，曾论及郅都，说："赵有廉颇、马服，强秦不敢窥兵井陉；近汉有郅都、魏尚，匈奴不敢南向沙幕。"

汉景帝画像

《旧唐书》也记载：唐中宗时，右补阙卢俌上疏中称："汉拜郅都，匈奴避境；赵命李牧，林胡远窜"，还将他与战国时期赵国的廉颇、赵奢、李牧等名将并列，称他为"战克之将，国之爪牙"。

郅都无疑是以严刑峻法镇压不法豪强、维护秩序的名臣。太子让皇孙写这样一篇文章，其意不言而

喻，就是让廷臣们学习郅都的精神，做忠义敢为的臣子。

皇孙写郅都的这篇文章，不久后便传到了三法司，陆梦龙、傅梅深知其意，向张问达引用了文章里的话，并提出应该对梃击案穷追到底的建议。

十三司会审张差，明神宗置之不理

张问达一看文章，就知道这准是东宫的意思了，于是定下次日再审。陆梦龙怕胡士相再从中捣鬼，就建议张问达请求三法司会审。而张问达认为若加上大理寺、都察院两个衙门，事情反而要麻烦，因为京中御史结交国舅郑国泰的人甚多，他们必然会包庇涉案人，而且都察院除了有审讯权之外，本身还有弹劾官员的权力，地位较高。所以一旦案件进入三法司会审，审案方向必然由都察院主导，刑部倒作不得主了。于是陆梦龙的这个建议被否定，张问达决定还是由刑部十三司会审。

十三司会审是中国古代罕有的审讯方式，也是非常手段。在明代刑部按照十三个省份分为十三个司，这次会审十三司所有的郎中（刑部各司最高长官）都要参加。此外，还有些司官如提牢主事王之寀等也参加，一共是十八个问官进行审理。

五月二十日，该案在刑部牢房里开审。十三司郎中齐会，一派官威赫赫。也许是这一次会审场面实在太唬人了，这次张差态度非常好，虽然开始时张差的供词还是没有变，但陆梦龙亲自去劝诱，给了张差纸笔，让他画出入宫的路径、写出遇到的人的姓名，还说可以替他脱罪，偿还烧毁了的柴薪。

张差信以为真，喜出望外，马上写道："马三舅名叫马三道，李外父名叫李守才，都住在蓟州井儿峪。前面说的不知道姓名的老公公，其实是修筑铁瓦殿的庞保，不知道街道的宅子，其实是朝外刘成的大宅。三舅、外父常常到庞保那里送炭，庞保、刘成两个人在玉皇殿前面商量，让三舅、外父逼迫我打到宫里，有姐夫孔道同谋。如果能打到小爷，吃也有了，穿也有了。姐夫孔道也这么说。刘成把我领进去，又说：'你打了，我会救你。'"

这次张差对案情交待得很清楚，供词的内容更为详细，基本一切水落石出，谜案再无谜可言。

胡士相这日担任笔录，闻得此供词，竟然两手发抖，久久不敢下笔。另一郎中马德沣见状，催他快写。胡士相惶恐道："兹事体大，还是按照前奏，斩了张差了事。"当下就有七八位郎中赞成此议。

陆梦龙怒道："匿藏此事，岂非负恩忘法？以后还有何面目掌管刑律？"胡士相见陆梦龙态度强硬，料定是得了张问达的支持才敢如此，于是不敢隐瞒，提笔记录。供词由十三司郎中联名签字，报给张问达。

胡士相为何吓成这个样子呢？原来庞保、刘成二人都是郑贵妃的当红太监。庞保奉命在蓟州黄花山修铁瓦殿，马三舅等人经常给他送炭，两下里勾连起来，指使张差干出这等大逆的事。

张差说完之后，陆梦龙又拿笔让其画出路径，然后呈上，陆梦龙看了觉得很合理，看完之后高兴极了，安慰张差几句，立刻就让人给蓟州发去檄文，要知州协助捉拿马三道、李守才、孔道等一干嫌犯，押解来京候审；同时又上疏万历皇帝，报称"种种奸谋俱悉"，请准许法司将庞保与刘成提来对质。

这一次十三司审张差的供词，又不知被何人迅速泄漏了出去。庞保、刘成都是郑贵妃的内侍，这次由张差供出，就算郑贵妃巧舌如簧，也洗不清这层连带关系。于是朝野人言藉藉，无不认定郑国泰就是幕后

主使，大小臣工再次纷纷上疏，请万历皇帝彻查。给事中何士晋等就递上奏折，直攻郑国泰，并涉及郑贵妃。

这一下所有的压力就都集中到万历皇帝这里了，章奏再压也是压不住了，硬扛也是扛不住的，且案情已基本大白，舆论难平啊，但是如果顺应了群臣的要求，郑贵妃那一边，又将如何来收这个场？所以万历皇帝也想不出什么好办法来，他只能又选择了沉默，仍是置之不理。

郑国泰为己开脱，何士晋妙语解案

张差的这具供文已回答很详细，但虽然如此，张差的供招单仍为浙党官员所增改删减，埋没了一部分真相。

当初王之案在狱中审讯张差后的上奏曾使神宗及郑贵妃十分反感，此时神宗已有二十五年不上朝，由于王之案揭发庞保、刘成，只得上朝以释群臣疑虑，同时也为了缓和郑贵妃与太子朱常洛之间矛盾。他又考虑到梃击案似乎有疑点，所以当时没有立即加罪王之案。但在两年后（1617年），朝廷普遍考核京官，王之案就被劾为"贪污"而革职回乡。直到天启元年（1621年），朝中大臣为王之案鸣冤，王又被起用，恢复了官职。

王之案复起后，上一通所谓《复仇疏》，大意说：君父之仇，不共戴天。光宗（朱常洛）一生多难……张差持梃闯宫，安危只在呼吸之间。他以入宫有内应外援，外戚郑国泰（郑贵妃之弟）的责任不可推卸。并揭露说：其后复谳，差供同谋举事，内外设伏多人。守才、三道亦供结党连谋，而士相辈悉抹去之。当时有内应、有外援，一夫作难，九庙震惊，何物凶徒，敢肆行不道乃尔？缘外戚郑国泰私结刘廷元、刘光复、姚宗文辈，珠玉金钱，充满其室，言官结舌，莫敢谁何……劳永嘉、岳骏声等，同恶相济。张差招"有三十六头儿"，则胡士相搁笔；招"有东边一起干事"，则岳骏声言"波及无辜"；招"有红封票高真人"，则劳永嘉言"不及究红封教"。"今高一奎见监蓟州，系镇朔卫人。盖高一奎主持红封教者也，马三道管给红票者也；庞保、刘成供给红封教多人撒棍者也。诸奸增减会审公单，大逆不道"。

于此可知，"梃击"一案的背景其实是异常复杂的。

所谓"红封教"，是明朝的一种邪教，"三十六头儿"之说，显然袭自梁山泊的三十六罡星之说。明末的邪教作乱，为人所熟知的是"白莲教"徐鸿儒，以及"闻香会"、"棒槌会"等，"红封教"之名罕见，但可断定必与白莲教有关。河北西部自蓟州以迄山东的梁山泊、巨野一带，自汉末黄巾到清末义和团，每逢衰世，邪教作乱之事最多。红封教有郑国泰及宫中巨珰支持，而不成气候，实在要归功于王之寀等人追究"梃击案"，奸逆有所畏惮顾忌，因而销声匿迹。

在明、清两代，都有太监勾结民间秘密团体的事发生，有的只是一般勾结，有的则酿成谋反之乱。庞保等人此次勾结红封教，上面肯定会有郑氏家族指使，就张差供认的"一起干事"来看，野心也不会小，就此足以构成大逆罪。

明代绘画《麟堂秋宴图（局部）》

王之寀指出此案当时有内应、有外援，显然已揭出了郑贵妃宫内太监勾结民间秘密团体的内幕。

除了隐匿红封教谋反的迹象以外，胡士相还想替庞保、刘成开脱，由于陆梦龙的坚持，这一部分总算照实具奏，大白于天下。

张差前后供词一再变化，官员们的态度似乎也分作两派，案子之中似乎确实隐藏着许多不可告人的内幕，但却又扑朔迷离，让人难以看清楚。此时，案子似乎又牵涉到两个太监，即庞保和刘成。然而，太监为何要雇凶刺杀皇太子呢？因为依其供述，这两个太监与太子没任何瓜葛，几乎还不认识朱常洛是谁，根本没有要杀他的理由。

那么此案是不是幕后还有其他的更大的主使者呢？后来，经过进一步的查究，确认庞保、刘成系郑贵妃在翊坤宫中的太监，向来很受郑贵妃的宠爱，可说是郑贵妃的两个心腹太监。

但是，事情虽然明摆着可能与郑贵妃有关，而且大臣们也一再上疏，要求彻查，明神宗依然不置可否，而大臣们慑于郑贵妃的权势，原先并没有直接提到郑贵妃和外戚郑国泰，但郑国泰也许知道内情，心中害怕，再者案情审讯泄漏了出去之后，成为一条轰动性"新闻"。朝野之间，都将矛头指向了郑国泰，让他大为恐慌，天天如坐针毡，最终沉不住气，于五月二十日写了个揭帖散发，针对户部陆大受的质疑，申明自己的无辜。他说自己完全是被冤枉的："倾储何谋？主使何事？阴养死士何为？"意思就是我有什么必要这样干？这肯定不是我干的。

可是，郑家跟太子过不去的原因与动机太多太多，这是傻子都能看出来的。郑国泰的这一辩解，等于"此地无银三百两"，拙谋徒惹众人耻笑。而且郑国泰的这揭帖里也有不少逻辑漏洞。工科给事中何士晋见机而上，上疏神宗质问道：前次陆大受的奏疏，虽然语及"奸戚"字样，但并未明指就是郑国泰；陆大受疏在谈到张差一案时，也没直接说主使就是郑国泰。既然"张差之口供未具，刑曹之勘疏未成"，那么应该没有郑国泰的事，你郑国泰"岂不能从容稍待，而何故心虚胆战"匆忙具揭张皇，无非是其急于洗刷之态罢了，怎么能让人不怀疑？

而后，何士晋又进一步紧逼道："你（郑国泰）写了这一揭，反而使人不能不怀疑你！谁说你'倾储'（扳倒太子）了？谁说你'主使'了？哪个又说你'阴养死士'了？种种不祥之语，都是你自己捏造，明为辩护、实为招认，不是近乎欲盖弥彰么？"

接着何士晋索性把一层窗户纸捅破："人之疑国泰，亦非始于今日也。试问国泰，三王之议何由而起？《闺范》之序何由而进？妖书之毒何由而构？今日人之疑国泰，又非张差一事而已，只怕是国泰骑虎难下，一试不成，难道还有阴谋？"这连珠炮式的追问与推理，简直把郑国泰给逼到了死角里。

何士晋还警告说："陛下不急护东宫，则东宫为孤注。万一东宫失护，而陛下又转为孤注矣。"何士晋看到的，不仅是外戚干政的危害，而且还看到了外戚乱天下的可能，于是他力求皇上速将张差所供庞保、刘成立送法司拷讯，"如供有国泰主谋，是大逆罪人，臣等执法讨贼，不但宫中不能庇，即皇上亦不能庇！"

何士晋这道奏疏也是明代有名的奏疏之一。不仅文笔犀利，且有铮铮铁骨于其中，做臣子的都如这样拼死护法，皇帝也是要心存忌惮的。

这道奏疏最后，何士晋提出了一个大可玩味的要求："设与国泰无干，臣请与国泰约，命国泰自具一疏，告之皇上，嗣后凡皇太子、皇长孙一切起居，俱系郑国泰保护，稍有疏虞，即便坐罪，则人心帖服，永无他言。若今日畏各犯招举，一惟荧惑圣聪，久稽廷讯，或潜散党羽，使远遁，或阴毙张差使口灭，则疑复生疑，将成实事，惟有审处以消后祸。"

这段话初看似乎蛮横无理，倘使张差的逆谋"与国泰无干"，如何又要责成郑国泰保护太子及皇长孙？而且身为外臣，又如何保护？

万历皇帝看奏疏后大怒道："难道朕无护子之能，竟托外戚？这何士晋，实在危言耸听！"当下便想给他定罪，但想到京中对此事已吵得沸沸扬扬，惩办了何士晋，麻烦会更多，于是才作罢。

其实，给事中何士晋此疏乃针对郑贵妃所发。措辞虽为犀利，但玩

味其语气，何士晋是提出了一个调停的办法：只要郑贵妃能负责太子父子的安全，不妨大事化小，仅将郑贵妃宫中的太监庞保、刘成法办，此外从宽不问。假如郑贵妃连这样最起码的保证都不愿提供，那么，为了替太子消除隐患，非彻底追究不可。

此间，刑部主事张问达也连连上疏，催问下一步如何处理。首辅方从哲虽然心向郑贵妃，但在巨大的舆论压力下，也不得不表态，要求万历皇帝"严究主使"。

明神宗指点生路，郑贵妃乞求太子

众官穷追不舍之下，万历皇帝终于不能再沉默了，于五月二十六日下谕旨，准许严究，但仍坚持认为张差是"疯癫奸徒"，只为郑贵妃留一线生机。但他想想又怕不妥，到了第二天又传谕刑部，将张差定为"疯癫奸徒，蓄谋叵测"，不要"连及无辜"，一心想把这案件缩小范围。

但事情到此时哪里还捂得住？庞保、刘成是郑贵妃左右的执事太监，若将他们二人提到刑部，谁敢担保他们不泄露真相？先前王曰乾在"告变案"中，说孔学等人行"巫蛊"，诅咒皇太子，诉状中已牵连到刘成。而现在，"梃击案"又涉及刘成等人，万历皇帝就是再偏心眼，也不能包庇他们了。而真相一旦公开，还真是不得了，郑贵妃实际已被推到前台，藏无可藏。郑贵妃聪明一世，到现在也只能彻底认栽，因为就是万历皇帝，也保不住她了。

郑贵妃万没想到阴谋败露得如此之快，在举朝议论中，她惶惶不可终日，几次向万历皇帝哭诉，只求给她作主。

郑贵妃毕竟是明神宗的宠妃，所以一旦事情牵涉到了郑贵妃，神宗就不愿意再把事态扩大了，又因他自己也曾许诺过要立她的儿子朱常洵为太子，即使郑贵妃做出这样的事情，自己也不好说什么。更何况郑贵妃整日哭泣，早就把自己的心给哭软了，但现在是连"皇上亦不能庇"，面对郑贵妃的窘状，万历皇帝左想右想，叹道："廷议汹汹，朕也不便替你解免，你自去求太子便了。"

郑贵妃闻言大窘，但现在皇帝也保护不了她了，只有她亲自去向自己一向讨厌并视为仇敌的太子朱常洛求情乞怜，才有希望取得太子的谅解，为她出面调停此事，此事才有转机。

万历是历史上有名的懒皇帝，做事态度极为消极，但他也是个聪明皇帝，他看似无意地给郑贵妃指的这条路，却真正是一条求生通道。此时，郑贵妃的短处已在廷臣手里攥着，且后面还有更大的问题随时可能引爆，由郑氏或皇帝出面，无论是采取高压还是缓和手段，廷臣都会不依不饶。

这就像是双方在打一场官司，被告犯了事，现在被调查得一清二楚，法官虽心向被告，但在证据面前，也不能自作主张，这个时候，唯有被告去请原告撤诉，原告同意私下调解，事情才有转机。万历皇帝给郑贵妃所指的，就是这样一条路。

这时神宗还想起了王皇后，他对王皇后完全是实用主义，用得着时找找王皇后，更多的时候就无视王皇后的存在。万历四十三年（1615年）初夏的一天，很久不见王皇后的神宗突然来到王皇后的坤宁宫中。王皇后见神宗来了惊诧不已，颇有点受宠若惊，她连忙迎上前去问道："皇上何缘得见老妇。"神宗于是向她叙述了来此的原因，说他知道太子与王皇后感情很好，希望王皇后劝说太子出面平息"梃击案"这一事件。王皇后表示，这件事她也不能作主，要和太子面谈才行。此后她召见太子，劝他为父皇着想，让他答应"此事只在张差身上结局足矣"。

坤宁宫

　　对郑贵妃而言，现在只有太子不去追究，才能化解此事带给郑贵妃的严重打击，可是太子长期以来真是被郑家搞苦了，他能否愿意为郑贵妃解围呢？所以郑贵妃万般无奈，只好亲自来到慈庆宫求见太子。

　　始见太子时，郑贵妃态度非常窘迫，这郑贵妃也真是个能屈能伸的人，见到太子后，竟不惜屈尊向太子下拜——有道是，这一屈膝，可是价值万金。郑贵妃怎么说也是太子的"父皇妃"，是母辈的人物；在礼法严谨的时代，这长辈向小辈的一拜，非同小可！太子大吃一惊，也慌忙回拜作答。

　　太子这时的心情五味杂陈，一方面看到郑贵妃当面乞怜，自是有受宠若惊之感；另一方面由于案情牵连甚广，也颇有惧意，所以答应一定从中调停。万历皇帝跟着也给太子发了几道"慰谕"，希望太子向廷臣做个解释。

　　郑贵妃拜罢，便向太子哭诉，表明心迹，无非是做了一番"无罪"的辩解。据说，当场也引得太子掉了眼泪，特别是郑贵妃，更是哭得泪眼婆娑。

　　史载，太子"乃缘帝及贵妃意，期速结"。他也想赶紧把事情平息下去算了——其实这也是结好郑贵妃的一个机缘。

于是太子叫东宫太监王安拟了一道"令旨"（太子或亲王的文告），颁示群臣，就"梃击案"为郑贵妃辟了谣，说是元凶张差既已拿获，正法也就是了，诸臣不必多所纠缠。同时又上奏万历皇帝，请速令法司审结本案，勿再株连。

王安原为太子的"伴读"太监，是明朝末叶极少数的好宦官之一，他是雄县（今河北省雄县）人，在太子身边已经二十年，郑贵妃一再在神宗面前谗害太子，多亏王安多方保护，此时王安为太子结好于郑贵妃，代草"令旨"颁示群臣，为"梃击"一案替贵妃"辟谣"，神宗及贵妃对此都深为满意。

神宗破例见群臣，太子趁机博父喜

但仅凭太子的这个令旨，不可能免除群臣对郑贵妃的重重疑虑。只不过让大家看到，太子与万历帝、郑贵妃之间已达成了某种默契，这多少能压住些"拥长"一方的火气。这是一个不可缺少的前提。有了这一步，万历皇帝为了"释疑"，又做出了一个非同寻常的行动，他要召见百官，亲自向群臣说清楚。

五月二十八日早，司礼监掌印太监李恩传达了万历帝的谕旨，他今天要见内阁、六部五府及科道的官员，让众官先在宝宁门会齐。阁臣方从哲、吴道南及文武诸臣到达集合地点后，文书官把众人引到慈宁宫。进得宫中，诸臣在太监引领下，先到慈圣皇太后灵前行一叩三拜大礼，

然后退到阶前跪下。

　　自万历帝倦于朝政、不见百官至今已是二十五年了，这次破例，对百官有多大的心理冲击可想而知。在召见前，他又特地安排大家拜太后灵位，更是增加了肃穆气氛。万历帝这样做的目的，无非就是要增加召见时训话的权威性。

　　此时万历帝的作派与打扮也有异于平常，穿着白衣，戴着白冠。在大殿檐下设有低座，万历背靠左门柱，西向而坐，俯身在石栏上。御座之右，是头戴翼善冠、身穿青袍的皇太子。三位皇孙则雁行立于左阶下。

　　百官拜完灵位后，又至御座前叩头。万历连呼道："前来，前来！"群臣便膝行而前，一直到离御座只有几步之远。

慈宁宫

　　《明史·纪事本末》对此事记载道：癸酉（为五月二十八日）驾幸慈宁宫，召见百官……辅臣方从哲、吴道南暨文武诸臣先后至。内侍引至圣母灵次（按：神宗生母李太后崩于前一年的二月，这亦是"梃击案"所以能发生的原因之一，如李太后在，郑贵妃断不敢如此胆大妄为），行一拜三叩头礼时，上西向，倚左门柱，设低座，俯石栏。百官

明末四案之谜

复至御前叩头，上连呼曰："前来。"群臣稍膝而前，在御座不数武。上练冠、练袍，皇太子冠翼善元冠、素袍侍御座右，三皇孙雁行立左阶下。上宣谕曰："朕自圣母升遐，哀痛无已。今春以来，足膝无力；然每遇节次朔望忌辰，必身到慈宁宫圣母座前行礼，不敢懈怠。昨忽有疯癫张差，闯入东宫伤人，外廷有许多闲说。尔等谁无父子？乃欲离间我耶？适见刑部郎中赵会桢所问招情，止将本内有名人犯张差、庞保、刘成即时凌迟处死。其余不许波及无辜一人，以伤天和，以惊圣母神灵。"

然后神宗皇帝又招大臣们上前，他执着太子朱常洛的手，对群臣表示他这个儿子很孝顺，他极爱惜；又以手比着太子的身高说，从小养到大，如果有别意，当时何不另立太子，到现在大家还有什么可怀疑的，而且福王在数千里外，倘非宣召，他是不能忽然飞了来的。接着神宗又说："有人离间我们父子，自己的儿子自己养到三十多岁，又生了这么多皇孙，焉有不爱之理？"

神宗这一番话说得动情入理，且一再强调他本人并无废立之意，并且极爱长子，他通过渲染父子之情，给众臣以强烈的视听效果，对于郑贵妃却只字不提。他用这样的手法开脱郑贵妃，大大淡化了这一不利因素。

这时候，御史刘光复跑出来说话，先赞了神宗和太子父慈子孝，接着却又指责神宗不对的地方，神宗由于身体虚弱、头晕目眩，听不清刘光复的话，便斥责刘光复不要再说话，哪知刘光复仍然喋喋不休，非要把话说完，皇帝大怒，连声厉声喝道："锦衣卫何在？锦衣卫何在？锦衣卫何在？"结果无人应声。

原来万历皇帝几十年从来不出宫，锦衣卫也不用整天跟随皇帝，所以干脆不跟着。这次皇帝来到慈庆宫，执事太监根本没有通知锦衣卫，他们也没有来，所以现场根本没有锦衣卫。无奈，神宗只好让几个太监将刘光复捆起来。

皇帝发火真是雷霆之怒，许多大臣从来没有见过皇帝如此动怒，刚报到没一个月的次辅吴道南也极少见到皇帝，心中恐惧，刚才一点动静

也没有，万历帝一发火，这位次辅吓得僵卧在地，大小便失禁，被扶回家以后神志不清，和一个木偶差不多，几天后"视听始复"。

首辅方从哲看皇帝动怒，连忙出来说道："他是无知小臣，请皇上不要放在心上，还是应该赶快给太子讲课要紧。"

神宗说："如此大事（指梃击案），朕岂能不知，但现在正在太后服丧期间，你们看我所穿何服？"接着他又说道："朕与皇太子天性至亲，祖宗祖母都知道，小臣恣意妄言，离间我父子，真是奸臣。"皇帝这句话连说了几遍，语气加重，以示警告。

为了表示厚爱太子，以抚慰太子和群臣之心，神宗不但援子以明心迹，而且援孙以示重固；不但自己极力辩解，还示意太子辟谣。《明史·纪事本末》载：命内侍传呼三皇孙至石级上，命诸臣熟视。谕曰："朕诸孙俱已长成，更有何说。"顾问皇太子："尔有何语，与诸臣悉言无隐。"

皇太子朱常洛趋前曰："似此（张差）疯癫之人，决了便罢，不必株连。"又曰："我父子何等亲爱，外廷有许多议论，尔辈为无君之臣，使我为不孝之子。"

神宗对太子的回答很满意，就又对群臣说："尔等听皇太子语否？"接着又复述太子的话，连声重申，群臣跪听未起。

因为听说皇帝要在太子宫中见群臣，很多没有见过皇帝的官员怀着看热闹的心情纷纷前来，人多得把慈宁宫的宫门都堵住了，太监们赶紧阻拦，但神宗为强调自己的意思让官员们知道，就下令后到的官员尽皆放进，不要阻拦，以故后来者"踵趾相错，班行稍右，与帝座远"，神宗又持皇太子之手而向右问曰："尔等俱见否？尔等离间，为无君之臣，将使他为无父之子。"众臣无语，俯地谢恩，神宗乃命诸臣同出。

万历皇帝虽然不问朝政，却也不愧是处理公关危机的老手。他精心安排的这次召见，既显示了皇帝的威严，又向百官表现了他与太子的亲密无间，以父子人伦之义，堵住了众臣之口，从而将案件范围尽量缩小，以图干净利落地收场。

这一番做作表演，还是很有效果的：多少可说明神宗和太子的父子之情还是有的。神宗此时已二十五年不朝，二十五年中除了少数宰辅重臣以外，许多大臣从未见过神宗的面。世宗与神宗都曾数十年不出禁宫一步，在中外封建历史上是个极其特异的纪录。群臣因此事而一睹皇帝真人，于是印象都特别深刻，有人甚至叹此乃"四十年来未有之盛事"！

刘光复犯上获罪，朝野间上疏申救

这次会见之后，首辅方从哲赶紧回到内阁，马上拟写了一道谕旨，呈送万历皇帝过目，万历帝做了修改便发了下去，诏旨中称"已入监疯癫奸徒张差，立即由法司处决"。但对庞保、刘成二人的处置，却又有了变化。在召见时，万历帝还答应将两人与张差一同处决，但现在又改令"着严提审明，拟罪具奏另处"，这有点令人摸不着头脑。

第二天，方从哲与吴道南又联名上疏神宗，一起为会见时犯上的刘光复说情。这并不是他们良心发现，而是他们必须做的一件事，自嘉靖年间以来，内阁的地位正式提高到了六部九卿之上，成为领袖群臣的中枢，那么阁臣同时也就有义务对受到不公正处理的廷臣上疏"论救"。

他俩上的论救疏说：皇上不必因一二官员的言论过激，就疑其离间、斥其怀奸。刘光复虽越位妄言，但他身为言官，也实无他意，还请皇上宽恕。但万历皇帝却不肯让步，他实在烦透了言官就立太子的事说三道四。这次召见群臣，当然是一种怀柔政策，但同时也要辅以威严，刘光复恰好是一个靶子。在现场，只有他一个人跳出来"干犯天颜"，不等于所有的言官都敢这么干，所以完全可以狠狠地打。于是，万历帝以严厉的口气降旨："御史刘光复在慈宁宫圣母几筵前高声狂吠，震惊神位，着锦衣卫即拿送刑部，从重拟罪报来！"

万历皇帝这是要杀鸡给猴看。刑部知道无论如何躲不过了，就依"擅入仪仗律"拟了杖刑，也就是打屁股。但万历皇帝似乎气还没有消，认为打屁股怎么能解决问题？于是改为按"大不敬律"处以斩刑，先将其押着，等合适的时候再处决，这相当于清代的"斩监候"，即"死刑缓期执行"，这样刘光复还有一线活路。果然，没几天皇帝又下诏让刑部与都察院重审，因为实在找不出给他定什么罪名，过了几天后，竟然把刘光复放了出来，让他回家去待罪了。

刘光复保住了命，但是从此得了个外号。因为万历皇帝斥责他"高声狂吠"，京官们也就戏称他为"刘一吠"。

其实刘光复这人虽有些莽撞，却是个好人，也是个很不错的好官。刘光复字贞一，号见初，江南青阳（今安徽青阳县）人。明万历二十六年（1598年）进士，至万历三十三年期间，他三次连任诸暨县令。诸暨山田易旱，湖田易涝，灾害频仍。刘光复上任次年，暴雨成灾，湖民"居无庐，野无餐，立之于沟壑四方，老幼悲号彻昼夜"他单骑循浣江（浦阳江诸暨段），踏勘沿江地势、水势、埂情及民情。随后，提出治理浣江"怀、捍、摒"三法："怀"者，在上游筑池蓄水，以收降水势；"捍"者，令各湖巩固堤坝，以御洪水；"摒"者，对下游弯曲盘涡江流，截直畅泄，对低洼荡田，撤堤分流以资调节。

同时，敦促山畈之民修池筑堰以防旱，又令各湖巩固堤防以御水，在大侣、白塔

明代黄花梨木家具

两湖，聚集人工，筑成广可行车之堤，建立圩长制度，划段以守。蒋村汇，径达八十丈，迂回五里，其地又属山阴，即拨款向该处买田十六亩为江基，连夜发丁夫三千，三日而成，使水流若归师而得纵。诸暨水害因之锐减，连年丰收，仓廪充实。刘光复所撰水利专著《经野规略》有"治谱"和"成规"之誉，至今不失参考价值。

刘光复又提倡务本崇俭，决断疑案，延聘名师，重教兴学；建立义仓，积谷备荒；倡修桥梁，以利交通；并革除停柩、锢婢、溺女和同族为奴等宿弊，给老百姓干了不少好事。刘光复升职后离开诸暨的时候，百姓跪道挽留。后来，老百姓在全县"建祠凡六十三座"以资纪念，到今天当地还有"三刘庙"保存完好，香火鼎盛。

因为任上很有政绩，刘光复后擢河南道监察御史、巡按山西，升河南道监察御史后，因"梃击案"触帝怒入狱。正因其在诸暨做了不少好事，他被逮进刑部大狱后，诸暨百姓周国琳等召集了数千人，到京城午门为"刘大青天"喊冤，大力疏救。刘光复之所以能不久获释，原因就在于此。

到万历四十四年十月，在朝野的不断疏救下，刑部终于对他有了个最终处分：削职为民，永不叙用。之后他归池州（安徽贵池县）齐山建书舍，隐居读书。神宗死后，太子朱常洛即位为光宗皇帝，吏部又立即提议起用他为光禄寺丞，但他没等上任就病死了，赠太常寺卿。后来有人把当时官民论救刘光复的奏疏汇集成了书，题为《朝野申救疏》，共有六大卷之多。

神宗怠政不上朝，原因或为吸鸦片

　　明神宗在太子的慈庆宫露了一下脸，之后就又不出现了，那么他深藏于宫中做什么呢？

　　这里再说说神宗不上朝的事，神宗与他的祖父明世宗嘉靖皇帝朱厚熜一样，俱曾数十年不朝，有的辅臣入阁后直到卸任，始终都不得见天子一面，此实为千古怪事。不上朝，自然无法及时处理朝政，以至政务荒废，社会乱象丛生。

　　比如，万历年间的"黄河决堤"事件，黄河决堤后一溃千里，人民流离失所，每天都饿死很多人，地方政府在事件发生后紧急上报朝廷，要求国家拨款拨粮进行赈灾。但就是这样一件十分紧急的国家事务，万历皇帝领导的朝廷一直用了三个月才最终批示下来。因为当时地方政府上报朝廷各部，由于事关重大，各部领导者不能自行处理，就只能上报给朝廷中枢，最后只能上报给万历皇帝。但万历皇帝一看这是伸手要钱的事情，心里就不高兴，于是就久拖不决，最后这个事关民生大计、社会安稳与否的"黄河决堤"事件，竟不了了之。要知道，国力强大的元朝，就是因为没有及时处理好黄河决堤泛滥，才造成起义四起，终致亡国的。

　　又比如，万历皇帝在征讨女真人这件事上也是如此。当时的明朝可谓内忧外患，北方的女真族不断地壮大，势力渐与明王朝对峙，对此事万历皇帝仍是不闻不问，只管敛财，不断地进行全国的加赋工作，甚至在"萨尔浒之战"打响后，当年国家收缴上来的国家税收准备由户部入库时，竟仍被万历皇帝以个人名义强制划拨到个人账户上。户部上奏反对，万历皇帝就罢掉了户部长官的职务，使得国家财政运转彻底瘫痪，各方面都是举步维艰，最后明朝数十万大军在萨尔浒败给了才数万兵力的努尔哈赤。

至于万历皇帝数十年不朝的原因，在世宗朱厚熜，是为了一心想长生不老，他在宫内设坛修道，为世人所知；在神宗朱翊钧，却是难解的一个谜。

有人研究后认为神宗是身体不好，但神宗活了近六十岁，其间有的是时间上朝，所以此说不足持，也有说他抽上了鸦片烟，这虽然没有证据，却是有道理的，因为自古无道之君，罪恶不外淫、虐两者，而所以荒废政务、浪掷民脂，亦不外巡幸无度，大事兴作，但神宗无一于此。

也有人认为是神宗太懒惰，他或许是中国历史上最懒的皇帝，他不但懒得去执行皇帝的权力，甚至懒得去享受皇帝的权力，如，皇帝有很多女人，但神宗并不十分好色。郑贵妃的得宠，起初或以过人姿色，但试想，郑贵妃万历十四年生常洵，这时的年龄最少也有十六七岁，到福王就国时，已经望五之年，如以色见宠，则早已色衰而爱弛。但郑贵妃又不是像宪宗的万贵妃那样有挟制之威，所以她得宠始终不衰，在历史上是个颇为罕见的事例。

神宗虽然贵为皇帝，权力极大，但也不算暴虐。廷杖是明朝极恶劣的一种制度，神宗虽常行使，也不过照传统行事，而且他也不像思宗那样动辄杀大臣。

神宗不像秦始皇、汉武帝那样爱巡游，不像明武宗那样游行天下，史载他"郊庙不亲"，就是连祭拜祖宗都懒得去，遑论游览，他甚至能几十年不出宫门一步。

神宗不事豪奢，万历年间虽有修三大殿的大工程，但那是因为三殿被火灾烧毁，那是朝廷办公的场所，规制不得不宏大，这与为了个人享乐而大起离宫别苑是不同的。虽然他嗜财如命，但他一生的苛敛积聚，亦半由郑贵妃所主持。积聚虽多，却不闻他有何挥霍，也没有听说过他有何声色犬马之好、摩挲古器之癖。

再论神宗的秉性和教养。他除了天性贪财，以及由张居正的言行不符激起一种有意反其道而行之的偏激心理以外，论他的资质是不错的，心地并不是糊涂透顶。此外，看他实施的万历三大征，以及前后两次处理太子与郑贵妃母子间矛盾的手法，就可以知道，他是一个很聪明、很会办事的皇帝。

这样来看，神宗并非没有亲裁大政的能力，只是对国事不感兴趣——明朝自罢相以后，大小庶政皆决于皇帝，后来虽有大学士之设，变相恢复宰辅，但看奏章、批奏疏仍是一件极繁重的工作，令人望而生畏，于是其结果不外两种：一种是假手于司礼监，大权旁落；一种就是像世宗那样不闻不问，于是朝纲一罢就是数十年。

那么神宗在干什么呢？或者说他活着为了什么？实在让人想不透，其实细观神宗的表现，完全是一个吸毒较深的人的做法。清末民初，有许多旧家子弟像他那样，为吸鸦片不知晨昏，荣誉、责任、事业、财产，乃至骨肉之情，统统都是身外之物；不可一日相离的，只是一副烟盘，以及替他料理那副烟盘的一个人，而这个人不管是他的妻子、下人，都能成为他的主宰。而早在明朝时，神宗和郑贵妃的关系，或许就是如此，神宗那么依赖郑贵妃，为其不惜冒天下之大不韪，或是因郑贵妃让神宗染上了鸦片烟瘾，然后控制着给他的鸦片烟，于是便轻易地控制了神宗皇帝，舍此而外，实不知如何才可以解释明神宗那么依赖和害怕郑贵妃。

梃击案不了了之，皇太子换得安宁

神宗好不容易走出自己的宫门，带郑贵妃见了太子，他的出面也代表着此事基本就结束了，之后神宗下旨，三天后即把张差凌迟处死。据王之寀后来透露："张差（死前）以首抢地，谓同谋做事，事败独死。"说明此事实为多人共谋，张差因自己独死，死不甘心。

一天后，神宗命司礼监及九卿三法司审庞保、刘成于文华门，因为张差已经处决，死无对证，刘、庞二人不肯招供。在文华殿前，亦不便用刑，一时不能有结果。

此时太子朱常洛派人传谕，为庞、刘缓颊："张差持棍闯宫，至大殿檐下，当时就擒，并无别物，其情实系疯癫，误入宫闱，打倒内侍，罪所不赦。后招出庞保、刘成，本宫反复参详，保、成身系内宫，虽欲谋害本宫，（但此事）于保、成何益？此必保、成素曾凌虐于差，故肆行报复之谋，诬以主使。本宫念人命至重，造逆大事，何可轻信？连日奏求父皇，速决张差，以安人心，其诬举庞保、刘成，若一概治罪，恐伤天和，况姓名不同，当以雠诬干连，从轻拟罪，奏请定夺，则刑狱平，本宫阴骘亦全矣。"

其实庞保原名郑进，刘成原名刘登云，所以有"姓名不同"的话。太子所以出此谕，自是受了神宗和郑贵妃的压力所致。

由于太子这道出于王安手笔的令旨，使得此次会审庞保、刘成无结果而散。此外，案内提到的马三道、李守才、孔道等人，被刑部定了充军的罪名，神宗准了所请。而庞保、刘成则在宫内被处死，杀他们的人当然是郑贵妃，这是郑贵妃在取得神宗的许可以后的杀人灭口。

刑部右侍郎张问达正在代理主持部务，一是为了公正起见，二是为了考虑日后的名声，他不愿轻易退让。于是上疏称：张差已死，庞、刘二人若不严审，哪得吐口？文华门是庄严之地，不便动用刑具，因此很难审出实情。但张差与马三道等人的供词俱在，庞、刘二人确系同党无疑，岂可从轻发落？况且祖宗二百年来的天下，绝无不经过法司就拟罪的事！

张问达本是决心抗争一回试试，可是在皇权制度下，大臣说话的份量还是太小，到六月初一，说话最有分量的万历皇帝发话了，说："张差与庞、刘二人的口供有异，明系张差诬攀。且太子已屡次面奏，不必再追，恐伤天和。着尔等将二人与马三道一起，斟酌拟罪，报上来。"

万历皇帝又将太子推到了前面，来堵住群臣的口。三法司没有办法，只能继续在宫内审。如是又连审五次，却一无所获。

不过，张问达的坚持倒也有了作用，郑贵妃可能后来考虑到这样拖着也容易生变，给廷臣又留下无尽的口实。于是她密令身边太监将庞、刘二人立即处死，而后对外廷声称是因严刑拷打致死。这两人一死，就是被彻底灭口，所有的线索到他们这里就全都断了。郑贵妃便可以无恙。《明史》上说这叫"潜毙于内"，至于具体是如何潜毙的，当时太监没有写野史笔记，因此又成了一个谜。

但此案只便宜了马三道等人，郑贵妃还不敢派人去刑部监狱将他们"潜毙"——那风险太大了，不但会给大臣们落下口实，还会因咬定张差是诬攀多人，所以也没理由判人家死刑。最后刑部拟马三道、李守才、孔道等人充军，万历帝准了所请，三个谋逆犯居然保住了命。

险恶异常的"梃击案"就此落幕，郑贵妃长出了一口气，时为万历四十三年六月，"梃击案"也成了一个一直没有得到解决和公布真相的历史大案。此后数年，太子朱常洛得能安然无事。

明末四案之谜

太子根基固，郑妃徒费力

震惊朝野的梃击案就这么有头无尾地完结了。但是今天看来，这个案子中的诸多疑点表明，定然与郑贵妃脱不了干系。从案卷的记录来看，张差也许确实属于类似疯癫的人。但是，他不是完全的的疯子，能够在别人的引诱和指使之下行事，郑贵妃等人寻找这样的人行事也许正是为了不引起怀疑。但这只是后人的推测，事实的情况是否如此，没有确凿的证据，谁也不敢妄下断论。历史的疑案就是如此，山重水复，迷离难解，但这或也正是它的吸引人之处。

历代皇宫之中，因为皇位的争夺，不知衍射出了多少或明或暗的血腥争斗，宫廷之中着实是一个充满血腥的角斗场，亲情的作用是很少的。神宗与郑贵妃母子的关系，可比作汉高祖与戚夫人及赵王刘如意；而王皇后与皇长子的关系，则可比作吕后与刘盈，其事甚类。

汉高祖与吕后的儿子刘盈之所以能够顺利成为太子并登基继位，与母后吕雉的苦心经营是分不开的。刘盈在刘邦做汉王的第二年被立为太子，但他性格仁弱，并不得父亲的钟爱。自从刘邦灭掉楚霸王之后，太子刘盈的前程地位最令吕后放心不下，因为刘邦喜爱的是他的宠妃戚夫人生的儿子赵王刘如意。

戚夫人是刘邦在征战途中所纳的小妾，因其容颜俏丽、光彩照人，深受宠幸，所以一直随从刘邦。后来戚夫人生下刘如意，刘邦和戚夫人都视其若掌上明珠，刘邦常将刘如意抱在膝上，情不自禁地说"此儿像我，此儿像我"，因而取名"如意"。所以尽管他已立刘盈为太子，刘邦却一直想改立如意。他曾说过："我决不能让刘盈位居这孩子之上。"加上戚姬在他身边日夜啼泣，软磨硬泡，所以刘邦多次想行废立之事。

随着刘邦年事已高，赵王如意已长到十岁，刘盈的太子地位更是岌岌可危。有一次，刘邦和御史大夫周昌提及此事，周昌"为人强力，敢直言"，他表示坚决反对改立太子。

周昌，沛县人，本是刘邦的老乡，曾有一次他因急事入内奏报，碰巧刘邦正抱着戚姬调情取乐，周昌有些不好意思，便掉头就跑，被刘邦追上后推翻在地，并骑在他脖颈上，笑着问他："你说我是什么样的君主？"周昌却仰起头答道："陛下就是夏桀、商纣那样的暴君。"刘邦听了一笑了之，并未怪罪他。

明末四案之谜

刘邦很清楚周昌的为人，现在见他出来反对，有些不高兴，便问他为什么不能改立太子。周昌本来有些口吃，盛怒之下话说得更不连贯，但态度鲜明："臣口不能言，但臣心知此事不可。陛下一定要废太子，臣期不奉诏。"刘邦听后笑了笑，不置可否，让他回去了。这件事的全过程，被正在大殿东厢房偷听的吕后听了个一清二楚。周昌

汉高祖刘邦画像

退朝时，吕后赶上向他跪下道谢说："今日没有您，太子就被废了。"

吕后深知"母以子贵"的道理，她不会坐以待毙，便抓紧活动，在朝廷大臣中寻求支持。首先让兄弟建成侯吕泽去找张良。此时的张良担任太子少傅的职务，本来对皇太子有教育训导的职责，但张良不想介入其中，于是一番推脱说："现在天下安定，已不是当年打天下的时候了，废立太子乃是家庭纠纷，纵有一百个张良也无济于事。"但吕泽不答应，

一定让他说出主意来，张良无奈，只好说："此事靠口舌之争是不行的。若是您能将商山四皓请来供奉在太子身边，则可得鼎助之力。"

商山四皓乃是东园公、绮里季、夏黄公、角里（又作角里）四位先生，四位老者本是世外高人，德高望重，秦末社会动荡，他们避乱山中。天下安定后，刘邦多次请他们出山为官，他们表示不喜做官，都不出山，刘邦因此更加尊重他们。张良告诉吕泽说："请出商山四皓，是皇上没有办到的，若是您能不惜钱财，带上太子的书信，派一个能言善辩的人去请，说不定能感动他们。太子请出商山四皓，在皇上面前的分量就大不一样了。"吕泽听了他的话，回去报告吕后，吕后遂按张良之计，软硬兼施地请到了四位高人。

汉高祖十一年（前196年）英布谋反，刘邦本来打算让太子刘盈带兵征讨，但被请出山的商山四皓则出主意力促吕后出面哭劝刘邦亲征，因为他们担心太子刘盈出征后，若是无功而返，就将危及太子之位，给赵王如意和戚夫人以可乘之机。结果刘邦只好亲征英布，费了好大的劲才打胜了，自己还受了伤，吕后母子得以躲过一场严峻考验。

汉高祖十二年（前195年），刘邦讨平英布回来，改立太子的念头越发强烈，吕后内心的紧张程度也日益加剧。这期间，张良也劝谏过刘邦，但刘邦根本听不进去。吕后又派人与太子太傅叔孙通通气，让他保太子之位，叔孙通心领神会，便借一次觐见之机说古论今，向刘邦讲解太子不可废的道理，其中有言说道："当年晋献公因宠爱骊姬而废太子，立奚齐，使晋国内乱数十年不息，为天下笑柄；近者秦始皇以不早定公子扶苏，使赵高等奸佞乘机诈立幼子胡亥，自使灭祀，都是陛下亲见之事。当今东宫太子仁德孝义，天下皆闻；吕后与陛下，又是结发夫妻，早经磨难，同甘共苦，这些风雨往事，历历在目，陛下不会忘怀吧。如此贤德母子，陛下何以忍心伤害他们呢？陛下一定坚持废长而立幼，臣将立死，血溅当场！"

刘邦见他所言有理有据又合情合理，且态度坚决，不好怪罪他，就轻描淡写地说："看你说起来还没个头了，废立太子不过是我的一句戏

言，你何必如此认真呢？"

过了几天，刘邦在宫里设宴，令刘盈入宫侍酒，太子便带上了作为宾客的商山四皓同往。刘邦发现太子身边多了四位年龄老迈的随从，须眉皓白，衣着不俗，气度也非同寻常，觉得纳闷，就问个明白。四皓上前施礼各报了名姓，刘邦得知是他们，非常吃惊，有些不解地问道："我多年召请诸公，你们都有意避开我，今日诸公为何能追随我儿做宾客呢？"

四皓答道："陛下轻蔑士人，动辄骂人，臣等义不受辱，所以惶恐之中只有逃匿。我等听天下人传言，都说太子仁孝，恭敬爱士，天下之士莫不争先恐后地欲效力于太子，万死不辞，所以臣等也来追随太子了。"

刘邦闻听此言，不由得暗中惊讶，知道太子一定得到了高人点拨，看来自己改立太子的初衷是枉费了。他只好顺水推舟，对四皓鼓励一番，四人施礼而退。

刘邦目送商山四皓退去后对爱姬戚夫人说："我欲改立如意，可太子有此四人辅弼，说明太子羽翼已成，难以动摇，这一定是吕后筹划的。唉，吕后还是你的主人呀！"

戚夫人知道局势已难挽回，不觉泣下难止，含泪跳起了楚舞，刘邦在一旁为她唱起了楚歌：

鸿鹄高飞，一举千里。羽翮已就，横绝四海。横绝四海，当可奈何！虽有矰缴，尚安所施！

刘邦歌声中透出几分苍凉与无奈，戚夫人边舞边哭，竟嘘唏流涕，悲不自胜，不得不停下来。刘邦也不忍久留，离席而去。

从此，刘邦对废立太子一事绝口不提，只安排了曾让吕后感恩戴德的

汉代女服

周昌做赵王如意的相国，希望在他死后，周昌能保护爱子如意安然无恙，但未能如愿。刘邦死后，太子刘盈即位，是为汉惠帝，而心狠手辣的吕后很快就对戚姬和赵王如意母子下了黑手，残忍地处死了他们。

由他们的故事中可以看出，当年汉高祖不废太子，无疑得力于张良推荐给太子的"商山四皓"，于是高祖谓太子"羽翼已成，难以动摇"，明神宗很明白这个道理，而郑贵妃及其所属势力不明白，因而才有太子宫"梃击"之怪事，明代后宫权力和利益之争，由此可见一斑。

梃击案主谋难定，大明朝国运日衰

从主流观点来看，梃击案是郑贵妃的势力策划和实施的。但是，也有说梃击案的主谋是东林党，认为这件事的本质是党争，与争国本没有关系，因为通常一件事做下来，对哪方有利，往往便是哪方是始作俑者。梃击案表面的受害者是太子，而实际上受害人是郑贵妃和福王的势力，因为此事很自然地就让人想起谋害太子，而太子的竞争对手正是郑贵妃和福王，所以认为东林党人贼喊捉贼的可能性不小。理由如下：

首先，张差其人智商不够用的情况基本是属实的。因为任何一个智商没有问题的人，都不会豁出性命而进宫去杀太子，也不会在王之寀一顿饭的诱惑下就招供，而且地方官员蓟州知州戚延龄也查明张差确实是有疯癫病。

其次，郑贵妃为了给福王争皇位，暗杀太子的可能性也并不大，因

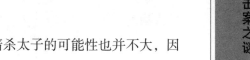

为如果是这样的话，刺客应该是一个武功高强的人，而不是一个疯子，行凶的武器也应该是刀或枪而不应该是棍子。

让一个疯子拿着一根棍子去杀太子，实在是匪夷所思，有这种想法的人，纯粹是嫌自己活得时间长。郑贵妃虽是女流，但凭她控制明神宗的手段，就知她显然不会愚蠢到这个地步。总之，疯子易于操纵，棍子不易伤人，这两个因素结合在一起，让人实难相信张差真能打杀了太子。

按常理分析，郑贵妃也不会演这个戏给自己惹嫌疑的。郑贵妃和福王已经不是第一次被人利用了，早在万历三十一年的《续忧危竑议》妖书案，就有人利用皇位的继承问题进行派系斗争，此案不过是彼案的延续。

梃击案的另一个受害者是万历皇帝，甚至可以说万历皇帝是真正的受害者，郑贵妃不过是替罪羊。因为万历帝曾迟迟不立太子饱受批评，梃击案可以引发人们对于万历帝更换太子的联想，这也是为什么万历帝要亲自出马上演亲情秀的原因，目的就是为了洗脱嫌疑。

为什么说梃击案的真正受益者是东林党呢？这就要联系到当时的政治背景。万历后期，朝廷上形成了围剿东林党的局面，东林党日薄西山。造成这种情况的原因正是由于万历帝对东林党的厌恶。梃击案一方面可以转移焦点，缓解东林党的压力，另一方面也可以反击厌恶东林党的万历帝。可以说，梃击案和之前发生的许多利用皇帝家事进行炒作的案件一样，目的都是要利用继承人问题打击万历帝。

另外，东林党人也有制造梃击案的有利条件。这是东林党人日渐式微做出的改变，他们把工作重点转向太子，因为核心人物汪文言与太子的亲信太监王安关系密切，因此具有带人进入太子宫的便利条件。并且汪文言出身刑狱，有制造刑事案件的经验，此人还长于纵横捭阖，他曾经利用非东林党人之间的矛盾，分化瓦解非东林党人，是一个很有谋略的人物。

在审理梃击案的过程中，东林党人也有炒作和制造矛盾的表现。私审张差，抛出张差第一次供词的王之案是东林党人，正是他将梃击案放大，并上报张问达，搞得举朝皆惊。而主持刑部工作的张问达也是东林党人，张差后来供出的郑贵妃宫中太监庞保、刘成，都是在东林党人控制的刑部会审时形成的，细看来，这些供词无疑都符合东林党的目标。而后来万历帝赴慈宁宫与儿子叙亲情，使此案再无文章可作，杀死张差之后，张问达意犹未尽，不依不饶，紧咬太监庞保、刘成，可谓非常积极，无非还是想对郑贵妃施以打击。

东林党人雕像

所以分析来看，东林党人在梃击案中有动机、有条件、有表现，不是没有嫌疑。而太子本人后来很可能知道事件的真相，因此急于结束这个事情，他说道："你们这些无君之臣，使我为不孝之子。"这句话从语气和逻辑上看，是有所指的，因为东林党对该案的不依不饶，已经危及到神宗和他的关系，再做下去，对谁都没有好处，所以才严词批评紧咬此案不放的东林党人。

但是，在案发和审案的过程中，却未发现该案与东林党人有任何关系，没有任何证据能指明东林党人是暗行此案者，所以单靠猜测来说此案是东林党人所为，显然是有失偏颇的，因此更多的人认为此案的发起人仍是郑贵妃及其势力。

那么最有可能实施此案的人是谁呢？其实还是郑国泰，他最有可能是梃击案主谋，因为要把"梃击案"归入东林党，证据方面实在太欠缺。虽然东林党与阉党固曾以梃击一案展开斗争，但那也是事后翻案，以当时的情形来说，把持梃击一案，想大事化小、小事化无的是齐党、楚党、浙党这"三党"中力持正义的一些正人君子，此时亦犹未有明显的东林党之迹，其后汪文言用计击破三党，东林党得握政权，而三党失意分子归入魏忠贤手下，才有东林与阉党壁垒分明的态势出现。

此三党中的结党者多为言官。神宗不览章奏，或览而不报，因而把言官纵容得放言无忌。同时，明朝的御史是参与实际政务的，如巡按御史代天子巡方，大事奏裁，小事立决，威权极重；巡城御史相当于京师的地方官。而御史台又为"三法司"之一，可以按狱，集监察、行政、司法于一身，所以因缘为利，能结成极有势力的政治集团。

《明史·夏嘉遇传》：台谏之势，积重不返，有齐、楚、浙三方鼎峙之名。齐则给事中亓诗教、周永春，御史韩浚；楚则给事中官应震、吴亮嗣；浙则给事中姚宗文、御史刘廷元，而汤宾尹辈阴为之主。

又《明史·孙丕扬传》：先是，南北言官群击李三才、王元翰，连及里居顾宪成，谓之"东林党"。而祭酒汤宾尹、谕德顾天埈各收召朋徒，干预时政，谓之"宣党"、"昆党"，以宾尹宣城人、天埈昆山人也。御史……给事中……则力排东林，与宾尹、天埈声势相倚，大臣多畏避之。

由此可知，汤宾尹和顾天埈是从顾宪成的作为中得到启发，开始收召门徒，结党自固。但"祭酒"、"谕德"是讲学之官，无法直接干预政事，于是他在台谏中的门徒，自然而然分成齐、楚、浙三党。而为郑国泰在"梃击"一案中大卖气力的是浙党。

不管党争如何，梃击案随着案犯的处理完毕而全部结案，即便是"拥长"一派最坚定的官员，大概也觉得可以了，起码郑贵妃的气焰已被彻底打了下去。

梃击案在之后的数百年中，也不断有人怀疑，张差作案手法如此之拙劣，这会不会是"拥长"一派官员使的苦肉计。就像妖书案里的"妖书"作者一样，这个拿着棍子就想打杀皇太子的张差，难道不会是倒郑官员们收买的一位"死士"？他攀扯出来的庞保、刘成，谁能担保不是无辜的？但这种可能性十分微小。如果张差是倒郑官员募来的死士，故意以拙劣的手法惊扰太子，然后给郑氏一门泼污水，那么，就会有诸多的环节，很难妥善完成。

首先，张差如何能混进东华门，在大小宦官的眼皮底下直闯慈庆宫。明代外人混进宫内看热闹的事，倒是也有一些。张居正初任首辅的时候，就有过一个"王大臣案"。但这类事情，必然与太监有一定的瓜葛。以外廷的官员，去和内廷太监勾连，将张差送进宫去，难度实际相当之大，暴露的风险也就很大。

其次，在张差终于意识到要丢命的时候，如何能使他不吐露倒郑官员们的阴谋，这在技术上实际是很难处理的问题。况廷臣这一方，并不是铁板一块。保郑的官员们也在严密监视对方的举动。要保证张差至死也不吐口，需要做很多手脚，其难度之大，可想而知。

所以，张差应该还是庞保等人找来的打手，目的倒不一定是要杀死太子，而是依仗郑贵妃之势，想欺负一下太子而已，甚至不排除有解恨出气的心理在内。庞保等人在权势的庇护下，自我感觉失真，把大事当成了儿戏，策划太过粗糙，事前又没有料到万历帝竟把张差交给了刑部审理，脱离了他们的控制范围，终于酿成杀身之祸。

时间进行到这里，万历年间的所谓"国本"之争已延续了三十年。三十年间，君臣为了皇帝的家事，斗气不止，而大明的国势怎么样了呢？早在明朝"第一相"张居正去世的时候，给万历帝留下的，是一个殷实的家底。由于"一条鞭法"利国便民，到万历十年，太仓（国家仓库）粮食可支用十年，国库存银近八百万两。在政治、军事方面，也是一副大国气象，官吏勤于政事，"四夷"无不宾服。

万历皇帝墓中宝座

从那时候起，万历皇帝要是稍微像个有为明君的样子，就会让明朝出现伟大的中兴。但是，偏

偏万历皇帝却不是那块料。他虽然聪明，但过于懒惰，一个国家的首脑只要有几年不干正经事，那国势也就很快垮下去了，何况万历皇帝几十年不上朝，还大开矿监税监、鱼肉百姓呢？正是万历皇帝的不务正业，使大明朝回天乏术，造成了规模宏大的明末农民起义和关外满洲势力的兴起，两者的力量直接埋葬了明王朝。

红丸案之谜

第三部分

明神宗贪财上瘾，开矿税造恶天下

明神宗万历年间，皇太子朱常洛处境尴尬，虽身为太子，却不受父皇器重，更得时刻提防来自郑贵妃势力的暗算。"梃击案"后，虽然情况有所好转，但朱常洛仍然不敢掉以轻心，好在郑贵妃主动示好，朱常洛心中稍安，但仍战战兢兢，度日如年。

这个时候的大明王朝，内忧外患并起。国内由于苛捐杂税严重，官员横征暴敛，民愤大起，百姓生活困苦，各地小规模起义不断。造成这种情况的首要原因，不得不说是明神宗不理朝政、治国无能、贪得无厌造成的。

明神宗这个皇帝，不仅以懒闻名，而且贪财也是闻名的。史载：明神宗"好货成癖"，即贪财上瘾。张居正死后，他再无约束，不放过任何机会聚敛钱财。臣僚们不断上奏，请他豁免房税，停买金玉珠宝，减免织造。他一概留中，不予理睬。

"矿税"正是万历皇帝的发明。矿，指的是派太监到全国各地去开矿。税，指的是派太监到各地去额外征税。开矿、征税，都是为了敛钱。正如明清史学大家孟森先生所言："帝王之奇贪，从古无若万历者。他之所以派太监去搞矿税，就因为太监不是士大夫，没有法制观念，可以尽搜刮之能事。"

万历二十四年（1596年），坤宁宫发生火灾，扑灭不及，连乾清宫一起烧为灰烬。这两殿是朝廷的殿堂，国家的象征，当然要重修，重修就免不了要大兴土木，但兴修两宫宫殿是一项很大的工程，需要大笔经费，钱从哪里来？当然还是从老百姓身上出。在此之前，有人向朝廷报告阜平、房山等地有矿，请派官开采，因内阁大臣申时行、王锡爵等反对，未能实施。但对于开矿取利，神宗一直是跃跃欲试。两宫火灾后，府军前卫副千户仲春建议开矿以助"大工"，正中他的下怀。神宗派户部郎中戴绍科、锦衣卫指挥张懋、太监王虎随仲春在京畿地区开矿，由王虎总领其事。仲春得计，锦衣卫和其他卫所的军官，各衙门的下层官僚，纷纷效仿，争走阙下。神宗有请必准，先后派太监到北直隶地区的真定、保定、昌黎、迁安、昌平、涞水，以及山东、湖广、辽东、江西、浙江、陕西等地开矿，开矿太监遍布各省。

贵为皇帝，为什么还要贪财？是因为他总觉得，天下还有数不清的银子没搜刮上来。他派太监去敛钱，就是为了绕开中央政府，拿到的钱直接入内廷，不与中央财政分享。以开矿的办法弄钱，万历说得很堂皇，说是因为"安忍加派小民"，但实际执行起来，就不是那一回事。因为派去的太监，自幼生长在深宫，对经济、民生一窍不通，哪里会懂得开矿，不过是横行霸道、贪赃枉法、一味扰民而已。

明代后建的坤宁宫

明末四案之谜

万历二十六年（1598 年），神宗又向各通衢大邑派设税监。矿使、税监基本上是二位一体，主持开矿者，同时又兼征税收。此外，有的太监只是专职征税，比如，梁永为陕西税监，马堂为天津税监（兼辖临清），杨荣为云南税监，高寀为福建税监。

从万历二十五年（1597 年）到三十三年（1605 年），各路矿使、税监共搜刮白银三百万两，并不时奉献金珠、貂皮、名马等。在聚敛财富的过程中，报矿者经常是无中生有，矿使却是不管有无，据其所报便招矿徒开采，编富民为矿头，随意征用民夫。陈增在益都县境内开矿，每天征用民夫上千人，许多人无辜死于矿难。采矿赚钱较慢，这些矿使开始直接向人要钱，于是富民也很快成为盘剥的对象。税监则到处树旗建厂，巧立名目，米盐鸡豕，无不征税。

这些骄横的奉派太监，激起朝野官员的激烈反对。吏部尚书李戴上疏揭露矿使、税监聚敛财富。以十分计算，为皇帝所用的不过一分，而矿使、税监本人私入腰包的却有二分，他们的随从人员就地瓜分三分，当地土豪、恶棍中饱私囊，占去了四分。

凤阳巡抚李三才说："陛下爱珠玉，民亦慕温饱；陛下爱子孙，民亦恋妻孥。奈何陛下欲崇敛财贿，而不使小民享升斗之需；欲绵祚万年，而不使小民适朝夕之乐？"他把派遣税监、矿使比作暴秦之举。

有些地方官吏对差派的太监采取强硬的措施，与其斗争不断。太监潘相去上饶县查勘矿洞，事先通知知县李鸿，希望有所照应。李鸿却禁止百姓供给食物，违令者处死。潘相在山上奔走终日，饥渴难忍，疲惫而归。像李鸿这样的官员在当时十分难得。官员公然对抗矿使、税监是要准备吃苦的，只要被指控阻挠开矿，轻则降职罢官，重则下狱治罪。

万历三十年（1602 年）二月，神宗患病，一度曾想罢去矿使、税监。他把首辅沈一贯召入后殿，谈及要把派出的内监全部传回："矿税因大工权宜，今宜传谕，及各处织造，陶器具停。"沈一贯忙回内阁拟旨，庆幸几年来的苦谏有了效果。谁知第二天神宗身体康复，又派宦官二十多人到内阁追回了前旨。

明神宗竭泽而渔，万历时民变不断

明神宗开矿监和税监这种竭泽而渔的政策和太监们令人发指的暴行更激起了民众的强烈反抗。不久后，明神宗也成为万夫所指的昏君皇帝，以至张居正之后的万历年间民变不断，武昌、苏州、景德镇、临清等地群众相继发动"民变"，驱除和制裁矿使、税监。但明神宗却不为所动，依旧藏于深宫，过着属于他自己的潇洒快活的日子。

万历二十七年（1599年）二月，朝廷御马监六品奉御陈奉被派到湖广地区兼理矿税。他僭称"千岁"，在地方胁迫官吏，纵容随从人员劫掠行旅、坑害商贾，还闯入民家奸淫妇女。人人恨不能得而诛之。

一天，陈奉从武昌去荆州敛财，有商民数千人得知后聚于其途经之处，投掷瓦石袭击陈奉一行，势不可挡。地方官吏拼死掩护，陈奉才得以逃脱。但事后陈奉非但不知感谢，反而利用这一事件打击府、州官员。首当其冲的是蕲州知州华钰，因为他曾经鞭挞陈奉的仆从，袭击事件发生时又不在现场，有失维护之责；其次，襄阳知府李商耕，他曾治办过陈奉的参随人员。于是华钰被关押了好几年，李商耕被贬官，其他受牵连的府、州、县官员有数十人。

后来有人告发兴国州民徐鼎等挖掘唐朝宰相李林甫妻墓，得黄金万计。神宗闻讯，赶紧命陈奉去查收这笔钱，并将这笔财富送进内库供其花销。这下陈奉更加有恃无恐，不但照办，还在其辖区境内大掘古墓，

明末四案之谜

大造冤狱，毒刑拷打被告，刀剖孕妇，溺死婴儿，激起当地社会更大的民怨。

这期间，汉口、黄州、宝庆、德安、湘潭等处，都发生小规模的反抗。年底，被辱诸生之妻赴官哭诉，万余市民尾随其后。巡抚等衙门不敢受理，愤怒的人群转向矿税监衙门，以石块为武器击伤了陈奉。官衙赶紧派甲士千人前来保护，于是陈奉气焰复又嚣张。他发射火箭火炮烧毁民宅，让士兵对百姓大打出手，许多市民死于甲士手下，造成严重的流血事件。

当时分巡武昌、汉阳、黄州三府的按察司金事冯应京公开站在市民一边，逮捕了陈奉的爪牙。事变后，他愤然上疏，陈述陈奉的十大罪状。但神宗因陈奉交上来的钱多，还是护着陈奉，结果冯应京反被陈奉告倒。万历二十九年（1601 年）三月，朝廷派缇骑到武汉，捉拿冯应京进京问罪，贬官调职。

这下陈奉更得意了，他让人在交通要道上张贴榜文，罗列冯应京"罪状"。武汉一带市民看不过，聚众数万攻打陈奉宅第。陈奉躲进楚王府，一个多月不敢出门。市民们抓住陈奉左右十六人，投入长江；因巡抚曾经助恶，市民又放火烧了巡抚衙门。

武昌民变虽未使神宗有所改变，但多少也使他震动，加上太监内部的矛盾、江西税监李道狗咬狗般告发陈奉侵吞财物，神宗才得知陈奉未将搜刮的钱财如数交到自己手中，最终把他召回。

税矿太监不但欺压百姓，他们之间还会因争地盘而大打出手。天津税监马堂和山东矿监陈增就曾为抢夺地盘发生争执。神宗为二人调解，命马堂在临清征税，陈增在东昌征税。临清州虽然属东昌府，但处水陆交通冲要，一直是重要钞关，马堂到临清所带随从数百人，非偷盗之徒即市井无赖。他们手持锁链镣铐，白日夺人资财，遇有抗拒者，乱加违禁的罪名，锁起来就走。马堂还规定，家僮告发主人，没收财物，七分归官，三分归告者。临清州中产之家多破产，远近罢市抗议。

一天，万余州民放火烧了马堂的税监衙门，击毙他的随从三十七

明末四案之谜

【第三部分】红丸案之谜

人。守备王炀率士卒二十多人冲入，背负马堂而出，马堂的手下反告他肇事，将他逮捕。王炀最后死于狱中。官府追拿参与事变的人，州民王朝佐挺身而出，自认发难者，英勇就戮。临清人民曾建立祠堂来纪念他。

万历二十七年（1599 年），太监杨荣往云南采矿。因他在云南虐待诸生，结下了第一层怨；诬告云南府知府蔡如、赵州知州甘学书等，并且将二人下诏狱，结下了第二层怨；要丽江土司府退出他所管辖的地盘，以便开矿，结下了第三层怨。

万历三十年（1602 年）三月，云南腾越（今云南腾冲）民众聚众起事，烧毁厂房，杀死税监衙门驻腾越代理人张安民。这是一个警告信号。但杨荣有恃无恐，继续作恶，杖毙民众。因为卫所军官不那么听话，他把一个指挥使戴枷示众，把另一个指挥使关押起来，并扬言要把卫所军官全部逮捕，使其人人自危。

万历三十四年（1606 年）三月，指挥使贺世勋、韩光大等率万余市民冲入杨荣府第，放火烧房，在混乱中杀死杨荣，将其尸首投入大火。杨荣的随从也有二百多人丧命。在诸多民变中，税监、矿使虽都像惊弓之鸟，但只有杨荣当即被杀。杨荣初到云南时，密奏神宗，说阿瓦、猛密等地有宝井，一经开采，每月可增加收入几十万，这当然有很大的诱惑力。对于杨荣的死，神宗因未多得钱财还深感悲戚。

苏杭之地一直是明廷的重要税务来源地，明神宗安排身边的孙隆任苏杭织造太监，署衙在苏州，万历二十七年（1599 年），孙隆又受神宗命代收该处税课。万历中期，苏、杭织造不断增加征收，已是不小的负担。织造太监对当地人民，特别是对织工的盘剥，已很严重；再兼税监，孙隆更成为群众所痛恨的人物。万历二十九年（1601 年），为反对加税，苏州市民蜂拥而起，包围了税监衙门，杀死孙隆的随从六人，孙隆狼狈逃往杭州。参加这次事变的主要是机工。神宗命抚、按衙门追捕"乱民"，织工葛成（又名诚、贤）独赴官府，一力承担。他被判死刑，关在狱中，但没有执行，十多年后被放出。

明清时苏州巡抚衙门

明神宗命尚膳监监丞高淮出任辽东税使，高淮恣横不法，每开马市就强夺好马，再逼令驻军以高价购买次马，吏民稍不合意，全家受牵累。他甚至调动兵将干预军事。万历三十一年（1603年）夏，高淮率家丁三百人，打出将军旗号，击鼓鸣金，扬言要入京谒见皇帝。该队驻扎广渠门外，京师大为震惊。大臣们说，高淮擅离职守，挟兵潜往京师，是数百年来未有之事；他自称镇守，协同关务，也是荒唐至极。谁知神宗不但不降罪，反而存心祖护，说高淮是奉他的命令行事，这下使得高淮更无忌惮。之后他肆意召募死士，出塞射猎，与边将争功，扣除军士粮饷，山海关内外无不受害。

万历三十六年（1608年）四月，前屯卫发生骚乱，士卒齐声呼喊："愿食高淮肉而甘。"六月，高淮派人去锦州等地向军户索贿，军户愤怒，杀来人，聚众千余人围攻高淮衙门。高淮恐惧，奔入关内，告同知、参将逐杀钦使、劫夺御用钱粮，在边民间造成更大的动乱。因局面完全无法收拾，神宗才把高淮召回，却并未治罪。

万历二十八年，京畿及附近各省出现灾荒，百姓又苦于矿监、税使的骚扰，"兵民多起为盗"。浙江山阴人赵一平"惯习妖妄"，与其妻王氏"造为指南经等妖书"，派人"投散各省会，以及两京"，准备起义；

而"其实渐彰","惧祸及","乃走杭州",又赴徐州。后改名赵古元，自称宋朝皇室后人，"与其党孟化鲸等招集亡命"，在徐州和丰、沛等地招集逃亡的流民和拼死起义的农民，约定明年二月诸方并起，先取淮扬，次取徐州，再取金陵与北京。未及发动起义，计划泄露，遭到徐州兵备徐光复等人的镇压，主要首领陆续被捕；赵古元逃到宝城被获，同年十一月被杀于北京。

此外，广东、广西、江西、陕西等地也先后发生"民变"。可以说万历年间的民变遍布各地，规模巨大，动辄万人，表明"市民"的力量有了很大的增长，其中城市的劳动者（如机工）和商人占有相当大的比重。这是一个值得注意的历史现象。另一方面，民变是市民各阶层和反对宦官集团的封建士大夫阶层的联合行动，起重大作用的往往是诸生、乡绅，或者受欺凌的中下层军官，但无论是什么阶层，其原因都是明神宗的贪婪本性造成的。

明末四案之谜

明王朝边患不断，女真人崛起满洲

而在外患方面，东南沿海一带仍常有倭寇骚扰抢掠。但对明朝来说，最大的隐患，无疑是东北地区的女真族，这时努尔哈赤已在关外崛起，后来大明国的国土被努尔哈赤的子孙夺取，终至亡国。

女真的崛起，是万历年间新出现的一大忧患。在万历朝以前，大明的边患已达百年，一直受蒙古部落（鞑靼）的袭扰，女真部落还成不了什么气候，直到努尔哈赤的出现。

对女真各部落的的控制，在明朝可谓源远流长。早在永乐年间，大明就在黑龙江西来支流亨滚河（在今俄罗斯境内）的河口对面建立过奴尔干都司。这是个军政合一的基层政权，专为镇抚女真所建，虽然后来到了宣德年间衰落了，但明朝对女真的羁縻始终没有放松。明朝对女真总的政策就是恩威并用，以军威震慑为主，辅以授衔、互市（边境贸易）等恩惠手段。这一政策，实践证明是行之有效的。特别是自隆庆四年起，辽东总兵李成梁镇守辽东二十二年，对女真各部又拉又打，分而治之，女真崛起的势头一度被彻底打垮。

当代史家在分析万历末年的"辽事"时，有一个观点是说辽东的平安，一是取决于边帅对女真的驾驭手法是否得当；二是女真方面必须是安于现状，不能出野心家。

在万历的后期，这两方面恰恰都出了问题。一是李成梁在第二度出任辽东总兵时，对女真处置失当；二是女真恰恰出了个雄才大略的部落首领努尔哈赤。

先说李成梁，他祖籍在朝鲜，在高祖一辈就归顺了大明，其家族世代为将。李成梁镇辽前期是立有大功的，他与鞑靼交战，"先后奏大捷者十"，打得辽东的鞑靼部落狼狈不堪。后来，日本的丰臣秀吉侵略朝鲜，李成梁之子李如松带兵支援朝鲜，将丰臣秀吉打得几乎全军覆没，功劳是很大的。在那时，东北的女真部根本不足为患。

可是李成梁权势渐大、名望渐高之后，也养成一些臭毛病，最主要的就是骄奢无度，贪污腐败。他长期垄断辽东的军用物资、马政、盐课、市赏，史称"全辽商民之利尽入囊中"。为巩固自己在辽东的地位，他又把贪污来的钱在朝中遍贿权门，结纳朝臣。朝中的实权人物没有没沾过他好处的，连宦官都乐于给他通风报信。

李成梁为人非常狡滑，他知道如果完全消灭了蒙古和女真的反对势力，那么他这个镇辽总兵也就没用了，所以他对这些明朝的敌人边打边纵容，有时还故意让他们闹事，以便从朝廷那里得到经费。到后来，李成梁的纵容程度发展到敌人入境后，他拥兵观望，掩败为胜，滥杀边民冒功。他的所作所为，使他终于在万历十九年被参倒。他这次离职有十年，辽东八易其帅，但这期间却没有一个能胜任的。出身于建州女真的努尔哈赤就是在这一期间瞅准空子统一了女真各部，成了一股不可小视的军事势力。

努尔哈赤，金国女真族后裔。金国被蒙古灭亡后，遗族逃到东北，后来和这里的汉族人频繁接触，商业交换迅速增加，经济生活大大发展，日渐强盛起来。到了万历初年，女真族大体分成了四大部，即建州女真、长白女真、海西女真、东海女真。四部都称王争霸，以强凌弱，以众击寡，互相掠杀，甚至骨肉相残。建州女真内部，同样是争财夺货，动辄厮杀交战。这种分裂割据、战乱不息的局面，给女真民族带来深重的灾难，广大女真人民都希望从分裂和仇杀中解脱出来。历史创造了条件，爱新觉罗·努尔哈赤应运而生，他用杀戮的手段，将女真统一。

清朝的史官为了颂扬圣明，说爱新觉罗氏的祖先是仙女吃了鲜果之后诞生的，后来他用柳条编成一个筏，乘筏渡河，来到一个村子。村子里的人看见他漂到此处，非常惊异，就将他奉为主子。恰巧村子里有一个老人喜欢他俊伟的模样，就以爱女相配，此后他便安心居在那里。村

赫图阿拉城址

民们连接成一个堡寨，称为鄂多哩城。从此子孙代代相传，一直传到孟特穆才移住到赫图阿拉。孟特穆的第四代孙子，名叫福满。福满有六个儿子，第四个儿子觉昌安生了好几个儿子，其中第四个儿子塔克世就是努尔哈赤的父亲。

努尔哈赤长大后勇武异常。当时，明总兵李成梁镇守辽东，与图伦城的尼堪外兰合兵攻打古埒城。古埒城的主子阿太章京的妻室是努尔哈赤的堂姐。觉昌安担心孙女的安危，就带着塔克世率兵支援，结果死于乱军之中。

努尔哈赤是个既平凡又不平凡的人物。他跟十三世纪蒙古帝国的开创人成吉思汗铁木真的遭遇很有几分相似，都是幼年丧亲，漂泊流浪，在艰难困苦的环境中经受磨砺、增长见识和才干、开阔胸襟和智慧，终于练就了能担大任、做大事的性格和能力。

公元 1583 年，二十五岁的努尔哈赤以为祖父和父亲报仇的名义，以十三副遗甲、数十名部众起兵，攻打建州女真的另一支——苏克苏浒河部酋长尼堪外兰的图伦城，尼堪外兰弃城逃走；公元 1584 年，努尔哈赤攻占兆佳城和玛尔墩寨，降服了董鄂部；公元 1585 年，努尔哈赤进攻界凡寨，击败界凡、萨尔浒等五寨联军八百人，征服了浑河部；公元 1586 年，努尔哈赤攻占克鄂勒浑城，杀尼堪外兰，控制了苏克苏浒河部；公元 1587 年，努尔哈赤收服哲陈部；公元 1588 年，努尔哈赤收服完颜部。至此，周边女真各部都来归附，努尔哈赤用六年时间统一了建州女真。

满洲人建立后金，李成梁蠢招丢地

　　努尔哈赤的过人之处，因为他的勇猛顽强，身先士卒，常常能以少击众，屡克强敌；还因为他的聪明和才略，始终把征讨范围限定在建州女真内部，使其他各部女真有"他人家事不容置喙"的顾虑而不好出面干预。他避免与强大的海西女真发生冲突，对蒙古、朝鲜，也使用着"远交近攻"的古老策略，这个著名的策略产生于春秋战国时代，努尔哈赤不时地进行笼络、表示亲睦；而对明朝中央政府，则更是恭顺，年年遣使通好，岁岁进贡人参、貂皮，努尔哈赤自己也多次亲赴北京朝贡。

　　明神宗虽然深藏于后宫中不见人，但对于财物还是来者不拒的，所以努尔哈赤的努力没有白费，他果真赢得了大明朝廷的信任。公元1589年，明廷授努尔哈赤为建州卫都督佥事，也就是建州军区的第三把手，成了朝廷的高级将领；同时，他还从朝廷那里获得了约束叶赫、哈达等53部女真的权力。公元1591年，努尔哈赤晋升为建州卫左都督，并因为管束女真各部有功，给他加号"龙虎将军"。建州女真的统一和努尔哈赤的迅速崛起，无疑对女真各部形成了重大威胁；实力不弱于它的海西女真，怎肯低声下气地服从建州女真酋长的管束？对努尔哈赤获得的权力和荣誉，女真各部又怎能不嫉恨眼红？

　　公元1593年，海西女真叶赫部首领纳林布禄，集合了乌拉、哈达、辉发及长白女真的珠舍里、纳殷两部，蒙古的科尔沁、锡伯、卦尔察三

明末四案之谜

部，共九个部落的三万联军，以绝对优势兵力，分三路向努尔哈赤发动进攻。

一场大冲突势所难免，一场大战迫在眉睫。这是努尔哈赤起兵以来第一次关键性的大战役，生死成败在此一举。面对这样巨大的压力和威胁，处于被围歼的危险中，再坚强冷静的人也会不安，也会心里打鼓。而努尔哈赤凭借着"任其来路多，我只一路去，诱敌深入，拼力一战，专打叶赫部"的作战方案，率领部队击败叶赫，活捉乌拉部首领布占泰和科尔沁部的明安贝勒。布占泰与其弟自尽而亡，明安贝勒被捉后投降，后被放回。第二年，明安贝勒遣使通好。后来，喀尔喀五部贝勒相继与之通好。

努尔哈赤的非凡之处，还在于他胜利之后并不头脑发热膨胀，并不一味求助于军事对抗。他深知通好的最牢固的方式是联姻。他本人先后娶过十六位妻子，除了大福晋佟佳氏是糟糠之妻外，其余皆是"战利品"、"贡物"或"交易物"。因此，他积极响应明安贝勒，遣使通好，厚加赏赐、馈赠，直至联姻。他自己就娶了科尔沁部明安贝勒之女和郡王孔果尔之女为妻，又令诸子陆续迎娶蒙古各部首领之女。

万历四十二年（1614年）四月，蒙古扎鲁特首领钟嫩亲自送女至建州，嫁与努尔哈赤次子代善为妻。努尔哈赤令代善亲自迎接，设大宴以隆重的礼节成婚。接着，该部另一首领内齐嫁女与努尔哈赤第五子莽古尔泰。同年，科尔沁部首领莽古思在古勒山之战中同明安贝勒一样被俘又没有被伤害，而是穿上锦衣，骑着战马率部返回。之后，莽古思把女儿哲哲嫁与努尔哈赤第八子皇太极。十二月，努尔哈赤与蒙古再次联姻，其十子德格类迎娶了扎鲁特首领额尔济格之女为妻。在这之前的百余年间，女真部落被称为珠尔齐特，是向蒙古大汗进贡称臣的属国、奴仆。如今开始了友好往来和通婚，女真与蒙古能够平起平坐了。

明万历四十四年（1616年），建州女真族的首领努尔哈赤统一了分裂的女真各部，建立起后金政权，定都赫图阿拉（今辽宁省新宾县），割据辽东，改元天命。

还是在万历二十九年时，万历皇帝就感觉到了这个建州女真绝非善类，需要认真对付。不得已，他只好又起用了老将李成梁。但李老将军那一年已经七十六岁，再任辽东总兵后，不复当年雄风，而是采取了一个不可理喻的败招，将孤山堡等新开拓的八百里疆土轻易放弃，发大军驱赶边民迁回内地，造成百姓死伤狼藉。此举完全是向女真示弱，有官员弹劾李成梁的蠢举，但万历皇帝只是迷信他类似"坚壁清野"的方略，对反对的奏章一概不理，抗辽之事由此大坏，局面终于到了不可挽回的地步。

此外，由万历帝派往辽东的矿税太监高淮也非常飞扬跋扈，他骚扰辽东十年，直闹得民怨沸腾。百姓编了歌谣，讥刺高淮对辽东人民恨不能敲骨吸髓。廷臣对高淮的弹奏也如同雪片，兵部尚书李化龙有言："高淮去则辽东安，高淮在则辽东亡。"阁臣朱赓也说："识者谓，天下有难必自辽始。"但万历一心敛财，对好言就是不听。直到他发现高淮确实骚扰地方、克扣军饷，已造成"军士卧雪眠霜，劳苦万状，九死一生"，才将高淮撤回。但辽东军民困乏已极，再图振作，已为时过晚了！

万历四十六年（1618年）四月，努尔哈赤羽翼丰满，以杀父之仇等"七大恨"告天下，誓师讨明，要和大明决一雌雄。万历帝才知事情不好，急忙任命老将杨镐经略辽东，于四十七年正月发四十万大军，分四路出兵，与后金决战。

但此役在部署时就存在很多问题。第一，冬季大雪时机不利；第二，万历帝、内阁与兵部过于轻敌；第三，前方统帅杨镐指挥无能；第四，四路大军兵力分散、互不协同。

努尔哈赤事先对明军的部署与进程了如指掌，他率军以逸待劳，各个击破。在浑河南岸萨尔浒一带，后金军队全歼明军杜松一部，又击败马林一部、刘绖一部。明辽阳总兵刘绖因消息不灵，孤军深入而战死。仅李如柏一部未等接敌就得到消息，无损而退。

这一仗，明军死伤惨重，大败而归。败报传回，京师震动，后来朝廷虽然起用熊廷弼经略辽东，以守势稳住了局面，但大明与后金从此强

努尔哈赤像

弱易位，后金开始了对明朝不断地侵略。

努尔哈赤是个高明的军事天才，少年时的不幸遭遇锤炼了他的容忍力与倔犟的性格，也使得他办事果敢。萨尔浒大捷让他歼灭了明朝在辽东地区的有生力量，他一不做二不休，从此加紧对明朝的战事。1621年三月，努尔哈赤攻取沈阳后，又乘胜攻克了辽阳城，四月迁都辽阳。1622年正月，努尔哈赤率领大军西渡辽河，攻下了明朝的军事重镇广宁（也称北镇）。1625年迁国都于沈阳。此时，后金国主努尔哈赤完全扫除了明朝在辽东地区的势力，接下来，努尔哈赤的主要目标便是对付大明王朝了。

明帝国病入膏肓，万历帝一病不起

内忧外患之下，神宗皇帝却仍能安之若素，在宫中深居简出，不闻不问，并拒绝纳谏，机要大臣都没有机会见皇帝一面，都不知他在宫中做什么。

当时京师发生了大地震，南方淮水决堤，湖广、福建发生大饥荒，甚至乾清宫、坤宁宫相继失火，仁圣皇太后陈氏驾崩这样的天灾人患纷至沓来，神宗都能做到不管不顾，只是派宫中太监四处组织开矿从中发财。但太监们只会中饱私囊，开矿之事大都没有成效，很多太监还勒索百姓以偿神宗想得的钱财，要是富家巨族，就诬陷他盗矿；若有良田美宅，就说下面有矿脉；接着又增设各省的税使，横征暴敛，后来甚至连民间的米、盐、鸡、猪都要征税，全国的百姓痛苦不堪。

随着大明帝国病入膏肓，万历皇帝本人也一病不起。但由于他不上朝，大臣都不知道他是不是病了，只有郑贵妃了解他的情况。

因神宗生了病，他更不愿意见人了。礼部尚书陈于升早晚殚精竭虑，屡次请求觐见神宗都没有成功，没过多久便积忧成疾，郁郁而死。朝廷于是另用前礼部尚书沈鲤、朱赓入阁办事，以沈一贯为首辅。

太子朱常洛的婚礼刚刚结束时，朝中大臣入朝庆贺。忽然圣旨传出，说皇上患病，召诸位大臣到仁德门听诏。大臣们来到仁德门，见一名太监匆匆出来，召沈一贯入内。沈一贯跟着他进入启祥宫，直达后殿的西暖阁，只见神宗还穿着平常的衣服，却席地而坐。看到李太后站在皇帝后面，太子和诸王都跪在皇帝面前，沈一贯不由得诧异不已。沈一贯定了定神，向神宗叩头请安。神宗命他上前，怆然说道："朕忽然患病，恐怕会一病不起。自认为继承大业的这三十年间，没有什么大过。只是因为宫殿没有竣工，暂时开矿、加税。现在开矿、加税事宜应该可以和江南织造、江西陶器一并停止。所有派出去的太监一概还京。让法司把关押已久的罪犯释放，因为上言而获罪的大臣也全部官复原职。"说完，就让左右将他扶起，然后就寝了。沈一贯叩谢而出，拟好圣旨呈了上去。

当晚，内阁的九位大臣都到朝房值班。三更天的时候，太监捧着圣旨出来，大致和面谕说的一样。不料等到天亮的时候，有太监前来，说是皇上病愈，准备追回之前的话。沈一贯听了这话，还在沉思，旁边的太监已经等不及了，一再催促，沈一贯不得已，只好取出之前的圣旨，让他们带走。那个时候，司礼太监王义正在皇帝面前力争，说是金口一开就不能反悔了。神宗置之不理，王义还想再次阻谏，中使已经拿着圣旨进来复命了。

王义顿时气愤难忍，愤然退下。他来到内阁时，正巧与沈一贯相遇，王义一口唾沫吐在沈一贯的脸上说："好一位胆小如鼠的内阁宰相！"沈一贯毫无头绪，不知道怎么回事。王义又说："矿税对民间骚扰已久，宰相难道不知道吗？如今好不容易有个机会下令撤除，宰相只要稍稍坚持，马上就会革除弊政，为什么要把圣谕退回去？"沈一贯这才知道自己错了，只好唯唯谢罪。从此不论是大臣还是言官，再请革除弊政的时候，神宗都没有了答复。

大学士方从哲，以及吏部尚书赵焕等人先后请神宗临朝，召见群臣，当面商议战守方略，他都是置若罔闻，仍然在后宫享乐。没过多久，神宗病真的重了，半个月吃不下东西。外面的大臣虽然有些耳闻，却始终得不到准确的消息。

王安交好汪文言，杨涟巧说方从哲

一天，中书舍人汪文言去拜访主管后宫的大太监王安，刚一进屋子，王安就急忙说："文言，事情紧急！你赶快回去见杨涟、左光斗二公，告诉他们皇上已有半个多月不怎么进食了，内阁和九卿都毫不知情，眼下皇上身边只有郑贵妃一人，万一有变，后果难料！请杨、左二公尽快设法。"汪文言听了，顾不上擦汗喝茶，转身出了门，跳上马直奔杨涟寓所。

汪文言，本名汪守泰，南直隶徽州府歙县（今安徽歙县）人。狱吏出身，为人智巧有侠气、饶具谋略，年轻时因监守自盗获罪，逃到了京师，投奔王安门下，因能言善辩，又具才略，遂和杨涟、左光斗、魏大中过从甚密。刑部郎中于玉立派遣他入京探事，用钱买为监生，用计离间齐、楚、浙三党，从此东林党独大。在东林党内阁首辅叶向高的扶持下官至中书舍人，与东宫伴读的王安相结纳，关系很是亲密。

汪文言来到杨涟家中，赶紧将事情相告，时任户科给事中的杨涟也深感事情蹊跷，哪儿有皇上病重，不火速召见太子之理？如今皇上身边只有郑贵妃，前代假传遗诏篡位的例子还少吗？他感到事态严重，便连夜去了左光斗家。二人商议了一下，认为眼下当务之急，首先是敦促首辅方从哲去皇宫问病，若皇上确实病危，也许能听到一些遗言及有关日后的安排，免得被他篡改。

杨涟，字文孺，号大洪，湖广应山（今属湖北广水）人，明代著名谏官。杨涟的青年时代，正是"东林"方兴的时期，他对于顾宪成等人以天下为己任、不畏权势、敢于訾议朝政的气节非常敬佩，每遇东林讲会，他一定千方百计赶到无锡，与东林诸君子探讨性理之学，共商治国之道，彼此志同道合，逐渐成为东林党的后起之秀。万历三十五年（1607 年），杨涟考中进士，当了常熟县的知县。为了真实了解当地民情，他常常青衫布履，深入田间、民舍，微服察访，"遍知闾里利病"。深受当地群众的拥戴。后因"举廉吏第一"，升为户科给事中，不久又改为兵科给事中。

杨涟为人光明磊落，不肯巴结权贵。当时神宗已多年不见朝臣，郑贵妃与外朝的官吏多有勾结，垄断后宫，离间神宗与太子朱常洛的骨肉之情，居心叵测。杨涟识破了郑贵妃的阴谋，深深为太子的前途和命运担忧。在他看来，太子是一国之本，"国本"动则天下乱。因此他把稳定太子的地位与爱国忠君联系在一起，坚决支持太子朱常洛。

杨涟画像

第二天一早，杨、左二人就来到了方从哲府邸，方从哲此时独任阁臣，此时正与门生亓诗教商量增补阁臣的事情。三个月前，王皇后病逝，方从哲与众官哭临完毕，被皇上召见于弘德殿，方从哲趁机向皇上提出"缺官"问题：内阁仅自己一人，部院的堂官（尚书、掌院）也只四五人，都御史一职常年缺官，科道官缺官最严重，如今只十余人。他还举了个例子，都察院下设十三道御史，应有御史百员，如今仅有五人，有个御史叫孙居相的，一个人兼任七职，另外还代管着都察院其他各道的官印。这一次皇上总算动了心，答应先补充两名阁臣，并且有意于礼部侍郎刘一燝和何宗彦。眼下方亓二人议论的正是此事，就在这时，家人前来报告说杨、左二位大人求见，方从哲便吩咐家人把二位大人请到书房。

方从哲，字中涵，祖上为德清（今属浙江省湖州市）人。明末首辅大臣。隶籍锦衣卫，家京师。其远祖名方觉亮，籍贯浙江湖州府德清县。明永乐时任锦衣卫指挥使。成祖迁都北京，他随驾从南京迁来北京，家住大兴方家庄。方从哲出仕前的早年经历已不可考，他于万历十一年中进士，名列二甲。在翰林院任编修时文笔突出，多篇文章被首辅王锡爵收入文选，以为模范。后讲学东宫，曾多次上书神宗，维护太子（后之光宗）的地位，又转从四品朝列大夫，为国子监的司业、祭酒，他上书神宗，请求不要再开矿收税（东林与浙党都希望如此）。不久因为司礼监秉笔太监田义让做监生的侄子走后门当官，被从哲拒绝，就放话要整从哲，于是从哲辞职在家闲居。

方从哲在家十多年，他交游很广，声望日隆。东林老前辈叶向高很看重他，先后举荐他续修玉牒、出任礼部左侍郎兼翰林院侍读学士，但从哲未就。

万历四十一年，按例举行会试。但此时朝政日非，缺官严重，竟然找不到能充当主考的人。于是叶向高又举荐在家的方从哲出任礼部右侍郎，权副主考官。叶四次上疏，神宗仍不决。但关键时刻，他又突然下中旨，委任方从哲为吏部左侍郎，辅佐叶向高主考会试。

方从哲只好赴任，结果因为中旨与吏部的会推结果不合，引起言官们反对。从哲于是告退，但是神宗坚持这样任命。方从哲居家十五年，一出山就引起风波，预告了他之后艰难的首辅之旅。

当时的内阁大臣叶向高也是一人独相，他上书七十五次要求增补阁臣，都如泥牛入海。然而方从哲出山后，神宗似乎找到了理想人选，于是下令立即增补。同年九月，神宗下令从哲与前礼部左侍郎吴道南同加礼部尚书、东阁大学士，入阁为相。吴道南暂时未入京，因此由方、叶二人辅政。

方从哲虽然多年在野，但他因为秉公直谏，敢于对抗宦官，且与朝廷当时的党争牵连较小，在当时声望很高，颇受爱戴。然而由于党争、缺员和阁权的不确定性，当时的朝政已今非昔比，不像前任们那么容易处理了。次年，叶向高由于老病，请求归家。当时舆论多归于东林人物沈鲤，方从哲于是也投桃报李，追随大流，请求让沈入阁为首相，然而神宗不纳。于是方从哲在莫名其妙的情况下成为了大明首辅，接过叶向高的班，一人独相。

其间，吴道南于万历四十三年终于到京赴任，入参机务，然而旋即在四十五年因为前一年他主持会试时发生的科场舞弊案而自请辞职而去。因此，方从哲在整个万历后期基本上是一人独相，勉强维持国家的运转。

方从哲上任后，也颇想奋发有为。他多次上书言事，希望匡正朝廷。然而由于神宗无为，他的相权又大不如夏言和张居正时代的首辅们，所以他的努力终于归于失败。不过他始终为万历帝所信任，未尝因为能言极谏而被斥。

再说杨涟和左光斗来见方从哲商议入宫探病的事，二人见到方从哲后，表明入宫探病的来意，方从哲却面露难色，说："二位大人有所不

明末四案之谜

知，皇上平生最忌讳外人说他患病，即使咱们壮着胆子去问，皇上身边的内侍也不敢如实吐露的。"

杨涟听了，却不以为然说："宋朝时，宰相文彦博询问宋仁宗病情，内侍不肯实说，文丞相呵斥他们说，天子的起居，你等不容许宰相知晓，莫非另有图谋？应该将你们抓到中书省问罪！最后内侍不得不说出真情。下官的意思是方大人辛苦几天，每日去乾清宫三趟，不一定非见到皇上，也不一定非让皇上知道大人来过，之所以这样做，就是让宫内心怀叵测的那些人知道外廷尚有柱石大臣，可保社稷安然无恙。"

方从哲点头称是，左光斗接着说："为防不测，方大人近期可仿照前首辅叶向高，日夜在内阁看守，不可大意。"

方从哲听了二人的话，认为有理，便答应第二天率文武百官进宫问病。

左光斗，字遗直，一字共之，号浮丘。别名左遗直、左共之、左浮丘。明桐城人（今枞阳县横埠镇人），其父左出颖迁家于桐城县城（今桐城市区啖椒堂），颖生九子，左光斗排行第五。光斗自幼潜心读书，少时好读节义传记，后精研程朱之学，虽然天资不是很出众，但学习异常刻苦。桐城一地在明末清初，文风极为兴盛，名家辈出，以至后来形成"桐城派"这样一个影响全国、泽被今世的大学派，左光斗居身于其中，深受熏陶，因而年轻时就颇负才名，除了精通文史外，还比较留心一些经世致用之说、事关国计民生之策。因此可以说他很早就怀有凌云壮志，期望救国救民。这些思想又促使他养成清正刚毅的性格。

左光斗著有《易说》、《左光斗奏疏》。他洞悉世态炎凉，为人不易。桐城县城内有他的住宅，名曰"啖椒堂"，足见其性格异于常俗。左光斗三十二岁那年，也就是万历三十五年（1607年），他与杨涟同年考中进士，被朝廷授予中书舍人的官职，不久就提拔为御史，负责巡视、监察首都百官，开始他的漫漫仕途。

明末政治十分腐败，买卖官爵十分普遍，因而就有人趁机造假的官符印信，以诈骗钱财。从而形成以吏部为主的造假集团，为害极大。左

光斗上任后第一件事就是打掉这个造假窝点，当场搜出假的官印七十余枚，逮捕假官一百余人，造假集团的幕后主使金鼎臣也被抓获处死。此事一出，朝野震动，贪赃枉法之辈一见左光斗就"震慑不已"。

由于政绩卓著，左光斗被升为内阁大臣，参与朝廷内部大政方针。左光斗刚正不阿，与腐朽的阉党集团进行尖锐斗争，并主张革新除旧，渐渐在他身边聚集了一批进步势力，多为东林党人，左光斗是其领袖之一。以后在反对光宗宠妃李选侍挟持太子一事中，左光斗起了很大作用，与杨涟并称"杨左"。

杨、左二人见方从哲后两天，方从哲带领群臣入宫探病，却只见皇太子在皇宫门口走来走去，不敢入内。杨涟、左光斗看到这种情形，急忙派人去对太子说："听说皇上患病，不召见太子恐怕不是皇上的本意。太子应当坚持侍奉，亲自尝药，并侍奉膳食。怎么到了今天还在宫外徘徊？"太子听了这话不停点头，照着他的话去申请，才得以入内。大臣们却一直等到日落，都没有机会觐见。

大臣们见不到皇帝，心有不甘，杨涟和左光斗遣人告诉东宫伴读王安，说皇帝病重，不召太子并非本意，太子已自请入侍，以备非常，这一夜不要轻出。凡此都是预见到将有非常之变的预防措施。

明神宗因病驾崩，大明朝毁于其手

又过了好几天，神宗知道自己不行了，这才支撑着来到弘德殿，召见英国公张惟贤，大学士方从哲，尚书周嘉谟、李汝华、黄嘉善、张问达、黄克缵，侍郎孙如游等人，说了些托付各位大臣尽职尽责辅佐新君的话，就让他们退下了。

两天后，万历四十八年七月二十一日，神宗驾崩于宫中。在驾崩的当天，万历皇帝发了一份遗诏，对自己四十八年的皇帝工作作了深刻的反省，尤其是对奏章滞留、矿税繁剧、民生日蹙、边衅渐开等等弊端，表示了"不胜追悔"，并提出了若干条补救措施。遗诏中发了一百万两银子充作边关赏赐，罢免一切矿税以及监税，起用因上言而获罪的官员。

这道遗诏，究竟是万历皇帝在最后时刻良心发现，还是中枢大臣按照自己的意图为皇帝代拟的，不大好分辨。其中比较令人惊异的，是遗诏居然同意"宜多发内帑以助军需"。从来一毛不拔的万历皇帝，竟愿意动用自己的私房钱支援前线，这在过去是不可想象的。就在前一年进剿辽东时，前线军饷不足，兵部请求发内帑接济，万历帝还曾坚决拒绝，如今却能改变主意，这个弯子怎么会转得这么急？让人不解。

在万历死后的三天内，大臣根据遗诏就两次发内帑二百万两银以充军需。要是万历还活着，这是根本不可能的。

过去打仗钱不够怎么办？让老百姓出。万历四十六、四十七年两年中，为筹集辽饷，朝廷就曾三次加征天下田赋。因此，后世有史家断定，万历帝临死时的这个"忏悔书"，必是大臣们的杰作，即内阁因皇帝不能理事，自作主张急国家之需要，解燃眉之急。

不管万历皇帝如何昏庸无道，如何不问国政，如何贪得无厌，让明朝陷入大乱的他终于走了，他充满矛盾的一生，留下了无数的功过毁誉，以供后人们去纷争。他在位四十八年，享年五十八岁。明朝的十六个皇帝中，神宗在位时间最长，但他一生最后的三十多年里，一步也没离开过紫禁城，其虽数十年不上朝，却大敛天下钱财，置国民于不

万历年间的钱币

顾，自己被女人牵制，混用贤奸，致使明朝社会动荡，国力衰落，所以很多史学家称他是亡国的祸胎。

在他执政的初期，也就是所谓"万历新政"的十年，曾是大明帝国行政最有效、经济最富庶的时期。可是他非要在张居正死后，清算这位千载不遇的英明宰相，开启了门户之争。他前期励精图治，很像个有为明君的样子，后期却不理朝政，宠信郑贵妃，致使政府机构长期处于半瘫痪状态。治理国家，来不得半点马虎，一个政策之误，就会遗祸整个国家，何况三十多年的瞎胡闹。

于是在万历的手中，曾是世界头号帝国的大明王朝，从蒸蒸日上闹到了日暮途穷。他的儿孙们，就是再秉赋异常，也救不了明朝的国运了，更何况他的儿孙也很像他，决非英明之主，终是不肖儿孙！

对神宗一生的评断，精确莫如《明史本纪》论赞："神宗冲龄践阼，江陵秉政，综核名实，国势几于富强。继乃因循牵制，晏处深宫，纲纪废弛，君臣否隔。于是小人好权趋利者，驰骛追逐，与名节之士为仇雠，门户纷然角立。驯至愍、愍邪党滋蔓。在廷正类无深识远虑以折其机牙，而不胜忿激，交相攻讦，以致人主蓄疑，贤邪奸用，溃败决裂，不可振救。故论者谓明之亡，实亡于神宗，岂不谅欤？"

神宗死后，太子朱常洛继承大位，历史上称为光宗，以下一年为泰昌元年，奉先帝庙号为神宗。

神宗崩后，葬于京西昌平州北天寿山，即现在的明十三陵。明朝皇族的陵寝可分三处，太祖先世葬凤阳，先称"英陵"，后称"皇陵"；太祖葬南京，称为"孝陵"；自太宗以下都葬天寿山，共十三陵，故称明十三陵。太宗的陵寝称为长陵，极其壮丽；自仁宗献陵以后规制俭约，但至世宗的永陵，又大事兴作。神宗的定陵，费银至八百余万，特遣给事中、御史巡视陵工。

十三陵在二十世纪被发掘，由此世人可以得知神宗墓葬情况。依明代的殓法，神宗为侧殓，曲足作睡卧状，在近年的发掘报告中记载，神宗的尸体未腐，跟木乃伊十分相似，唇上八字须清晰可辨。神宗墓的地

明末四案之谜

宫中日用器物皆备；御用的面盆，确为金盆，盆底标明足赤若干两，形制甚妙，有中空的夹层，内灌少许铁沙，如此则分量轻，宫人纤手，力足胜任，而泼水时，琳琅作响，有悦耳之音。

朱常洛得继帝位，除弊政从善如流

明神宗的大儿子朱常洛自从做了太子之后，曾长期笼罩在"更立"的阴影里，随时忧虑父皇会以三弟常洵取代他。从立皇太子到继位又是十九年。在这十九年里，朱常洛终日战战兢兢，胆小怯懦，唯恐被废。直到朱常洛三十二岁时，他的弟弟福王朱常洵离开北京到洛阳封地，他才稍稍松口气，觉得太子的位子应该是稳坐了。

太子朱常洛既没有统兵征战沙场的历练，也没有协助皇父治理朝政的阅历，更没有苦读经书得到的治国学问，甚至几乎未出过皇城，由于离开了母亲的约束，加上父亲朱翊钧对自己的冷淡，生活失意，心情压抑，精神苦闷，无所事事，所以他大部分的时间都是纵情于酒色之中。

万历四十一年（1613年）皇太子妃郭氏去世以后，朱常洛就没有再立妃子。这可能是因为册封皇太子妃需要得到皇帝的批准，而神宗对于朱常洛基本上是不闻不问的。因此，在慈庆宫中，虽然有很多的女人，但却没有皇太子妃。也许，没有皇太子妃，对于朱常洛来说更自由。

万历四十八年（1620年）七月二十一日，几十年不上朝的明神宗万历皇帝朱翊钧终于逝世，朱常洛这下总算熬到了头，很顺利地登上了皇帝的宝座。八月初一，朱常洛即皇帝位，宣布次年改元泰昌。此时的朱常洛已经三十八岁了，他的这个皇位可谓来之不易。在古代，这年岁已算是半老之人了，到这时才熬出了头当了皇帝，可谓不容易。这个新皇帝也是东林一派官员前赴后继保了几十年才保下来的，廷臣对他寄予的希望当然很大。那么他即位之后实际作为怎么样呢？说起来很让人啼笑皆非！

万历于七月二十一日死，常洛于八月初一即位，改明年为泰昌元年。然而这位泰昌皇帝却没能活到"明年"，活了二十九天就死了，成了明朝在位时间最短的一个皇帝，差点连年号都捞不着。

神宗朱翊钧在临死之前，曾嘱托内阁首辅方从哲及司礼监太监王安要齐心协力辅佐皇太子朱常洛，文武大臣尽心用命，皇位在平静中完成了由神宗到光宗的交接，一切都显得十分平静。然而，平静中潜伏着的是凶险的风波，不愿意看到朱常洛登上皇帝宝座的郑贵妃，虽然暂时无法改变既成的事实，但这并不证明她放弃了为儿子谋求皇位的野心。可以说，她任何时候都没有放弃过。

光宗朱常洛即位之后，一反乃父的懒惰，一当了皇帝就开始视朝。万历皇帝可是二十五年不视朝了，对每个人来讲，这都是一段漫长的岁月，绝大多数官员都不知道该怎么上朝了。所以开头几天，朝堂上一片乱哄哄。泰昌帝很有看法，要求百官"务要十分敬慎"。他要求纠仪官再抓住乱来的，就一定要重重惩办。

光宗本想有一番作为，当初神宗大行敛财，此时宫中留有大量的银两。朱常洛处理完神宗的丧事后就开始行使皇帝职权，致力于扭转万历朝后期的一系列弊政。

在七月二十二日至八月一日之间，

明光宗朱常洛画像

光宗连续两次发内帑共计一百六十万两，用来赏赐在辽东及北方的前线防军，解决了边防军队缺饷的燃眉之急。同时，朱常洛命令撤回万历末年引起官怨民愤的矿监和税监，召回在万历一朝因为上疏言事而遭处罚的大臣，补用空缺的官职。像邹元标、王德完等一些正直敢言的大臣，先后下诏召回；他还亲自考课大臣，破格提拔人才。种种作为，显示出光宗皇帝要做一代明君的气势。

神宗遗诏补己过，废除矿税扬善政

那么，这就能说明光宗是个好皇帝吗？也未必，他这样做是出于两个原因：一是想改革旧弊，二是遵奉遗诏行事。神宗可谓错了一生，如果遗诏真的是他的真话，那就是"人之将死，其言也善"了，到临死才彻底改悔，也算他有自知之明，如他在遗诏中说："比缘多病，静摄有年。郊庙勿亲，朝讲稀御；封章多滞，寮寀半空。加以矿税烦兴，征调四出，民生日蹙，边衅渐开。夙夜思维，不胜追悔。方图改辙，与天下更新，而遘疾弥留，殆不可起。盖衍补过，允赖后人，皇太子常洛，可嗣皇帝位。"

在当时，皇帝每年南郊祀天、岁时祭太庙，是其必须亲临的大典，也是做皇帝的最起码的责任。神宗因有二十五年不召见群臣，也就是有二十五年不出宫一步的破天荒纪录，自然"郊庙不亲"。所谓"朝讲稀御"的"讲"是指讲学，皇帝讲学称为"开经筵"或"御经筵"。大致

常开讲筵的皇帝必是有道之君，因为人不可不读书，做皇帝宰相，尤其不可不读书。

关于"盖衍补过"的办法，遗诏中有明确的指示，分条注释如下：

一、"内阁辅臣，亟为简任。"

明朝自永乐年起，内阁大学士大致为四人，资望最深的为"首辅"。自万历四十三年起，只有方从哲、吴道南两人。吴道南丁忧，只剩下方从哲。但神宗又不补辅臣，没有别的原因，只是他太懒，再就是不想让太多的有权人过问自己的事罢了。

二、"卿贰大僚，尽行推补。两咨考选，并散馆科道官，俱令授职。"

卿者，部院大臣；贰者副手，侍郎等官，俱皆为"堂官"。科为六科给事中，道者是说各道御史。六科给事中及各道御史都为言官，这在清朝的区分不大，但在明朝，两者的职权区分得很清楚：各道御史巡按地方，兼有行政官的性质，而各科给事中掌封驳，纯为纠正政令的言官。就这一方面而言，自军机处成为清朝实权部门后，清朝的给事中权力已远不如明朝的给事中。

"万历末年，怠荒日甚，官缺多不补。旧制，给事中五十余员，御史百余员。至是六科（吏、户、礼、兵、刑、工）只四人，而五科印无所属（每科的首席称为'掌印'，印无所属，是说没有'掌印给事中'以为主持），十三道只五人（御史以十三行省区分，称为十三道，计为浙江、江西、河南、山东、福建、广东、广西、四川、贵州、陕西、湖广、山西、云南等十三省，河北为北直隶，江南为南直隶，不专设而由各道分管，都察院衙门归河南道御史监察，在十三道中格外突出），六部堂官仅四五人，都御史数年空署。"此见《廿二史札记》所述，可以想见当时政务的废弛。

三、"建言废弃及矿税诖误诸臣，酌量起用。"

自万历时矿税兴起，凡有所奏谏或被认为办理不力的地方官，大多获罪，废为庶民。历任辅臣，多有请起复的奏谏，十九置之不理，此亦

明末四案之谜

为言官所以缺额的主因之一。

四、"一切榷税并新增织造、烧造，悉停止。"

此外还有"各衙门见监人犯，俱送司条审，应释者释放。东师缺饷，多发内帑，以助军需。阵亡将士，速加恤录"。真是"尽罢弊政"，光宗皆遵遗诏办理，为先人补过，如此之勇，得力于一个人。这个人名汪文言，是皖南人，"有智术、负侠气"，王安视为上客。光宗即位，在内唯有王安可为倚恃，于是汪文言向王安建议如此，而王安照样建议于光宗，于是有发帑金犒边、尽罢天下矿税、起建言得罪诸臣、下前后考选之命等等慰中外之望的善政。

这些善政即便不是出自光宗本心，他若能听臣谏言，从善如流，并且久居大位坚持下去，社会因万历累积的弊端或可清除，明朝还有可救，但是，光宗振兴国家这个愿望并没有实现，而是随着他的突然驾崩，变成了无法实现的春秋大梦。

明清两朝皇帝主政的地方——乾清宫

郑贵妃欲做太后，讨好光宗送美人

郑贵妃似乎仍是朱常洛无法摆脱的阴影，朱常洛即位后，非但没有胆量去追查当年郑贵妃对自己的迫害，反而处处以先皇为借口，优待郑贵妃。

这时的郑贵妃还住在乾清宫，乾清宫本为万历皇帝的正宫娘娘——王皇后居住，她病逝于万历四十八年（1620年）四月初六。她死时，万历帝身体也很不好，没有几天活头了。郑贵妃见万历帝快要不行了，就打起了万历身后的主意。她以伺候皇上为借口，堂而皇之地搬进了皇帝的住处乾清宫。

郑贵妃侍奉神宗的时候，一直住在乾清宫，光宗即位后她还不肯离开。光宗朱常洛继位，郑贵妃等人因为担心光宗会追念前嫌，心生报复，为了保住自己的地位，就朝夕筹划，想出一条绝佳的计策。她从侍女里挑了八名美人，个个都是十分美艳，纤巧动人。又特地赶制了一些轻罗彩绣的衣服，让她们穿着，然后将她们浓妆艳抹送给光宗受用，通过自己培养出来的这些心腹美女来控制光宗。另外她还送上明珠宝玉，个个是价值连城。

光宗朱常洛在做太子期间受尽了压抑，精神长期地处在郁闷之中，此时做了皇帝，见连最恨自己的郑贵妃都对他那么好，不免一时飘飘然起来。虽然他此时已过壮年，但好色好财的心思却不减半分，看到这八名美姬和那亮闪闪的珍珠宝贝，心里高兴得直痒痒，当下将珠宝美玉藏好，命八个美人轮流侍寝，快活得和神仙一样，哪还记得什么以前的不和。八名美人以外，他还有两个李选侍也要随时在身边侍奉，即李康妃和李庄妃。选侍李庄妃住在东面，称为"东李"；选侍李康妃住在西面，称为"西李"。

明光宗当太子时的太子妃是郭氏，可惜明光宗没当上皇帝的时候她就死了，明光宗的儿子明熹宗追封她为孝元皇后。第二个皇后是孝和王皇后，她是明熹宗的亲生母亲，初为选侍，因生熹宗，封为才人，可惜在明光宗没当上皇帝时死了，后来她儿子当上皇帝，追封她为皇后。第三个皇后是孝纯刘皇后，她是明思宗的亲生母亲。明思宗朱由检 (1610—1644 年)，明光宗朱常洛第五子，明熹宗朱由校弟，于公元 1622 年被册封为信王。明熹宗于公元 1627 年 8 月病故后，由于没有子嗣，朱由检受遗命于同月丁巳日继承皇位。

二选侍性格迥异，西李受宠欲讨封

但明光宗的皇后们却没有他的选侍们有名，选侍本来名份低下，但光宗的选侍却抢了皇后的风头。先说"东李"，即庄妃李氏，东李仁慈寡言笑，为人正直善良，虽然也长得光彩照人，但性格内向，又不喜趋炎附势，所以既未获皇帝倾心，虽位居西李选侍前，而宠不及。到明光宗之子明熹宗朱由校登基后，"东李"于天启元年二月封庄妃。东西二李皆为崇祯帝养母，但因李庄妃较李康妃抚养时间较长，与崇祯帝关系更为密切。崇祯帝登基后，念当年庄妃抚育自己有功，于是加封封号，并赏她的弟弟李成栋官职，赐给良田千顷。

当时魏忠贤、客氏祸害天下，李庄妃愤郁成疾，庄妃于天启四年十月二十六日辰时去世，谥曰"恭懿"，同年十二月二十六日葬于翠微山之原。

翠微山之原，即现在的北京石景山区田义墓田野石刻展区，其中有众多的墓志，明光宗庄妃的圹志就在其中，该圹志虽然出土时间较长，幸运的是未遭到人为破坏，至今完好如初。从志文看，庄妃李氏是顺天府宝坻县（今天津宝坻县）人，父李海，母刘氏，生于万历十六年(1588年)，十岁进宫，初为光宗朱常洛的选侍，曾经抚视过明朝末代皇帝崇祯。

天启三年(1623年)被熹宗册封为庄妃，一年后薨逝，谥曰"恭懿"，享年三十七岁。但关于庄妃的册封年月，与《明史》中记载东李选侍在天启元年(1621年)被册封为庄妃不符。《明史》中是这样说的："庄妃李氏，即所称东李者也。仁慈寡言笑，位居西李前，而宠不及。庄烈帝幼失母，育于西李。既而西李生女，光宗改命东李抚视。天启元年二月封庄妃。魏忠贤、客氏用事，庄妃持正，宫中礼数多被裁损，愤郁薨。崇祯初，诏赐妃弟成栋田产。"

而在史料《彤史拾遗》中，则这样记载了东李选侍的情况："东李妃，亦光宗选侍也。以别西李妃故曰东李。性简重，寡言笑。名位素居西李前，而宠不能及。尝奉光宗旨抚视皇五子，皇五子成立，入继大统，选侍功居多。天启元年二月，册封庄妃。客魏用事，妃持正抵牾。凡宫中礼数，多被裁抑，妃不平。会忠贤同官徐应元为承奉正，当谒妃。傲慢不以礼，尝在妃前答宫使，鸥肆无忌。妃以负气死。（原评曰：此时宫闱极饶气节，如庄妃、裕妃、成妃辈比比皆是，岂亦东林过激耶。）先是皇五子在宫，每日起，拜天毕，退而谒母，选侍亦爱之。尝梦黑龙蟠殿柱以告选侍，选侍私自喜，嘱勿言。又所居东宫后有二井，皇五子随选侍过之，戏汲井，得金鱼。汲次井，亦如之。至是泣曰，吾不能奉侍王矣。崇祯初，上念鞠育劳，加上妃封号。与其弟李成栋官，给田四千顷。而应元以忠贤败，发南京赐死。"

虽然东李后来受崇祯帝所敬，但其生前死后的尊荣却无法与西李相比。"西李"康妃色艺双全，在光宗面前比东李受宠，可说是明光宗朱常洛最宠爱的妃子。光宗即位后，神宗的妃子郑贵妃笼络西李，常常和她往来谈心。不到几个月，二人居然臭味相投，打成了一片，什么心事都尽情吐露。

西李是熹宗的养母，生皇四子朱由模、乐安公主朱徽媞等。天启帝在母亲王才人（即孝和皇后）去世后，由西李抚养。崇祯帝在母亲刘淑女（即孝纯皇后）被父亲谴死后也曾交给西李抚养，后因西李生女，改由东李抚养。

西李不仅长得漂亮、妖媚迷人，而且颇有心计，朱常洛由于长期受压抑，脾气很坏，喜怒无常，经常打骂太监、宫女以及选侍。由于他这个皇太子是经过十五年才当上的，他要找回失去的享乐，便极力纵情酒色，有时一夜要临幸数个女子，稍不如意就对她们横加打骂。选侍当中，只有西李比较能得到他的欢喜，因此她在东宫比其他人受宠。

西李得宠而骄，平时也就目中无人、专横霸道，经常和其他选侍发生争执。王氏因生子朱由校，在朱常洛众多的选侍中名分最高，她看不惯西李的泼横，两人经常口角。西李仗着朱常洛喜欢她，竟敢当众动手打王氏。

万历四十七年（1619 年）王氏病逝，当时有一种说法，说是王氏因为被西李选侍打了，气愤而死。从史书记载看，这种说法是真实的。史载：熹宗即位，降敕曰："选侍因殴前圣母，自忖有罪，每使宫人窃伺，不令朕与圣母旧侍言，有辄捕去。"就是说，西李因为殴打王氏而致其死，深感有罪，所以不让朱由校接近过去伺候他母亲的人，经常派人窥探，发现了就把那些人抓走。

王氏去世时，皇孙朱由校十四岁。太子朱常洛请示神宗后将朱由校交给西李选侍照顾。但西李选侍非常自私，不喜欢孩子，对朱由校并未尽职尽责、精心护理，而是由着自己的性子，对孩子辱谩凌虐；孩子受了委屈，经常偷偷地啼哭。不久，太子也知道让西李抚养朱由校是个错误，时常对孩子加以抚慰。后来由于西李生了女儿（皇八妹遂平公主），朱常洛才下令改由东李选侍抚育孩子。

西李是个颇有城府的女人，她懂得运用多种关系来提高地位、获得权力。她虽然不喜欢孩子，却知道现在的皇孙就是未来的皇帝，因此要求朱由校与自己同居一宫，以达到控制的目的。

明光宗朱常洛即位之后，曾在病中召见阁部大臣，口谕"册封李选侍（西李）为皇贵妃"，李选侍甚为不满，当即从门幔中把陪同接见大臣的朱由校拉进去，要他向父皇说"要封皇后"。光宗不应，礼部侍郎孙如游赶紧上奏"太后、元妃等人的谥号还没有尊上，把这些事情解决后再封皇贵妃不晚"，这事也就搁下了。

可惜的是，明光宗朱常洛登基仅一个多月就病逝了，甭说皇后，皇贵妃也来不及封，李氏讨封的梦想随之破灭。好在她已经与郑贵妃、客氏和魏忠贤集团早有瓜葛，又曾照管过年少的新皇帝，所以就想控制少帝，把持朝政。

这时西李选侍仍然在乾清宫，东林党担忧其会垂帘听政。于是大学士刘一燝、吏部尚书周嘉谟、兵科都给事中杨涟、御史左光斗等上疏力争，主张西李选侍移居仁寿殿。即当时明朝著名的移宫案。

此后明熹宗即位。因移宫事件过于苛激，事后外界

明光宗庆陵的墓碑

纷言天启帝虐待养母，御史贾继春上奏指责东林党人过多干涉内廷事务，遭群起责难。天启帝下诏宣布西李曾欺凌其生母王才人，虐待过他自己，把贾继春削职。此后，魏忠贤执政。因为西李与客魏集团关系尚可，天启四年，魏忠贤授意天启帝尊封她为康妃。然后天启帝公开宣布西李无辜，自己是被王安等人挑唆，且声称贾继春忠谏有功，召回任用。思宗时，西李晋为太妃，但始终没有被给予政治权力。

明朝灭亡，李康妃等前朝妃嫔皆由清廷给资供养起来。康熙十三年（1674年）五月十八日，李康妃薨逝，竟然活了八十余岁。

《彤史拾遗》一书中这样记载西李说：（康妃）居西宫称西李，然西李最有宠。神宗初，以熹宗早失母，命西李母之，既而信王亦失母，仍以命西李。会西李生皇八女，遂改命东李母之。

皇八女即后称皇八妹者也。光宗即位，康妃与郑贵妃同住乾清宫。时上谕封郭元妃为皇后，王才人为贵妃。又谕封李选侍为皇贵妃。及上不豫，召大臣入乾清宫，上御暖阁，凭几谕曰："李选侍凤保震器，抚育国本，宜速封。如是者再，署礼部事。"侍郎孙如游对曰："今孝端、孝靖两太后及元妃、才人大典未竣，俟四大礼举后，行未晚也。"既而上（明光宗）崩，选侍遂踞乾清宫。因挟制皇长子，邀封皇后。传言（西李）欲垂帘听政。于是大学士刘一景、吏部尚书周嘉谟、都给事中杨涟、御史左光斗等力请移宫，而选侍始踉跄移仁寿殿去，于是移宫之案兴焉。

熹宗即位，下诏曰："朕昔幼冲，皇考选侍李氏，恃宠屡行，气殴圣母，以致崩逝，使朕抱终天之恨。朕虽幼，未尝忘也。皇考病笃，大臣进内问安，选侍威挟朕躬，使朕传封皇后。复用手推朕，向大臣巧颜口传。至今念及，尚合羞报。朕因避李氏暂居慈庆宫。又令李进忠、刘逊等传言，每日章奏文书，先呈选侍，方付朕览，仍欲垂帘听政。且欲处分御史所言选侍，他日必有武氏之祸者。朕思祖宗家法甚严，从来有此规制否？朕今奉养李氏于哕鸾宫，俱遵皇考遗爱，有此体恤。外廷误听李党谣诼，实未识朕心之故也。其李进忠、田诏等，皆系盗库首恶，自干宪法。勿使渠魁贿嘱当事，播弄脱罪。卿可传示遵行，故谕。"

十二月，熹宗复下诏曰："朕冲龄登极，仰庇祖宗眷佑，内外清平。以为大小臣工，开诚布公，定无异议。不意外廷近来乃妄生谤语，轻听伪传，诚有如科臣杨涟所奏者。朕不得不再伸谕避宫始末，以释群疑。九月初一日，皇考宾天，阁臣文武大臣科道等进宫，哭临毕，请朝见朕躬，李选侍阻朕于暖阁。当时司礼监等官，设法请朕出见群臣，选侍许而复悔。及朕出暖阁，又使李进忠等请回。如此者至再至三。朕至乾清宫，丹陛大臣扈从前导，选侍又使李进忠等持朕衣不释。若非司礼监奏请，朕前进不可，退又不能，此时颜面，存于何处。及至前宫门，选侍又差人数次着朕还宫，不令御文华殿。卿等亲见，当时景象，安乎？危乎？当避宫乎？不当避宫乎？诸宫欲行庇护之谋，先藉安选侍为题目，使是非混淆，朝政不宁。辅臣义在体国，为朕分忧，何不代朕传谕一言，屏息纷扰，君臣大义何在？如初一日，朕躬视皇考入殓，选侍又阻朕于阁中，不令出入。及翼日，恭送皇考梓宫于仁智殿，选侍必欲朕朝见彼后，方许回慈庆宫，明是威挟朕躬垂帘听政之意。朕蒙皇考命选侍任照管，亦不住彼宫，其饮膳衣服，皆系皇祖皇考所赐。选侍侮慢凌虐，朕昼涕泣。皇考自知其误，亲来劝朕，此其亲疏，自有分别。诸所行事，朕曾密谕阁臣，不令传抄。若避宫不早，则爪牙成列，盈虚在手，朕亦不知何如矣。选侍因殴崩圣母，自知有罪，使宫眷王寿花等时来探视，不许朕与圣母下原任各宫娥说话，如有即捕去重处。朕之苦衷，外廷岂能尽知。今朕奉养选侍及皇八妹，俱从优厚，各官何以猜度过计，藉为口实。如异日选侍患病而逝，将用人以抵命乎？将归咎于朕乎？岂不闻圣母之崩，由选侍之殴，可不问乎？迩来各官，不为圣母，只为选侍，失其轻重，理法何在？前日刑部执奏父母之恩如天地。履后土则思母德，戴皇天则思父仁。仁人孝子之用心，固宜如此。然父母之仇，不共戴天。朕不加封选侍，以慰圣母在天之灵。奉养选侍，敬遵皇考之意。该部亦可仰体朕心矣。大小臣工，惟知私于李党，责备朕躬，不顾大义，姑不深究。卿等可传谕大小臣工，务令和衷，各供乃职。毋得植党背公，自生枝节，以取罪惩。故谕。"

还在熹宗初即位时，时值九月，天气寒冷，寒霜甫下，宫中李花齐
开。人们都以为李选侍当封，都来向其祝贺。不久后却是李闯王揭竿而
起之消息，于是有人称宫中李树为妖树。

再说明光宗朱常洛，他即位之后，因为内阁大臣中只有一个方从
哲，不得不选人补缺。光宗于是升沈纮、史继偕为礼部尚书，同时参与
内阁事务。沈纮一开始在翰林院供职，曾经给内侍讲过书。刘朝、魏忠
贤都是他的弟子，入阁之后，就密结二人作为内援。

当时朝中有"八千女鬼乱朝纲"的传言，这"八千女鬼"四字合起
来，就是个"魏"字。后来魏忠贤果然得势，闯出了莫大的祸端，好好
的一座明室江山，就被那"八千女鬼"收拾殆尽。

朱常洛欲封郑妃，孙如游谏阻封后

神宗驾崩之前，曾经留下一纸遗诏，要朱常洛继位之后封郑贵妃为
皇后。神宗离世的次日，朱常洛传谕内阁说："父皇遗言：'尔母皇贵妃
郑氏，侍朕有年，勤劳茂著，晋封皇后。'卿可传示礼部，查例来行。"

此时，神宗原来的王皇后以及朱常洛的生母王氏都已经去世，郑贵
妃一旦变成皇后，在接下来的泰昌朝中，她就可能变成皇太后。

礼部右侍郎孙如游看出其中端倪，赶紧上疏给明光宗朱常洛说：
"臣详考历朝典故，并无此例。"着意明光宗不要立郑贵妃为皇后。

孙如游，字文，又字景文、景贤，号鉴湖，是明代余姚三阁老之一。他出身名门，博学多才，万历二十三年（1595年）进士选翰林院庶吉士，历仕神宗、光宗、熹宗三朝，一生深受三代君王的信任和赏识，累官至太子太保、礼部尚书、文渊阁大学士。

孙如游先祖，自后唐由睦州徙居余姚烛湖之滨。明朝三百年，其家族"一门三孝子，五代九尚书"，天下望族少出其右。孙如游的曾祖父孙燧，是明清以来，孙氏子孙们引以自豪的精神圭臬。孙燧的次子孙墀以孝友文章著闻于世，未仕之前就已名动当地，多次参与府县志书的编修工作。当时浙江的提学副使万潮素称知人，曾礼聘孙墀到杭州的万松书院讲学，一时英少咸集，名声益振，后以选贡生历仕至尚宝司卿，这就是如游的祖父。如游的父亲孙鏊，少通博士家言，好古文词，胡宗宪在浙东抗倭期间曾延请他入幕，咨询平倭方略。后其由太学生选授上林苑署丞。孙如游的家世也决定了他的人生道路，就是读书和做官，成为一名封建统治者的圣贤功臣。

起初，孙如游的祖父在尚宝司任职，他父亲因随侍在京，如游便出生于京邸，一直长到六岁，由于其曾祖母去世，孙如游才跟从家人扶梓回余姚。当地的古田县令徐建刚好也归里家居，他与如游的祖父是朋友，一见小如游就觉得将来会成大器，就将唯一的孙女维玉许给如游，定下了这门亲事，徐建还说："这个小孩器局挺秀，以后一定会成为大材的。"

嘉靖三十四年（1555年），倭寇再次在东南沿海一带大肆抢掠，所过之处鸡犬皆无，一时间百姓流离失所，哀号遍地。小如游跟随家人到绍兴城内避难。在这兵荒马乱的岁月，加上避难在外，孙氏一家自然深居简出。但对于学业，孙如游却没有放松，后来他受到叔叔孙鑛的影响，深研先秦、两汉之书，他写的文章奇绝非常，但科举考试要求写八股文，所以如游与之格格不入，第一次参加乡试即名落孙山。这时，他才不得不改变文风，将古文笔法融合到八股文写作之中，以接近时文的绳墨，同时也提高了八股文的文体品位，融会今古而作文，终于脱颖而

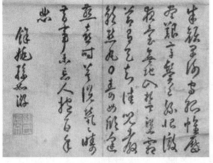

孙如游墨宝

出。知县陈勘、知府彭富都对他非常器重，于是孙如游声名大噪。

万历四年（1576年），孙如游登浙江乡榜第六名，然而以后的科考之路并不顺畅，如游屡困春试，一直到万历十七年（1589年）己丑科，还是"仅以乙榜录"。返乡途中，船过徐淮，竟然又遭遇了大风巨浪，衣服行李被冲得无影无踪。如游幸得人搭救，后来他一举中试。但未及廷对，父亲的讣讯就到了，于是归里执

丧。三年过后，如游参加了乙未科的殿试，中三甲十五名进士，入选为翰林院庶吉士。

孙如游居官有远志，退朝回家后除了吃饭就坐在书斋里，焚香正襟，只与典籍为伍，阅读中发现和自己的主职以及时务有关的内容，就随手抄录下来，以备治理政事之用。读书之外，他还经常校订、刊印古籍。据王重民《中国善本书提要》记载，如游万历四十年在右谕德署监事、掌南京翰林院期间，就曾校阅《古史》，订正《方正学先生逊志斋集》，并为二书撰写序文。

自万历二十五年（1597年）八月除翰林院编修以来，孙如游历官检讨、右赞善、谕德、庶子、詹事府少詹事、詹事、礼部右侍郎，并曾主考乡试，掌两京翰林院事，这时明神宗倦怠朝政，最后发展到连奏章也懒于批答，束之高阁。虽然面对处于半瘫痪的朝廷，如游也曾请告一次，乞休一次，但最后他还是留了下来。

万历四十八年元旦，神宗照例免朝。孙如游就与首辅及各部尚书、侍郎等来到午门外举行庆贺典礼，礼毕后又到仁德门致礼，然后请长期不上朝的皇上御驾文华殿接见朝臣。二月，如游请皇上册立皇长孙，又

请皇太子御讲。

四月初六日，神宗的皇后王氏病逝，当时礼部尚书之位久缺，神宗就命如游以右侍郎署部事。如游不顾病体虚弱，匆匆赶到礼部主持丧礼。虽然部务剧繁，但如游处事敏捷，部内不存积滞，显示了他干练的办事才能。

七月十九日，病入膏肓的神宗把孙如游等几名信得过的大臣召到弘德殿，勉励大臣们要用心办事，辅佐嗣君。两天后，神宗就晏驾了。他留下遗言要皇太子常洛晋封郑贵妃为皇后，常洛不敢违背先帝旨意，也不敢得罪郑贵妃，就在神宗逝世的第二天将该遗言传示礼部，查例来行。礼部接旨后，如游慷慨凛然地说："这是我的职守，我应当用死来诤谏。"他在上疏中称："臣考古今册后之典，并无此例。""皇贵妃事先帝有年，果其有例可据，何待今日！乃不闻倡议于生前，而顾遗嘱于逝后，岂弥留之际神情有不自主者耶！""先帝念皇贵妃之劳，当不在位号之闻；殿下体先帝之心，亦不在尊崇之末。臣敢昧死以闻。"如游的奏疏写得有理有节，常洛阅后深表嘉许，议论就逐渐平息下去了。

八月初一日，光宗嗣位。时值国家大丧，朝廷内外都惴惴不安，于是第二天，如游就请光宗御文华门，以安人心。又过了一天，就请光宗册立皇太子，以培国本。十九日，孙如游官拜礼部尚书，给二品诰命，荫一子入胄。如游又为郭元妃、王才人请册典，为瑞王、惠王、桂王请分封，但拒绝了皇帝封郑贵妃为神宗皇后的建议。

孙如游建议明光宗朱常洛不封郑贵妃为神宗皇后，是非常明智的。既然朱常洛另有生母，郑贵妃怎么能封为先帝皇后呢？所以朱常洛也是对此感到十分为难，再者朱常洛三十多年来受尽了郑贵妃的压制和打击，直到现在郑贵妃的阴影依然挥之不去。现在，神宗遗诏竟然要他封郑贵妃为皇太后，这就意味着她还可以通过垂帘听政来控制自己。光宗怎么会同意呢？而且这种做法显然也不符合典章制度，也遭到大臣们的强烈反对，于是将奏疏留中不发，这件事就暂时搁置了下来。后来，在八月二十日，朱常洛收回了封郑贵妃为皇太后的成命。

明光宗纵欲过度，崔文升乱开泻药

明光宗即位就勤于政事，看起来朝政就要有个新气象了。百官心中喜悦：旧时代总算过去了，虽然还有棘手的事情，但总能一件一件来解决吧。但他们没料到，新皇帝即位才五天，最大的棘手问题就来了——明光宗朱常洛的身体健康出了大问题！

因为读的书少，光宗朱常洛在治国理政上并无过人的才干，并且也不热心。在政务之余，他就贪淫纵欲，整天在后宫与美女们一起厮混，纵情淫乐。酒色伤身，光宗的身体本来就十分的虚弱，这样不到半个月便一病不起了。关于这段历史，在文秉《先拨志始》中也有所记载："光宗御体羸弱，虽正位东宫，未尝得志。登极后，日亲万机，精神劳瘁。郑贵妃欲邀欢心，复饰美女以时。一日退朝内宴，以女乐承应。是夜，一生二旦，俱御幸焉。病体由是大剧。"李逊之《泰昌朝记事》也有类似的说法："上体素弱，虽正位东宫，供奉淡薄。登极后，日亲万机，精神劳瘁。郑贵妃复饰美女以进。一日退朝，升座内宴，以女乐承应。是夜连幸数人，圣容顿减。"由此可见，光宗的身体应该是本来就很弱，光宗在即位之初也确实是很勤政的。而且，郑贵妃向光宗进献美女也应该是事实。

郑贵妃这么对待朱常洛，除为巴结他之外，其实还有别的意思，那就是想做皇太后，李选侍这时也想做皇后。于是二人商议妥当，由李选

侍出头，向光宗请求。光宗也有心册立李选侍，只是郑贵妃的事却非常为难，怎奈李选侍再三请求，光宗也只好含糊答应下来。过了两天，仍然没有册立的消息，郑贵妃心急如焚，又托李选侍去催。不想光宗酒色伤身，房事过多，又每天服食春药，渐渐阳涸阴亏，生起病来，李选侍一时不好开口，只好等光宗病好之后再商议。

光宗皇帝八月十日病倒，召医官来进行了诊治。十二日还强挺着视朝，群臣见皇帝病容加剧，都大为吃惊。第二天，就完全没法坐朝了，又召医官陈玺等人前来诊治。

郑贵妃和李选侍等了一日又一日，偏偏光宗的病一日比一日加重，急得二人团团转，只好以探病为名，一起来到寝宫。大概说了几句客套话，二人就问起册立的日期。此时光宗头晕目眩，无力应酬，又禁不起二人絮叨，索性满口答应下来，约定马上宣诏。

但郑贵妃老奸巨猾，见光宗答应下来，便不肯走，非要光宗亲自临朝，面谕群臣宣布此事。光宗无可奈何，勉强起身，叫内侍搀扶着出殿，召见大学士方从哲，命他尊郑贵妃为皇太后，还托词说是先帝的遗命。说完，就让内侍扶着回宫了。方从哲本来就是个糊涂虫，不管可行不可行，就把旨意传到了礼部。礼部侍郎孙如游愤慨地说："先帝在世的时候，都没有册封郑贵妃为皇后，皇上又不是贵妃所生，这事情怎么行得通？"于是上疏阻拦。

奏折递上去之后，光宗大概看了一下，就派内侍拿给郑贵妃看。郑贵妃怎肯罢休，还想请光宗重新宣诏。可光宗的病势越来越重。八月十四日，郑贵妃开始自作主张，不知她是故意还是无意，她让御药房太监崔文升去给皇上看病，崔文升就为皇帝开

明代黄花梨画案

了一个药方。

这崔文升本来就是个太监，不是医生，对医道所知甚少，他觉得皇帝整日淫乐，以为皇帝是欲火过旺，给皇帝诊完脉后说是邪热内蕴，肾虚火旺，需要泻火，应该用通便的药，于是将大黄、石膏开到方子里，开了一副药性很强的泻药。光宗服下去后，顿时腹痛肠鸣，狂泻不止，一天一夜，下痢四十三次；精神萎顿不支，口干唇裂，面色青紫，随时都有大行升天的危险，接连几天，光宗都是气息奄奄。

十五日，首辅方从哲听说皇上起不来了。大惊，连忙带领诸臣赶到宫门问安，皇帝传出话来，只说是"数夜不得睡，日食粥不满碗。头晕目眩，身体疲软，不能走动"。但吃药的事，他没有告诉大臣，不过宫中的太监与宫女早已传开崔文升给皇上服泻药出了大事。外廷很快也就都知道了，一时人情汹汹，都说崔文升是受郑贵妃指使。

明光宗病情加重，崔文升被逐出宫

此时郑贵妃依然住在乾清宫，她已是大行皇帝的遗孀，按制应该马上搬离乾清宫，但她为了与新住进来的李选侍联络方便，还没搬走，只等待封她为太后。她昼夜派人前来闻讯，却不提光宗病情，只是一味地催逼光宗封她为太后。光宗无奈，在病榻上诏谕礼部准备大封。大臣们见皇帝突然病重，都认为是崔文升庸医误人，或另有阴谋，主张严惩崔文升。

给事中杨涟说："贼臣崔文升不知医……妄为尝试；如其知医，则医家有余者泄之，不足者补之。皇上哀毁之余，一日万几，于法正宜清补，文升反投相伐之剂。"杨涟认为，朱常洛本来身体就虚弱，应当进补，而崔文升反而进以泻药，其心叵测。

这个崔文升原先是郑贵妃宫中的亲信太监，朱常洛即位后，被提升为司礼监秉笔太监，兼御药房太监。把这样一个来历的太监提为内廷二把手，是何用意，不可考。光宗皇帝的警惕性实在是太差了。朱常洛患病后，崔文升进奉药性极为猛烈的泻药让朱常洛泻个不停，支离于床缛之间，几近衰竭，可见这个崔文升是致使光宗卧床不起的主犯之一。并且联系到此前郑贵妃进献美女，可见这两件事情都是事先有预谋的。清人张廷玉所编的《明史·崔文升传》中也认为："文升受贵妃指，有异谋。"但这只是后人的推测，并没有明确的证据证明崔文升就是受了郑贵妃的指使。

光宗病重之时，引起了多方面的焦虑，朱常洛的外戚王、郭二家发觉郑贵妃可能有阴谋，便向朝中的大臣们哭诉："崔文升是故意进错药，并非失误。皇长子朱由校也常常私下里哭泣：'父皇身体健康，何以一下子病成这样？'郑、李谋得照管皇长子，包藏祸心。"

这个情况，引起了廷臣普遍的不安。大好形势来之不易，这个郑贵妃还要继续为祸朝政，真是岂有此理。给事中杨涟、御史左光斗等人立即上了一道奏折，分析皇上"圣躬违和"的原因，指责崔文升违反药理，故意用"相伐之剂"，致使皇上"圣躬转剧"，主张将崔文升拘押审讯，查个水落石出；并且建议皇帝收回晋封皇太后的成命，让郑贵妃先离开乾清宫，搬回慈宁宫居住。

杨涟是于二十日上疏，他说："医家看病，有余者泄之，不足者补之。皇上哀伤之余，一日万机，正宜清补，文升反投下相伐之剂，遂令圣上病情转剧。而且还煽动党羽，胡说皇上是为女艺人所蛊惑，不加检点。他就是想以此掩盖自己的阴谋，既加重了皇上的病，又污损了皇上的名，罪不容死。请将此人收监，以平息舆论！"

在这道奏疏里，他还非常有眼光地提出，郑贵妃的名分和对她的安排，是事关治乱的大事，一定要果断处置。他说，封郑贵妃一事，尤为违反典章制度。她算个什么，既非皇上的嫡母，又非皇上的生母。请皇上还是将秩序整顿一新，严格名分，以杜绝某些人的僭越窥伺之心，不负天下之望。

到了八月二十二日，光宗的身体已经有所好转，他召见方从哲和新任内阁大学士的刘一璟、韩爌，还有其他一批大臣，其中上疏的给事中杨涟也在列。这时的杨涟只是个小小的言官，光宗也让他来到他的病床前，显然是因为几天前上疏的事。诸臣见皇帝同时还召来了锦衣卫的校尉站在旁边，都以为是杨涟的上疏太不留情面，触怒了皇上，今日怕是要有梃杖的事发生。

诸臣惶恐之下，急忙嘱咐方从哲快跟皇上求情。方从哲没有应承，反倒是劝杨涟自己去跟皇上认错。杨涟不干，说："死即死耳，涟有何罪？就是今天穿胸烂骨，也还是那些话！"这个硬骨头的言官，难怪后来能青史留名，他是明末官员中能把孔孟之道坚持到底的少数官员之一。

这次召见，与众大臣想象的正好相反，不仅没见到什么梃杖的迹象，反而充满了平和之气。只见光宗亲临暖阁，斜着身子坐着，皇长子由校站在一旁侍奉。请过安之后，光宗对他们说："朕每次看到你们，心里都非常宽慰。"接着又看了杨涟很久，说："国家事重，卿等尽心。朕自加意调理。"说完就开始气喘。

众臣让皇帝保重身体，方从哲叩头说："皇上身体欠佳，还需服药。"光宗好像并不觉得他的身体有如外界猜测的那样，他很是心平气和，只是说："朕自去年七月起身体不适，到今年五月才好。即位后，政务不敢闲暇，以致病发，久久不好。不过，没事的，现在有一件事要吩咐：选侍李氏侍奉朕有些年头了，皇长子的生母死后，皇长子一直由她抚养，现在准备加封她为皇贵妃。"

话音刚落，众臣还未回答，却听屏风后面有环佩声铿锵入耳。大臣们偷偷向里面看，只见珠帘半启，露出半个俏脸，正是李选侍，她娇声喊皇长子进去，说了几句话，又把皇长子推了出来。

光宗已经察觉，回头去看，正巧与皇长子打了个照面。皇长子有些怯懦地说："娘娘请封皇后。"光宗闻言仿佛有些不高兴，就没有说话，各位大臣惊诧不已，孙如游就说先皇及诸妃还未上谥号，现在不宜加封号。光宗点点头说："她伺候朕有好几年了，甚为小心。"

方从哲则赶快叉开话题，说："殿下也越来越大了，请皇上立他为太子，移居别宫。"光宗说："他的起居饮食，还要靠别人调护，怎么能移居出去？朕不忍离。"

诸臣想让皇帝的身体快点好起来，刘一璟建议皇上以医药为辅，以保养为主。光宗点头称是，说："药没什么功效，已停了十多天不吃了。"

周嘉谟赶紧附和道："药还是第二位的，唯有清心寡欲，则不用药也能好。"他委婉地劝谏泰昌帝不要那么好色了。

光宗听了也不恼，点头微微一笑，见该说的都说了，就叫侍立在身边的皇长子由校也说一说。朱由校会意，便说："宫中没什么事，先生们请跟外边说，不要听信流言。"

其实这句话才是皇上此次召见要表达的中心意思。诸臣当然有些疑惑，不过，倒也没有争执，宫中没事就好。

乾清宫内皇帝批阅奏章的地方

明光宗最后发了话，将崔文升斥逐出宫，郑贵妃封皇太后的事也收回成命，算是对群臣的意见做了部分采纳。他的态度之所以并没有跟着群臣的思路走，原因就在于，他自己知道自己的身体是怎么回事，不愿诿过于别人，因此也就拒不接受"异谋"的说法。

皇帝与大臣，一是上级，一是下级，站的层面不一样，看问题也总是不大一样。事情如果到此为止，真的也就是没事了。明光宗就算是身体从此垮了下去，那也是自然规律，不关乎政治阴谋。

这次平静的会面，也让大臣们心里松了一口气。哪知道，几天后就有大事爆发了，而且在朝中掀起了巨大的风波！

郑贵妃搬离中宫，李可灼进献红丸

为了让郑贵妃甘心搬出乾清宫，八月十六日，杨涟、左光斗与吏部尚书周嘉谟曾想了一个办法，此时郑国泰已死，大臣们把郑贵妃的内侄郑养性叫来，责问他："先朝数十年不定国本，你的姑姑罪过大焉！先帝遗嘱要封你姑姑为皇太后，你应出面坚辞才对。为何郑贵妃还住在乾清宫不走？又向皇上进献珠玉美女，不是有非分之念么？这样贪得无厌，一旦事发，你们郑氏一门将后患无穷，还是小心一点为好！"

这番话虽是威胁，但说的也是实情。郑养性听了，不由得心虚，失魂落魄而退。诸大臣的意思，是让他将此话传给郑贵妃。郑养性不得不从，只好入宫禀报。果然没有几天，他就上疏皇上收回封郑贵妃为皇太

后的成命。

而关于崔文升用药之事，也开始有人追究，而其主使者正是郑贵妃，这让她感到大事不好，且舆论压力非常强大，时势毕竟已不同，郑贵妃担心大祸临头，就是再恋恋不舍，也不敢将事情激化，经过慎重考虑，她乖乖移往慈宁宫去了。

众大臣将郑贵妃逼出乾清宫，将她与皇上隔离了开来，使她不至于再在治病问题上动手脚，这可以说是万全之策。因为虽然大臣们潜在的想法没明说，但内心对郑贵妃的"异谋"是看得清清楚楚的。郑贵妃虽然已失去了实质性的权力资源，仅有一个不太过硬的名分，但她手里还有两张牌：一是如果泰昌帝死了，那么福王也有拥立为皇帝的可能，虽然机会很微小；一是郑贵妃已经笼络住了李选侍，如果泰昌帝一死，起码她不用恐惧有朝一日泰昌帝再记起前仇来。且西李选侍在郑贵妃的唆使下，已牢牢抓住了皇长子朱由校，泰昌帝一死，小皇帝继位，这两个女人就可以实行某种程度的"垂帘听政"了。如果这样，那就是大明的不幸，更是大多数"反郑派"官员的不幸。

但是，谁会想到接下来光宗却神秘地驾崩了呢，而直接肇事者竟是一个六品官员——鸿胪寺官员李可灼。

八月二十三日，鸿胪寺官员李可灼来到内阁，说有仙丹要进呈皇上。这一天，刚好是新任阁臣刘一璟、韩爌头一天上朝的日子。几位阁臣听了李可灼的要求，都沉吟不语，最后方从哲表了态，他考虑到崔文升胡乱用药已经引起了大风波，费了好大力气才平息掉，觉得这种事还是不做为宜。

首辅的这种考虑无疑是正确的，于是两位新阁臣就叫李可灼走了。但李可灼不死心，不知他是想立大功呢，还是别有什么企图，偏要百折不挠地把这药呈送上去。过了六天，他干脆跑进宫里找到太监，想通过太监这一门路把药送给皇上。

鸿胪寺是个负责朝会、仪礼和接待外宾的部门，皇上有病本不关这个部门官员的事，可是这个李可灼却是热心得令人起疑。

明末四案之谜

太监们这时候也很小心，不敢擅自作主，先行通报了内阁，说："皇上已经病危，现有鸿胪寺丞李可灼到思善门来，说要进药。"

方从哲等阁臣这次更警觉了，坚决制止这个家伙，他告诉太监说："他说是仙丹，所以我们不能信。"

就在这一天，光宗好像预感到自己来日无多，特地强撑着召见了十三位重要大臣，皇长子朱由校也在场，这显然是有临终顾命的意思。

在乾清宫的病榻上，光宗说："朕的病好像不行了。"他看着三位阁臣说："国家事请三位爱卿尽心。"然后又对部院大臣道，"卿等要为朕分忧，好好辅佐皇长子，务必让他成为尧舜之君。"

他又让朱由校说几句话。皇长子说得很得体："先生们劳苦了，请记住父皇的话。"

方从哲等人神色黯然，不禁哽咽起来，伏地不忍仰视，也许方从哲觉得既然皇上病体如此，有药就不妨一试，于是就向光宗提起李可灼进献红丸的事情。

光宗听了之后，很感兴趣说："鸿胪寺官说有什么仙方，现在在哪里？"方从哲叩头道："李可灼的奏请恐怕难以相信。"光宗气喘吁吁地说："先……先去叫他进来！"

方从哲或怕出了事责任太大，又立刻委婉地表示异议，他提出，是否与御医们商量一下再说。刘一璟则对众人说，在他的家乡，有两人服过此药，效果是一好一坏，可见不是万全良药。众人疑虑重重，但就是不敢把话挑明。皇帝的指示，还是传达下去了。

历史上的光宗是否迷信或服过仙丹，史书上没有记载。包括他父亲万历，也没有这方面的记载。明朝十七帝中，最迷信丹药的有两位：宪宗皇帝（成化）和嘉靖皇帝。尤以嘉靖皇帝在这方面搞得空前绝后，到晚年迷信得近乎白痴，当时太监们随便扔个桃子在他床上，说是老天降下来的，他也信，还要举行大典告祭祖宗。太监们背后笑他痴呆，屡次用这种方法讨赏。

光宗服"仙丹"，两粒送了命

明光宗执意要服用仙丹，显然是出于求生的本能与内心的绝望，真的是"病急乱投医"、"死马当作活马医"的想法。左右太监奉命去召。一会儿工夫，李可灼觐见，光宗命他上前诊脉。李可灼口才极佳，马上说出了致病原因以及治疗用药的方法。光宗非常高兴，让他出去和药。

接下来，光宗又和大臣提到册立李选侍的事情，并说李选侍只生有一个女儿，非常可怜。光宗还命皇长子出来，看着大臣们说："你们辅佐朕的皇儿，能让他成为尧、舜，朕也就瞑目了。"方从哲等人正要说

明光宗陵墓庆陵

话，光宗又问：“寿宫是不是还没有头绪？”方从哲说：“先帝的陵寝已经齐备，皇上不必担心！”光宗用手指着自己道：“是朕的寿宫。”方从哲等人齐声说：“皇上万寿无疆，何出此言？”光宗叹息着说："朕知道自己病重了。现在就指望着李可灼的仙药能有些效果，或许还可延年。”说到这里，已经气喘得不行，也不想再说话，于是用手一挥，命大臣退下。

大臣们刚刚走出宫门，就见李可灼兴高采烈地跑过来，便一同问他：“御药制好了吗？”李可灼伸出手掌给他们看，是一粒巴豆大的红药丸。大家也来不及细问，就让李可灼进去，然后都在宫门外等着，听候服药的消息。过了一会儿，有服侍皇帝的太监跑出来，众臣赶紧上前问，太监说：“圣上服过药后，气喘平息，四肢暖和，想进饮食，现在正在称赞李可灼呢。”

原来，光宗服药后，觉得通体舒泰，有了些精神，认为此药效果不错，便夸赞起李可灼来，说其“真忠臣也！”连说数遍，大臣们听说如此，也就放了心，高高兴兴地各自回家去了。

到了傍晚时分，方从哲等人又来到宫门问安，正巧碰到李可灼从宫中出来，就上前探问消息，李可灼说：“方才皇上怕药力减弱，想要再服一丸，然御医都说不宜再服。”

方从哲忙问服了没有，李可灼表示，上意难违，且催促很急，只好遵命，已经服了第二丸。众人又问皇上现在的病状况如何，李可灼说："皇上服了药丸，觉得非常舒畅，不久身体便可痊愈了。”方从哲等人认为李可灼为皇上诊病有功，令赏李可灼白银五十两，绫罗两匹，这才放心离去。

不料到了五更天，宫中传出急旨，召大臣们速速进宫。各位大臣慌忙起身，连盥洗都来不及，匆匆穿上朝服，来到宫中。宫中那时已经传出哀号声，光宗在卯时已经“龙驭上宾”，归天去了。

泰昌帝死时年三十九岁，仅做了一个月皇帝，史称“一月天子”。此时万历皇帝尸棺尚未埋葬，泰昌帝地宫也不可能在短期内速成。无奈

之下，就在原北京昌平景泰陵的废址上重建新陵，天启元年（1621年）三月重新修缮，八月完工，九月入葬，名为庆陵。庆陵中陪葬的有孝元、孝和、孝纯三个皇后。卒谥崇天契道英睿恭纯宪文景武渊仁懿孝贞皇帝。庙号光宗。

春药做补药，红丸能害命

两粒红丸，要了皇帝老子的命，明廷朝野上下顿时卷起轩然大波。这红丸到底是什么药？这李可灼不是御医，怎么敢在皇上病情危急之际进这种药？有的人认为：这李可灼进的就是红铅丸，只是一种普通的房中药。它是以红铅为主，人参、鹿茸等药为辅，其他还有女人经血、妇人乳汁等，当时服下，会觉得精神一振，很有效果。

野史上记载有红铅丸的制作之法：医家有取红铅之法。择十三四岁童女美丽端庄者，一切患残疾，声雄发粗，及石女无经者俱不用。谨护起居，俟其天癸将至，以罗帛盛之，或以金银为器，入瓷盆内澄如朱砂色，用乌梅水及井水河水搅澄七度，晒干，合乳粉、辰砂、乳香、秋石等药为末，或用鸡子抱，或用火炼，名"红铅丸"。专治五劳七伤，虚愆赢弱诸症……

这红铅丸实为一种春药，明代春药已经很多了，皇宫长期以重赏吸引献这类秘方的人。从宪宗成化年间起，献秘方者络绎不绝。有个叫陶仲文的人，本是个不见经传的守仓库的小吏，因献房中秘方而受宠于嘉靖帝，一跃而成为朝廷显贵。传说，他所献的春药秘方，就是"红铅丸"。

他的红铅丸制法很特别：须取童女首次月经之血盛在金银器内，加上夜半第一滴露水、乌梅等药，连煮七次浓缩，再加上乳香、没药、辰砂、南蛮松脂、尿粉等搅拌均匀，用火提炼，最后才形成固体，制成丸药。

古人炼丹时的情景

据《明实录》：嘉靖二十六年（1547年）二月，从畿内挑选十一至十四岁少女三百人入宫；三十一年（1552年）十二月，又选三百人；三十四年（1555年）九月，选民间女子十岁以下一百六十人；同年十一月，又选湖广民间女子二十余人；四十三年（1564年）正月，选宫女三百人，前后共计一千零八十人。这些尚未成年的小姑娘，后来竟成了嘉靖皇帝制药用的"药渣"。

与陶仲文同时代的文人王世贞的《西城宫词》写道："两角鸦青两箸红，灵犀一点未曾通。自缘身作延年药，憔悴春风雨露中。"

这诗写的就是这些可怜的小姑娘。由于嘉靖帝凶狠的淫欲和无情的摧残，引发了一场中国历史绝无仅有的宫女暴动，以杨金英为首的十几

名宫女一起上阵,用绳子套住嘉靖帝的脖子,要把嘉靖帝勒死,由于绳子打成死结,才没有成功。

据史学研究者朱东润先生考证:嘉靖帝的儿子穆宗于三十六岁时,也是死在这红铅丸上。

宫廷内外,肉欲横流。光宗朱常洛继承了其父贪财好色的遗风,早已经精力衰竭,需要调养才是,而房中药大都属于升阳壮火的热药,皇帝大泄刚过,却连服了两颗,药性过大自然会虚脱,再一次地栽倒在这红铅丸上,也就不足为怪了。不到一个晚上,便与世长辞。

但也有人认为:这红丸就是道家金丹,从那药的颜色便可推知那是用汞炼成的汞化合物。明代诸帝希求长生不老,大都宠信方士。宪宗时期,受封为真人、法师、法王、禅师、国师的僧人道士,竟达一千余人。嘉靖帝退居西苑万寿宫二十余年,长期不理朝政,只以炼丹求仙为事。明代诸帝大多是色欲之徒,方士们也常常铤而走险,用救命金丹来对付垂危病人,死了是病重难救,而一旦活了,则名利双收。很多人都是把春药当作补药进上,从而踏上坦荡的仕途,李可灼何尝不想如此。只不过他的时运不佳罢了。

还有人认为,拿春药给垂危病人吃,是出乎常理的。李可灼不是疯子,明知道这病人乃是皇帝,如何敢这样胡来?何况朱常洛本是滥用春药,纵欲伤身,他需要的是清心寡欲,静养休息,哪能再用这等虎狼之药,火上添薪?李可灼显然是受人利用,故意拿这等药物来加速其死亡,其罪责已经不是误用"红丸"、好心办了坏事,而是一种精心策划的谋杀了。红丸案之所以成为多年纠缠不清的大案,或许就是因为有这最后一说。

红丸案牵连日久，天启朝党争不断

光宗从继位登极到突然死亡，满打满算才三十天的时间，成了明朝历史上在位时间最短的皇帝。同时，光宗皇帝的死因也是扑朔迷离，在他死后引发了一场轩然大波，并为历史留下了红丸案这一个千古疑案。

光宗到底是怎么死的？李可灼所进红丸究竟为何物？围绕这两个问题大臣们争论不休，相互攻击，有人说是服红丸而死，也有人说与红丸无关；有人说旧病未愈，有人说是劳累所致；有人说是惑于女宠，是郑贵妃有意加害；有人说是用药差误。有的大臣因李可灼进红丸功，议"赏钱"；有的大臣以"李可灼罪不容诛"，议"罚俸一年"；有的大臣以"可灼非医官，且非知药知脉者"议上，将其遣戍。

朝野上下议论纷纷，但无论怎么说，冒充太医给皇帝治病的崔文升、李可灼都难推其罪。吏部尚书张问达、户部尚书汪应蛟、礼部尚书孙慎行、左都御史邹元标，以及众多言官纷纷弹劾崔、李二人用药、进药错误之罪。其中御史王安舜认为："先帝之脉雄壮浮大，此三焦火动，面唇紫赤，满面升火，食粥烦躁。此满腹火结，宜清不宜助明矣。红铅乃妇人经水，阴中之阳，纯火之精也，而以投于虚火燥热之疹，几何不速亡逝乎！"

当时更有不少人认为这件事与郑贵妃有关，光宗两次卧病都是由于进药，两次进药之人又都与郑贵妃有关系，御药房太监崔文升原是郑贵妃的属下，李可灼及引荐之人方从哲也是郑贵妃集团的人。御史郑宗周、南京太常寺少卿曹珍等更指此一事件与多年前的"梃击案"出于同一"奸谋"，即有人必置光宗其人于死地；刑部主事王之寀更直指光宗之死与郑氏、光宗宠妃李氏等阴谋夺权有关。

同时，大家也认为光宗第一次病重是由于过度接近女色，是纵欲过度，身体虚弱，需要温补之剂慢慢地调养，而不应该使用大泄药物。第二次病重是因为大泄之后，圣体脱水致虚。病中还能召见大臣，病不致死，若用平和的药剂慢慢地滋养，自然会好转。而李可灼所进的红丸显然是春药一类的助火药，这种药含有红铅，可令人当时感到精力倍增，但是根本上却是要竭泽而渔，对于身体虚弱的光宗来讲，吃那种东西只会加速他的死亡。这件事显然是有预谋的。

最后，廷臣们指定李可灼的红丸是致皇帝暴毙的罪魁，而且还牵涉到方从哲。不过平心而论，方从哲、李可灼对于朱常洛服药，本就是抱着一试的希望，方从哲开始也并不建议服用，对于朱常洛的死并不要负什么责任。后来，内阁大学士韩将进药的前后始末详细地在给熹宗的奏疏中说明，才使方从哲摆脱了困境。

方从哲画像

从药理上说，红丸性热，正好与当初崔文升所进的大黄药性相反。本就虚弱的朱常洛，在最后的岁月连遭性能相反而且猛烈的两味药物的折腾，岂能不暴毙而亡！但两派大臣激烈争论没有结果，最后，为平息事态，只好将崔文升、李可灼二人拉来做了替罪羊。判李可灼误用药剂，致使圣上大行，流戍边远。崔文升发配南京充净军，其实崔文升的罪更大，但刑罚判得却比李可灼轻。

明熹宗朱由校即位后的天启年间，魏忠贤伙同朱由校的奶母客氏当权，以编修《三朝要典》为名，把"妖书"、"梃击"、"红丸"、"移宫"四大案翻过来。史载天启五年（1625年），魏忠贤上《三朝要典》，遂免李可灼遣戍。但此事并未就此结束，李可灼犯下的这个红丸案，之后又一直争吵了八年，成为天启朝党争的题目之一，宦官魏忠贤当权后要为"红丸案"翻案，于是声讨方从哲的礼部尚书孙慎行被开除了官籍，孙慎行在"红丸"案中出尽了风头，至此被夺去所有官阶封号，定了流戍；抨击崔文升的东林党人也受了追罚，党魁之一高攀龙投池而死。直到明熹宗死后，崇祯皇帝朱由检即位，朝廷惩办了魏忠贤，才又将此案翻了回来。

但事情至此还未结束，崇祯皇帝在李自成大军的逼近下上吊而死。明朝灭亡，清王朝入主中原，逃窜到南方的明朝遗族组建了南明王朝。不幸的是南明王朝建立后，小朝廷竟然在立足未稳之际，又一次以此为题材挑起党争，直斗到南明地方政权彻底灭亡。小小红丸惹起的党争才算尘埃落定。

"红丸"一案争辩的时间虽长，但其中的疑点并没有弄清楚。后人为此曾进行过一系列的考证和争论，但最后也都没有令人完全信服的结论。光宗的死是否与红丸有关，是否是谋杀，依然是一个千古之谜。

移宫案之谜

第四部分

光宗驾崩乾清宫，众臣赴祭遭阻拦

红丸案之后接着便发生了移宫案，这两个案子基本是一体的，有了红丸案，才有了移宫案，两案的处理结果也是一体的，可以说密不可分。

那么"移宫案"是怎么一回事呢？"移宫"二字按照字面理解，就是从一个宫殿搬到另一个宫殿，现在看起来很简单，但在当时却是十分困难。因为是朝臣与后宫之争，是大臣们想让最不想搬离皇帝才能居住的乾清宫的人搬离这里，于是斗争曾异常激烈。

"移宫案"包括"避宫"、"移宫"两个阶段。先说"避宫"，此事还是得从光宗朱常洛说起。朱常洛有"东李"、"西李"两位选侍，后宫里头有皇后、皇贵妃、贵妃、嫔等等，选侍是比较低级的妃子。天启皇帝朱由校的母亲生下他之后不久就死了，朱由校及其同父异母的五弟朱由检（崇祯皇帝）被托付给西李选侍照管。西李为了控制朱由校，便要求他与自己同居一宫，但天启帝除了害怕她，对她没有一点好印象，后来天启帝曾说："选侍凌殴圣母，因致崩逝"，"选侍侮慢凌虐，朕昼夜涕泣"。

明光宗朱常洛即位后，朱由校和西李随之移居乾清宫。西李得宠于光宗，光宗打算将她由选侍封为皇贵妃，但西李要求封为皇后。不久光宗驾崩，西李封后的梦想破灭了，便勾结心腹宦官魏忠贤（原名魏四），想利用朱由校年少，自己居乾清宫，与皇长子住在一起，进而觊觎垂帘，把持朝政。

明光宗因为进食红丸突然死去后，各位大臣惊诧之余也无话可说，只得入宫哭灵，却不得入内，大臣们见此状况，都猜到了宫中郑贵妃和李选侍的心思，于是都在心里暗暗担忧。给事中杨涟对大臣周嘉谟、李汝华说："宗社事大，李选侍非可托少主者，急宜请见嗣王，呼万岁以定危疑……移住慈庆为是。"两人听了，均深有同感，便一起去见辅臣方从哲。群臣商量过后，又一起奔向皇宫。

谁知众大臣到了乾清宫外，竟有太监出来阻拦：一伙太监手持木棍，拦住了大门，有的还拿着棍棒要打，这凶神恶煞的情景，谁也料不到！大臣们虽然气愤却不得进宫。这情景先就激怒了杨涟，本就是个忠直刚烈之臣，再加上先帝对他又有感遇之恩，他早就不惜以死图报。

此时他挺身就要往里面冲，众太监拿着木棍向他逼来。杨涟不顾死活，上前大声喝斥说："奴才！皇上驾崩，你们竟阻止大臣哭灵，谁敢辱天子从官？嗣君幼小，未知安否，你等阻门不容顾命大臣入里，意欲何为？这是谁的意思？快快说来！"

太监也不敢说出是谁主使，这群恶奴虽然猖獗，但所依仗的也不过是先帝的一个妃子。杨涟根本不把这女人放在眼里，凛然正气之下，太监们被这气势所吓住，有所迟疑，杨涟便上前，拨开了木棍，太监们只好唯唯而退，放他们进去，群臣借势一拥而入。

大臣们进了宫，看到光宗的灵柩，想到被他们寄予厚望的新天子继位才一个月，却撒手西去，多少希冀成了泡影，不由在灵前一通大哭。

西李欲控皇长子，众臣强行立太子

大臣们哭灵结束后，又发现不对：嗣君朱由校并没在灵前守着，这有违传统的孝悌伦理之道。刘一璟即问近旁太监："圣上宾天，皇长子应该在灵前即位，如何却不在此？"

太监们听他这一问，都纷纷闪避开，无人作答，只有东宫伴读王安一人没动地方，他有心扶立太子，就凑近来悄悄说："皇长子被李选侍（西李）藏匿在暖阁中，要封了皇贵妃才放出来。"

刘一璟勃然大怒，喝道："大胆，谁敢藏匿新天子？"

王安连忙劝道："列位不要急，先在此稍候，待我进去瞧瞧，或能带新天子来见大家！"说完他转身来到里面，见到李选侍，故意语气平静地说："大臣们前来哭灵，皇长子应该出去相见，这是规矩，等大臣退去之后，他才可以进来。"

李选侍不想答应，就说不立贵妃，就不放皇长子，王安又说："各位顾命大臣正在等着新皇帝在灵柩前即位，光把皇长子藏起来是没有用的，群臣拥立这一环节按例不能免，只有通过拥立，新皇帝才能登极，新皇帝即了位，才有可能给你加封。"

明光宗突然暴毙，李选侍面临宫中巨变，一时难以接受，也是心神不定，在这关键时刻脑子没转过弯来，居然被说动了心。就叫人把藏在暖阁里的由校唤了出来，让他跟着王安出去一趟。她当时想的可能是，

反正由校没出乾清宫，即便成了新皇帝，也在我的手心里。

朱由校刚走了两步，李选侍凭直觉忽然觉得不对，想去阻拦，又找不到理由。王安哪里还容得她反悔，急忙牵住朱由校就往外面跑。

李选侍身边的太监李进忠担心出什么差错，暗中派小太监去追回皇长子，小太监刚刚拽住皇长子的衣角，杨涟就大声呵斥，小太监心中胆怯，才无可奈何地退去。这个李进忠的名头并不响亮，可是他后来另有一个名字可是无人不知，即著名的祸国大太监魏忠贤。

待到了前殿，诸臣一见皇长子终于出来，便在他面前叩头，齐齐伏地高呼"万岁"。朱由校年纪虽小，这时的应对倒也得体，连声说道："不敢当，不敢当！"

群臣这一喊，就算是确立了新的君臣关系，朝中大局就算定了下来。大家知道此处不是说话处，便爬起来，刘一璟拉着朱由校的左手，英国公张惟贤拉着他的右手，由王安为前导，群臣簇拥在后，一行人匆匆走出乾清宫，之后大臣们七手八脚，把朱由校扶上了停在宫门前的软轿。

就在这时，殿内传来李选侍凄厉的喊声："哥儿回来，哥儿回来！"

诸臣头也不回，看看轿夫还没来，他们自己抬起轿子就走，已经走了几步，轿夫才赶上将大臣们换了下来，接着大臣们保护在四周，这支奇特的队伍出了乾清门，直奔文华殿而去。

一路上，从乾清宫追出来好几拨儿太监，想要把由校抢回去。此时，真是千钧一发。刘一璟紧紧挨着御辇疾行，保护着由校，把那些想靠近的太监一个一个赶走，一共赶走了三拨。在这三拨儿太监里，魏忠贤出力最大。

魏忠贤，河间府肃宁人，无赖出身，目不识丁，后来爬上了内廷的最高位，不仅控制了皇帝，还控制了整个国家，显赫不可一世。但此时的魏忠贤还叫李进忠，没有那么大权势，只是李选侍身边的一个心腹太监。他追上了御辇，气势汹汹地问："你们要把皇长子带到哪里去？"说着，伸手就来拉由校。

朱由校不禁面露惧色，杨涟见此便冲上来痛斥魏忠贤，同时对由校说："殿下是群臣之主，四海九州都是您的臣子，您还怕什么？"

杨涟画像

按说杨涟这时只是一个兵科给事中，远不够列入顾命大臣的资格。就因他不久前上疏议论郑贵妃封太后事，言辞激烈，甚至有"冒犯天威"之处，光宗皇帝看了不但不恼，反而很赞赏，将他列为了顾命诸臣之一。众大臣对他刮目相看。他也就此介入了"移宫案"，以一个言官的身份，影响了整个朝政大局的走向。

在不停的阻拦之中，皇长子终于被群臣拥到了文华殿。到了文华殿，一批官员早等候在那里，先向由校行了叩慰礼，又将由校扶上正座，再行五拜三叩头礼，算是将由校立为了东宫太子。群臣礼毕，就提请太子即日登极，正式做皇帝算了。由于太子登极通常得有一个辞让的虚礼，朱由校觉得不能马上答应，只答应到了初六再说。

太子移居慈庆宫，杨涟主张缓登极

　　东宫册立完毕后，李选侍又派人来叫太子回乾清宫去。朱由校年龄还小，对这母老虎般的李选侍还是有所顾忌，不敢不答应，却又怕过去会被责打，就犹豫着不知该不该回去。朱由校虽怕李选侍，但群臣不怕，刘一璟等人已胜了一局，哪还能容这女人掌控太子。于是，立刻向朱由校表明态度说："乾清宫绝不能再去，殿下可先住慈庆宫。"

　　慈庆宫是明朝历代太子居住处，朱由校居住于此正是合情合理，他心想父皇当年就是居住于此，后来做了皇帝，他也应该住到那里，于是对这个决定当然满意，遂转忧为喜。

　　刘一璟又与王安商议道："主上年幼，又无母后，今后外廷有事，由顾命诸臣担当，宫中起居，就有劳你了。"

　　王安对李选侍一向不喜欢，对她殴辱由校生母王才人致死的事尤为愤恨，当下承诺：愿全力扶助太子。有此承诺，群臣一声欢呼，再无惧怕后宫之顾虑。顾命诸臣便拥着太子到了慈庆宫。

　　到了慈庆宫，有大臣进奏说："今乾清宫未净，殿下暂居此。"吏部尚书周嘉谟也说："今日殿下之身，是社稷神人托重之身，不可轻易。即诣乾清宫哭临，须臣等到乃发。"朱由校见形势如此，也知道事态严重，就点头同意，于是朱由校就这样被众臣立为国之储君。

　　安排妥当后，诸臣退出慈庆宫，回到内阁去商量登极日期。对这

明末四案之谜

个问题，众人意见不一：有主张九月初三的，有主张初六的，还有性急的，说干脆就在今日办了算了！

杨涟是其中主张缓办的一个。他认为太子父丧未敛，就要衮冕临朝，似乎于礼不合。古代太子当皇帝，即位与登极是两个不同的概念。即位，是指在先帝灵柩前接过天子职权，因为"国不可一日无君"。但这并不等于就是做了皇帝，一定要举行了登极大典，才是正式做皇帝。

杨涟的这个说法，是正统派的观点，但在当时情势下，就太过迂腐了。太子这次被仓促拥立是不得已而为之，于礼法也是不合的，有被否定掉的风险。因此最稳妥的做法就是赶快登极，把生米做成熟饭，不给李选侍的势力以任何可乘之机。但因杨涟在这次拥立中功劳甚大，他说话也就有了分量，于是决定初六登极，由杨涟一言而决。

而大臣们来到外面，又在一起合议，觉得储君登极绝不能耽搁，不然夜长梦多，如果李选侍找到帮手挟持了储君，大家都将死无葬身之地，于是顾命诸臣们商量完后，便又返回让内官进奏大臣们的意思。但杨涟还要坚持己见，还在文华殿没走的巡城御史左光斗得知后气得啐着杨涟大骂："要是出了差错办不成，你就是死，吃你的肉又有何用？"

这一骂，杨涟才恍然大悟。此时李选侍仍盘踞乾清宫，余威尚在，宫内爪牙遍布，随时可能控制局面。而太子独在东宫，大位未正，李选侍一旦控制太子，大臣们便只有任人宰割了；而若一旦太子出了差错，郑贵妃的势力又会出来活动，洛阳的福王朱常洵就可能入京争皇位，这实在是太不牢靠了！杨涟越想越怕，竟惊出一身冷汗，连忙嘱咐锦衣卫都指挥使骆思恭，这几天务必对东宫加强警卫。然后，又同左光斗一同去找吏部尚书周嘉谟，商量要施加压力，把李选侍赶出乾清宫，不可以让她将来与新皇帝住在一起。

他们的这一决断，非常及时。因为此时李选侍听了魏忠贤的进言，正在挖空了心思，要重新把嗣君由校控制在手里。

李选侍坐定中宫，朱由校下旨逼宫

上面的事都发生在初一这天下午，可谓险象环生。因为朱由校被大臣们强行带走拜为了储君，李选侍急得如热锅上的蚂蚁，魏忠贤便给她出了一个主意，他认为乾清宫是帝权的根本，李选侍在这里不动，问题就不大。他撺掇李选侍传谕慈庆宫，把所有的奏章一律先送乾清宫，再由这里转往慈庆宫，这样李选侍就一样可以控制朝政。

可是，朱由校对往日李选侍的殴母之仇还没忘，脑子还算清醒，所以根本不予理会。到了第二天，九月初二，大行皇帝的棺材要移至仁寿殿。太子先到了场，李选侍马上就派人来，要太子去乾清宫一趟，意思还是要先讨封。这时朱由校因听杨涟等人的话，说普天之下的人都得听他的，其胆子已经大了些，知道现在没人敢强迫他干什么，便来了个什么都不搭理。

李选侍这时已拿太子没办法。而在宫外，尚书周嘉谟等人又联名上疏，要赶李选侍赶紧移宫。

这时的朱由校，毕竟还只是个十六岁的小孩子。太子朱由校见了这道奏疏也没有什么主意，他不想封李选侍，想把她赶出乾清宫，但又下不了决心。太监王安明白事不宜迟，就躬身跪倒说道："皇上，可不能再这样下去，陛下可立即下诏逼迫李娘娘搬出乾清宫。"

于是朱由校相当配合，立即批复道：九月初六正式登极，为避免不便，让李选侍赶快搬到仁寿宫去。

这就是在逼宫了！李选侍不由得一筹莫展。紧急关头，魏忠贤又给李选侍出了一个主意，就是不走，和他们拖！

李选侍在侍奉光宗的时候就住到了乾清宫，光宗归天后，她的确是想挟持皇长子，逼迫群臣，先册封自己为皇后，然后再让皇长子登极。偏偏皇长子被内阁大臣等人强行抢走，在大臣们的筹划运作下成功"避宫"，李选侍气得要死，急得没有办法。于是她下决心要霸占乾清宫，当皇帝之母。

按照明代的制度，外廷有皇极殿，内宫有乾清宫，属于皇帝、皇后专用的。乾清宫是紫禁城内廷后三宫之一，更是皇帝和皇后的寝宫。乾清宫始建于明永乐十八年（1420年），明清两代曾因数次被焚毁而重建。从明永乐帝迁都北京到清初，这里是皇帝居住和处理日常事务的地方。明代十四个皇帝和清代的顺治、康熙两个皇帝都以乾清宫为寝宫。

李选侍先前并非皇后，现在也不是皇太后，所以她没有资格住在这里，她赖着不走，不过是想借年仅十六岁的光宗长子朱由校掌握朝政，坐镇乾清宫，进而统驭后宫，掌握天下。

为逼李选侍移宫，给事中暴谦贞毫不保留地对太子和群臣坦白说：

乾清宫

"皇长子即将登上大宝，上有百灵呵护，下有群臣拥戴，何用此妇人女子！而且李选侍并非忠诚爱国，万一封典得行，专权用事，恐怕难以抑制。"

左光斗紧接着有一疏上奏说："内廷有乾清宫，犹如外廷有皇极殿，唯有天子居之，唯有皇后得共居之，其余嫔妃不得长住。选侍既非嫡母，又非生母，俨然尊居正宫，而使殿下退居慈庆宫，不得守灵堂、行大礼，这叫什么名分？殿下春秋已有十六，内有忠直太监，外有诸位公卿，何虑辅佐乏人？难道还要放到襁褓之中喂奶么？况且殿下情欲初开，正宜少见诱惑的为好，何必托于妇人女子之手？今日若不早作决断，某人将借抚养之名，行专制之实。武氏之祸，再现于今，将来有不忍言者！"

西李欲杀左光斗，杨涟巧斥魏忠贤

左光斗用武则天来比喻李选侍，一是不希望出现后宫专权的情形出现，二是担心朱由校血气未定、把持不住，坠入当初唐高宗纳父亲后妃武则天的事情中。他和暴谦贞说的确实都是肺腑忠言，但如此去说先皇妃嫔，还是有些犯上举动。

左光斗的这一疏，在用词和假设上都相当刻毒，他以男女有别警告李选侍不得再亲近太子，即不让她再和太子处一宫中，又将她比作为祸唐朝的武则天，不仅隐喻她将要专权篡位乱天下，而且还讽刺她或有不伦之事，可能会"嫁了父亲又嫁儿子"。

李选侍看了这疏，简直要气疯了，估计当时想把左光斗掐死的心都有，但因没有实权，她拿左光斗也没办法。这时，魏忠贤又给她出了个主意，让她派太监宣召左光斗来乾清宫议事，等他进宫后就此把他杀掉，这样杀一儆百，镇住外廷那帮多嘴多舌的大臣们。

李选侍认为这法子可行，就连派了几拨儿人去请左光斗。

可左光斗也不傻，他虽是东林党人中态度比较激进的一位，对形势却看得比较准，他觉得李选侍的召见一定是心怀不轨。他以后宫选侍之职，根本无权宣他进宫之说，断然拒绝了宣召，对来召他的太监说："我乃天子法官也，非天子召不赴，若辈何为者？"就说你们一女人和一帮太监，算什么东西！

李选侍眼看着叫不动他，怒不可遏，就派内侍到慈庆宫去请朱由校到乾清宫来，议处左光斗，想再掌控太子。

已成嗣君的朱由校此刻正乐得坐观其变，怎么可能去参与整治自己一方的臣子，所以他也断然拒绝，对来人明确表态不去。李选侍又让魏忠贤带几个太监要把皇长子抢入宫中，幸好锦衣卫都指挥史骆思恭听了内阁大臣的命令，内外防护，才化解了一场后宫阴谋。

而在这一阶段，由李选侍制定的奏章审阅模式已开始运行，左光斗的奏章，是先到的乾清宫。由于朱由校对左光斗的态度很感兴趣，便叫人去乾清宫把左光斗的奏疏拿来看了。

这时的朱由校虽然年已十六岁，但由于光宗以前地位不稳，无心管他，且光宗自己文化就低，结果朱由校的文化程度也很低，自己看不了奏疏，就让王安给他念了。王安念过，他听了觉得讲得很不错，甚是有理，于是就让王安拟旨，在九月初四发布上谕，说移宫已有圣旨，册封贵妃一事，尊卑难称，着礼部再议。此即正式下诏促请李选侍赶快移宫，给他腾地方。

宫中现在的形势真是微妙万分。明光宗一死，接着就出了两个互相抵触的权力中心。一个是旧有的，虽然名分不太正，但已运作了多年，

在宫内势力很大，对外廷也还有很大的威慑。另一个是新崛起的，虽然君臣刚刚结为一体，但名正言顺，站在礼法优势上，且以外廷群臣的强大支持为基础。

李选侍没有合法的权力资源，略显得有些被动，但身为先皇宠妾，还是有些实力的。困兽犹能一斗，何况心高气傲的李选侍，再加上有个极端奸诈的魏忠贤给她主意，招招都还是高明的。可由于朱由校在大臣和太监王安的保护下防备严密，结果一招也没见效。

一天，李选侍方面又有两个动作，一是放出了风，说杨涟、左光斗都将被逮捕。这是想以恐吓来阻住群臣进逼的态势。一是放出风来说，李娘娘总要缓一缓才搬得成。这是不得已求其次，意在以拖延时间的办法，增加要价的砝码，逼迫群臣在优待条件上让步。

双方都知道决战的时刻马上就要到了，胜败就系于一线间，因此都在紧张地奔走。魏忠贤几次三番地往慈庆宫跑，还是想把嗣君骗到乾清宫去。杨涟则不畏流言，在宫内外频繁联络。结果两人恰在麟趾门相遇。

麟趾门

杨涟便冷冷地问："选侍哪一天移宫啊？皇上可等着登极呢！"

魏忠贤摆手说："娘娘正在气头上，移宫的事说不得。我觉得不移也行吧，母子一宫有何不可？李娘娘如今要追究左御史说的'武氏之祸'是什么意思？我来请殿下过去议左大人的罪。"

杨涟立刻正色道："魏公公，你想错了！殿下在东宫为太子，今非昔比，现在马上就要是皇帝了，选侍凭什么召他去？选侍如果真能移宫，先前封号仍在，日后更有新封号。你想皇长子的年龄也不小了，如今已经十六岁，别人对他好不好，岂会不知道？凡事岂能没有一点想法？即便将来不会对选侍怎么样，可你们这帮人的日子能好过吗？你去转告李娘娘，凡事应该三思而后行，免得到时候后悔。"

杨涟这一番话说得相当厉害，魏忠贤不由得心惊肉跳，默然而退，不敢再去打扰嗣君了。而且杨涟的这番话，也一下子点醒了魏忠贤。他忽然领悟到，李选侍确实是大势已去，再死心踏地地跟着她跑，怕是没有前途了。也就是从此开始，他极力巴结朱由校，后来渐渐控制了他，进而独揽皇权。

杨涟闯宫逼移宫，西李迁居哕鸾宫

杨涟和魏忠贤正在对话时，科道官员惠世扬、张泼从东宫门刚出来，听了这件事也大惊失色，说今日选侍垂帘，要下旨逮捕左光斗。杨涟立即驳斥说没有这事！但宫内一时人心惶惶，谁也弄不清楚是如何变局，皇帝是亲近李选侍对付朝臣，还是倾向于朝臣疏远李选侍，大臣们一个个孤疑满腹。

皇长子朱由校要登临大位，就必须回到乾清宫，为此大臣们已制定了初六作为储君登极的日期，以逼李选侍搬出乾清宫。但过了几天，李选侍还是住在乾清宫逍遥自在，根本没有移宫之意。

其实，此时李选侍对首辅方从哲还抱有幻想，希望他能援手。李选侍这样考虑也不算错，因为方从哲和郑贵妃关系密切，与李选侍也有过交往，应该属于盟友关系。可是她没想到，这时的方从哲是泥菩萨过江，自身难保。因为在不久前的红丸案中，方从哲没来由地惹了一身晦气，自己正愁如何撇清自己呢。此时面对群情汹汹，哪里还敢袒护李娘娘？为了减轻自身的压力，他只得站到群臣一边，顺从群臣的意见，这样一来，他反倒成了力主移宫中的一位，只不过他态度不那么激烈，认为拖一拖再移亦无妨。

内阁首辅的这个态度，在一批臣子当中产生了负面影响。加上有人听到关于李选侍即将垂帘听政的谣言，有人看到所有奏折已先送李选侍过目，心中都不免畏惧，怕站错了队将来遗患无穷。因此，初四这一天的局势，还只能说是呈胶着状态。

到了九月初五，离正式登极只有一天时间了。皇帝明天就应堂堂正正住进乾清宫，再住在慈庆宫的话，何以向天下交代？

这一天，事情紧急到一刻也不能耽搁了，兵科给事中杨涟按捺不住，反复在朝房、掖门、殿廷等处向人陈说利害，最终促成顾命诸臣在慈庆宫门外集会商议办法。杨涟提议，首辅方从哲应去催促李选侍赶快移宫。

方从哲有些犹豫，想了半天，认为这件事不用太着急，就说晚两天也没什么关系吧。

杨涟见他犹豫不决，又听他这样处置此事，就激烈反驳道："以前作为皇长子住太子宫犹可，明日就是天子了，难道反而要住太子宫、以避宫人么？即使是两宫圣母在日，如夫死，亦当从子。选侍何人，敢貌视天子如此？"

方从哲无语，杨涟又说："选侍今天不愿离开乾清宫，难道以后就会主动离开了吗？这种事情怎么能缓？"刘一璟、韩爌当时也在一旁，二人对方从哲说："明天就是登极的日子，选侍理应移宫，我们不如一起去请旨吧。"

此时，从乾清宫那边来探听情况的太监往来如织。其中一个听到这话，忍不住插嘴道："李选侍也是顾命中人！"他的意思是说，先帝临死，受顾命的，不光是诸臣，还有李选侍。未来天子交给李选侍监护，于理也不悖，诸臣何必逼得那么苦？

这话一下激怒了杨涟，他厉声斥责道："这是什么话？先帝是如何说的，选侍也听到了。如果先帝说过这样的话，那就请李选侍到太庙，在祖宗神灵前起誓！你辈莫非吃的是李家的俸禄，才如此帮她说话？"

杨涟越说越激动，索性冲进慈庆宫，大呼："能杀我则已，否则今日不移，死也不去！"他的情绪感染了众人，在场的重臣刘一璟、周嘉谟也疾言厉色，随声附和。众人随杨涟一起冲入宫中，齐声大呼："快快离宫，快快离宫！"一时群情激奋，呼声震天，连身在慈庆宫内的朱由校都被惊动了。

当时还有乾清宫内侍太监出来传旨，说选侍指责众臣逼人太甚，方从哲对大臣们说："难道不念先帝的旧宠了吗？"杨涟跟在后面，听到他的话急忙上前厉声训斥太监们说："国家大事怎么敢徇私？你们要是再敢来多嘴，看看等着怎么处置你们！"杨涟本来就声如洪钟，再加上焦躁已久，更是激动，声音响彻宫中，无人再敢多嘴。

事情闹到这个程度，各方面事先都没有料到。太子朱由校感觉自己不出面不行了，就派太监传谕，让领头的杨涟先退出宫去，给现场降一降温。

杨涟退出慈庆宫后，立刻又写了一疏，再次申明观点。他此时义愤填膺，奏疏写得字字如刀，疏中再次疾呼说，先帝过世，人心惶危，都说选侍假借保护之名，阴图专权之实，伏请殿下暂居慈庆宫，拔别宫先

迁出选侍，然后再奉驾还宫。祖宗宗社最重，宫帏恩宠为轻，如今登极已在明日，哪有天子偏处东宫之处？并说"此移宫一事，臣言只在今日；殿下行之，亦必在今日；阁部大臣，推动此事，不负先帝之托，亦在今日！"

杨涟一连几个"今日"，句句在催促李选侍立即移宫！此疏一上，立刻在群臣中引起轰动，现场声讨李选侍移宫的气势更大了。

外廷大臣在慈庆宫高呼"移宫"口号，声势夺人，在这个关键时刻，李选侍被群臣这种不要命的阵势给吓住了。她毕竟未见过这大阵仗，已经胆战心惊。杨涟奏疏又是寸步不让，无法辩驳。此时王安也接连对她进行恐吓，让她还是不要把事做绝为好。

巨大压力之下，李选侍不知所措。据明史学者推测，此时太监魏忠贤的态度也有一百八十度转弯，他知道不能再做李选侍的死硬派了，于是跟着劝李选侍要识时务，赶快撤退为好。

此时李选侍已看不到任何支持，不由万念俱灰，只得答应马上离开乾清宫。大树倾倒，一派凄凉，仓促中李选侍等不及侍从准备好，就自己抱着亲生女儿（皇八妹），哭泣着走出乾清宫，徒步去了仁寿殿哕鸾宫。这地方是明代嫔妃宫女的养老处，靠近紫禁城的东墙，有几座孤零零的建筑。

宁寿宫（清建，明代为哕鸾宫）

按她此时的名分，也只能来这里居住。她之所以赖着不移宫，也是忍受不了这个巨大的落差。但在与顾命诸臣对抗的过程中，只顾使蛮力，光是坐在乾清宫里打发太监去哄骗太子回来，没能充分利用在宫内的权势，采取非常手段，结果处处失了先机，落得个凄凉晚景的结局。

不久后，皇长子让太监传旨，说已经请李选侍移宫了，各位大臣少安毋躁。大臣们听了这话就站在那里等着。一会儿看见司礼监王安匆匆跑了出来，对大臣说："选侍娘娘已经移居到仁寿殿了，改天再迁徙到哕鸾宫。"刘一璟等人面露喜色，先后退下。

移宫之后，李选侍大权尽失，就此完全退出政治舞台，再没翻起过什么浪来。她本人后来的命运倒还不错，经历了明清之际的变乱，竟安然活到清朝康熙十三年，至少有作八十岁。

朱由校继承大统，李选侍封后告吹

李选侍移宫之时，她身边的心腹太监见她大势已去，纷纷露出贪婪本色，昔日的卑躬屈膝一扫而空，根本不顾主子如何，趁乱盗窃乾清宫内的财宝。有的人因怀揣的赃物太多，走路不便，匆忙之中跌倒，撒了一地。

事发以后，一批人被抓。这个盗宝案还牵连到了魏忠贤，他设法走了门路，好不容易才开脱。

于是，这件轰动一时的的"移宫案"终于落下了帷幕，李选侍以失败而告终，皇长子朱由校进驻乾清宫，准备明日登极。

过了一天，皇长子朱由校继承皇帝位，时值公元1620年农历九月初六，历史上称朱由校为明熹宗，当下决定改元天启，因此又称他是天启帝。

但此事大臣们却遇到了一个麻烦的事，就是定年号。定年号本来不是一件难事。但君臣在一阵大乱之后，终于平心静气来做这件事时，才发现他们遇到了历史上少有的，明朝开国以来从未遇到过的大难题！

按照明代仪典，新皇登极，就要诏告天下改元，也就是从下一年起，改变年号。新皇帝即位的这一年，仍然沿用旧年号。

可是在万历四十八年，明神宗刚在这年七月驾崩。明光宗在九月初一也驾崩了，在一个月左右的之间连死了两个皇帝，麻烦就大了。光宗在的时候曾下旨将下一年改为泰昌元年，年号"泰昌"当然已经定下，但还没等到他掌管权力就一命呜呼了。新皇帝的年号"天启"很快也定下来了，那么，下一年究竟叫什么，就成了问题。

第一种主张，是不用泰昌年号，第二年直接叫"天启元年"；可是这等于抹掉了一个皇帝存在的事实，而这个皇帝又是现任皇帝的亲爹，现任皇帝肯定是不同意抹杀掉的，并且将来的历史该如何写，也成了麻烦事。于是就有了第二种主张，即是把万历四十八年取消，叫泰昌元年，可是这等于把万历皇帝在位时间缩短了一年，今后涉及这一年里万历皇帝的作为，就会出现时间错乱的问题。接着又出现第三种主张，就是明年叫泰昌元年，后年再叫天启元年，但这主意就更荒诞了，泰昌元年竟然没有一个泰昌皇帝，岂不是更加混乱？

大臣们讨论来讨论去，最后总算找到一个折中方案，就是把万历四十八年一分为二，从当年八月初一到除夕，称为泰昌元年，前面仍以万历纪年。如此最为合情合理，大家也都拍手赞成，熹宗随即听从。就

天启年间的钱币

这样，可怜的泰昌帝好歹算是捞到了一个年号。

在群臣的强势扶助下，朱由校顺利成为新皇帝，李选侍竹篮打水一场空，其封后的要求没有实现，做皇太后控制朝政的愿望也就落空了。她赖在乾清宫不走是否是受到郑贵妃幕后主使，这个后人亦无从得知。但是其意图很明显，就是要通过控制皇太子朱由校来操纵整个朝政。据许熙重《宪章外史续编》记载，朱由校即位后说，李选侍命太监魏忠贤传话："每日章奏，必先奏看过，方与朕览，即要垂帘听政处分。"可见，她是有垂帘听政的野心的，后人还推测，她之所以赖在乾清宫不走，就是要同郑贵妃"邀封太后及太皇太后，同处分政事"。如果她的目的实现了，也许明朝就要先出一个"慈禧太后"了。

明熹宗秋后算账，贾继春声援西李

万历、泰昌两朝，皇位的更迭，宫廷的谲变，对于万历帝的长孙、泰昌帝的长子朱由校来说，简直就是一场噩梦。在明军大败于萨尔浒的当月，朱由校的母亲王才人病逝。王才人原来是在东宫伺候皇太子朱常洛的宫女，直到生下朱由校后才封为才人，因长期遭到朱常洛宠妃西李选侍的凌辱和朱常洛的冷落，抑郁而死。她曾说："我与西李有仇，负恨难伸。"

第二年七月，朱由校的祖父万历帝驾崩，接着朱由校的父亲泰昌帝驾崩，朱由校接连失去三位亲人，特别是他的父亲泰昌帝即位一月即崩，举国上下，乱作一团。这年他才十六岁，这时的朱由校，还没有被祖父万历帝立为皇太孙，也没有被父亲泰昌帝立为皇太子，更没有出阁读过书。万历帝在世时，他始终不肯立这位长孙为太孙，也不肯让长孙出阁读书，直到临死前才留下遗嘱：皇长孙宜即时册立、进学。几天以后，泰昌帝即位，册立朱由校的仪式自然应该从皇太孙变为皇太子。但是泰昌帝并不热心册封太子，后来在大臣的一再请求下，才下旨："钦定册立东宫，择九月初九日。"但人算不如天算，九月初一日，泰昌帝竟然驾崩，朱由校皇太孙未做成，皇太子还没来得及做，一天书也没正式读，竟然要继承皇帝大位。这样的皇位继承者，有明一代，仅朱由校一人。

天启帝朱由校临朝执政后，大臣们辅佐尽力，朝政有所改观，但移宫案风波还并未散去。因在移宫时趁乱盗宝的一伙太监，包括魏忠贤、刘朝、田诏、王永福等被抓住后，"帝怒，悉下法司，案治甚急"。在他们的供词中，牵连到了李选侍的父亲，加上这些家伙平素贪婪惯了，现在心生恐惧，就放出风说，新君对先帝嫔妃太过苛刻造谣说李选侍差点被逼上吊，"皇八妹"也要跳井等等，以图减轻处罚。

其他诸多太监、宫女，在移宫时可能也都捞了一点儿，此时人人自危，便也恶意哄传这谣言，一时竟闹得沸沸扬扬。

内阁首辅方从哲有个亲信御史贾继春，不知是来了哪股劲头，把这些传言搜集一处，上书内阁，对朝廷虐待李选侍的做法提出批评。他认为新天子刚即位，众臣不应诱使新君违忤先帝之意，逼迫庶母，致使先帝尸骨未寒，妻女不保。奏折中还建议内阁大臣应该念及先皇旧宠，对李选侍加以优待。

方从哲等人接到这种奏折，又觉得左右为难。左光斗知道这件事情后，就去见内阁大臣，说道："这有什么难的？皇上还是住到乾清宫，李选侍也自当移宫。只是移宫以后，不要再生枝节了。现在魏忠贤、田诏等人既然已经犯法，就应该惩治他们，此外一概从宽，也算是仁孝两全了。"

方从哲等人的意见也是模棱两可，左光斗就将自己的意见写到奏折中呈给熹宗看。哪知圣旨下来，竟然痛斥李选侍的罪状，其中有："朕年幼时，李选侍欺凌朕的母亲，致使她去世，使朕抱憾终身。父皇病重时，李选侍又威胁朕，传封她为皇后……"

方从哲等人读完圣旨，惊愕了半天，不知该不该发，又商量了半天，才由方从哲主张，动用了内阁首辅特有的"封驳权"，封还原旨，即将皇帝的上谕封还，不予处理，并且上疏说陛下应该奉养先帝遗爱等等。

不想熹宗却不听这些，竟然固执地将原旨颁告天下。后来熹宗又下旨将神宗皇帝、皇后葬于定陵，追谥郭氏为孝元皇后，尊生母王氏为孝和皇太后，将光宗皇帝和皇后葬于庆陵。至此，明光宗的后事才算处理完毕。

还在李选侍刚移宫的时候，杨涟曾告诉诸位大臣："李选侍不移出乾清宫，就是不尊敬天子。现在既然移出了乾清宫，我们就应当安排好她。"语见《明史·杨涟传》："涟即言于诸大臣曰：'选侍不移宫，非所以尊天子。即移宫，又当有以安选侍。是在诸公调护，无使中官取快私仇。'"

那时，贾继春因依附方从哲，已被朝中东林党人视为奸党，而他不但不避嫌，反而公开上书为李选侍张目，这就惹恼了东林党众人。当下就有给事中周朝瑞牵头，发动一批言官围攻贾继春，指责他是"奸党"。熹宗闻奏后不禁也火冒三丈，当众历数李选侍之恶，并严厉斥责贾继春。

贾继春遭贬，移宫案落幕

　　李选侍移居到哕鸾宫后，不料某日夜里哕鸾宫内突然失火。幸亏发现得早，卫兵从熊熊大火中救出选侍母女，使其免于一死。这火是夜里着的，人们正在熟睡时，时间仓促来不及搬运东西，于是宫中物品全部被烧成灰烬。

　　哕鸾宫的太监们担心会被赶出去，于是造谣说火是自己起的，有的说是李选侍故意烧的，母女俩都已经被烧死；有的说没有着火以前，李

宁寿宫（清建，明代哕鸾宫）花园一角

选侍就悬梁自尽了，她的女儿也已经投井。熹宗耳闻，急忙颁下圣旨，大意说："李选侍和皇妹均安然无恙。"

但御史贾继春却仍指责明熹宗未行孝悌之道。贾继春，新乡（今河南新乡）人。万历三十八年（1610年）进士，历知临汾、任丘二县，入为御史后，先前李选侍移哕鸾宫，继春听流言，上书内阁方从哲等，略言："新君御极，首导以违忤先皇，逼逐庶母，通国痛心。昔孝宗不问昭德，先皇优遇郑妃，何不辅上取法？且先皇弥留，面以选侍谕诸臣，而玉体未寒，爱妾莫保。忝为臣子，夫独何心。"

给事中周朝瑞观此书后便驳之，继春又再揭，其中竟有"皇八妹入井谁怜，未亡人雉经莫诉"等话，称李选侍为未亡人，并给予很大同情。周朝瑞也说贾继春造谣生事，贾继春不肯相让，于是双方打起笔墨官司来。

杨涟担心这样下去会动摇朝政，就将移宫案的始末洋洋洒洒写了下来，给熹宗上《敬述移宫始末疏》道："李选侍上吊、皇八妹跳井，这些流言从何而起，臣不敢说。臣宁可今天对李选侍不敬，也不愿她久居乾清宫，臣不希望看到女子独览朝权、垂帘听政之事在本朝发生。"事及语见《明史·杨涟传》，其中谓："宸宫未定，先帝之社稷为重，则平日之宠爱为轻。及宸居已安，既尽臣子防危之忠，即当体圣主如天之度。臣所以请移宫者如此。而蜚语谓选侍踉跄徒跣，屡欲自裁，皇妹失所投井。恐酿今日之疑端，流为他年之实事。"又说："涟恐继春说遂滋，亦上《敬述移宫始末疏》，且言：'选侍自裁，皇八妹入井，蜚语何自，臣安敢无言。臣宁使今日忤选侍，无宁使移宫不速，不幸而成女后独览文书、称制垂帘之事。'"

熹宗看过之后，下旨褒奖，杨涟被任命为左佥都御史。次年，又升为副都御史。

在移宫案中，杨涟以一小臣身份力挽狂澜，其忠心、智谋、胆略都殊为可赞。据说在泰昌帝死至天启帝登极这短短六天中，他耗尽心力，竟然"须发皆白"！

熹宗登极后不久，在众臣的扶持下根基渐渐巩固，觉得自己有了生杀予夺的权力，回想起李选侍凌辱其生母，要挟先帝册封皇后，以及妄想垂帘听政诸状，又特意诏谕群臣，仍然陈述李选侍的恶行。其谕曰："九月一日，皇考宾天，大臣入宫哭临毕，因请朝见。选侍阻朕暖阁，司礼监官固请，乃得出。既许复悔，又使李进忠等再三趣回。及朕至乾清丹陛，进忠等犹牵朕衣不释。甫至前宫门，又数数遣人令朕还，毋御文华殿也。此诸臣所目睹。察选侍行事，明欲要挟朕躬，垂帘听政。朕蒙皇考令选侍抚视，饮膳衣服皆皇祖、皇考赐也。选侍侮慢凌虐，朕昼夜涕泣。皇考自知其误，时加劝慰。若避宫不早，则爪牙成列，朕且不知若何矣。选侍因殴崩圣母，自忖有罪，每使宫人窃伺，不令朕与圣母旧侍言，有辄捕去。朕之苦衷，外廷岂能尽悉。乃诸臣不念圣母，惟党选侍，妄生谤议，轻重失伦，理法焉在！朕今停选侍封号，以慰圣母在天之灵；厚养选侍及皇八妹，以敬遵皇考之意。尔诸臣可以仰体朕心矣。"

　　这封谕旨，真切而详实地道出了熹宗即位的前前后后，是极其重要的史料，也确实说明了李选侍待熹宗是很不好的。

　　当时贾继春出按江西，便道旋里，驰疏自明上书之故，中有"威福大权，莫听中涓旁落"语。太监王安观疏大怒，就激天启皇帝收治贾继春，天启帝便对其严旨切责，令陈状，但御史张慎言、高弘图连章为贾继春求宽恕。熹宗天启帝益怒，下廷臣杂议。

　　后来尚书周嘉谟等言："臣等意陛下笃念圣母，不能忘选侍。及诵敕谕，知圣心自体恤。而继春误听风闻，慎言等又连疏渎奏。然意本无他，罪当宥。"未报，御史王大年、张捷、周宗建、刘廷宣，给事中王志道、倪思辉等交章论救，给事、御史复合词为请，诸阁臣又于讲筵救之，乃停慎言、弘图、大年俸，宥志道等。既而继春回奏，词甚哀，且隐"雉经、入井"二语。帝严旨穷诘，令再陈。嘉谟等复力救，帝不许。

　　天启元年二月，熹宗又复谕曰："贾继春暗揭流毒，造言诬人，若黑夜行刺，使人莫防，朕本不深究。然自继春出揭以来，引类弥天，争端大起。大臣求去，小臣纷嚣。威惧继春，莫敢直言其非，朕皆隐忍。今继春全不改省，乃昂然肆辨，目无君父。况选侍移宫以来，未尝见继春有疏，明其可否。却借密揭为撄鳞逆耳之说，箝制朕躬，要名减罪。姑着照原揭回话。"

继春益窘，惶恐引罪，言得之风闻。帝皆不纳，闰二月，熹宗又颁谕曰："朕以冲年，皇考见背，仰体在天之灵，敬礼选侍。其移宫一事，大小臣工，连章奏请。始末情节，举朝共知。独贾继春首倡邪说，捏造李选侍雉经皇八妹入井。播煽流言，诬诋朕躬。若不穷究分明，何以传信天下后世？乃继春奉旨回话，初则一揭朦胧，再则遮饰支吾。本欲逮讯，今自认风闻无影，显自明肆诬捏，姑从轻削籍，永不叙用。"

这是熹宗在受到阁臣刘一燝的谏阻后从轻处置贾继春的。刘一燝认为，天子新即位，马上就怀疑臣下朋党，以后难免要被奸人钻空子，士大夫必受其祸。他上疏开导天启帝，也是为贾继春做了缓解，力言"朋党无实"。

最终，贾继春不过是削籍而去。御史张慎言、高弘上疏欲救贾继春，天启帝想把他们一并治罪，也被刘一燝劝阻。

刘一燝在得势之时，不主张穷追猛打对手，不激化党争，说明他还是很有远见的。

至此，移宫案才算基本了结。

阉党诬陷东林党，魏忠贤掌控朝政

在这个时候，熹宗对移宫一案的判断和判决还是正确的，对西李选侍也很厌烦，但随着时间推移，熹宗逐渐淡忘了西李曾对他和母亲的虐待，再加上宫中魏忠贤与熹宗乳母客氏对熹宗的蒙蔽，熹宗后来完全抛弃了对西李的不良印象，转而对她又好起来。

到了天启四年七月，熹宗诏封西李选侍为康妃。魏忠贤与客氏等人因为诸大臣当年"移宫案"名正言顺，难以借此而杀诸大臣，于是又以封疆一案为借口，另缇骑四出，抓捕大臣们入狱。

天启五年(1625年)三月，许显纯对已投入狱中的东林党人汪文言严刑拷打，逼迫他诬陷杨涟、左光斗等人在"封疆案"中接受熊廷弼的贿赂。所谓"封疆案"是指熊廷弼经略辽东，防守有方，但朝廷又派根本不懂军事的阉党王化贞为辽东巡抚。天启二年，在后金军队的进攻下，王化贞丢了重镇广宁，一败涂地。朝廷判熊、王两人死罪，尚未执行。

熊廷弼雕像

　　至此，阉党就想法设法诬陷东林党人。汪文言宁死也不肯诬陷杨涟（字大洪）等人，他在受刑时大呼："世岂有贪赃之杨大洪哉！"许显纯用毒刑害死了汪文言，又捏造汪的供词，诬陷杨涟等六人受贿。于是魏忠贤用皇帝的名义，下旨逮捕东林党人杨涟、左光斗、袁化中、魏大中、周朝瑞、顾大章（时称六君子），并将受牵连的赵南星等十五人削籍为民，提问追"赃"，随后又有几次残酷的迫害。《明史》感叹："明代阉宦之祸酷矣，然非诸党人附丽之，羽翼之，张其势而助之攻，虐焰不若是其烈也。"

　　到了天启五年九月，先前被熹宗贬官并言永不录用的贾继春又被召至朝廷，已握大权的魏忠贤遂矫诏谕群臣曰："先帝升遐，朕躬嗣服，父子承继，正统相传，臣子何得居功。至杨涟、左光斗等，妄希定策，串通王安，倡为移宫之事，捏造垂帘等语。王安奸恶异常，乘机报怨。内外交结，党众力强。不许康妃（西李）从容奉旨，而逼令康妃出宫。先帝体尚未寒，言犹在耳。涟等即有权势，固亦人臣。乃弃礼忘君，犯上不道，至于如此。使非贾继春等明揭于前，天牖朕心补封于后，将终始蒙蔽，恩礼有亏。即寸斩杨涟、左光斗，何救于事。况与魏大中、周朝瑞、袁化中深盟固结，招权纳贿。党护熊廷弼，夥坏封疆。铁案既定，犹贪其重赂，力为出脱。托汪文言内探消息，暗弄机关。遍树私人，布满津要。坏法乱纪，欺蔽朝廷。及汪文言事发，奸谋毕露。自知理屈，乃巧借他题，以掩其罪。信口装诬，毫无影响。肺肝如见，欲盖弥彰。朕言念及此，深切痛恨。已将熊廷弼处决，传首九边。杨涟等虽追赃身死，而顾大章系同恶之人，即送法司从重拟罪。爰书既成，将诸奸罪状，及守正诸臣向来疏揭，并近日屡次明旨，俱着史臣编辑成书，颁行天下。垂示将来，以昭朕孝思。据事直书，毋得回护。使善恶邪正，炳如日星。而党与不得借口文奸，饰非乱听。违者治以妖言惑众之罪，特谕。"

　　魏忠贤控制熹宗左右朝政之后，忠良之臣多被迫害，而国运随之大衰，追其祸源，当自"移宫案"开始。

郑贵妃费尽心机，终落个晚景凄凉

再说郑贵妃，在明朝历史上，郑贵妃可谓是为祸最大的女人之一。明朝中后期的几大政治事件，如争国本、争福王就藩、梃击案、移宫案，均与她有关。在这些案件中，她或是主谋，或是推波助澜，或是暗中指使。为达到自己进位中宫、儿子册为太子、家族飞黄腾达的野心，她在皇宫中翻手为云，覆手为雨，并挑起外廷之间的互相厮杀，致使大批官员被贬，有的惨遭杀害。更为严重的是，她唆使神宗与朝臣们长期对抗。

神宗二十几年龟缩宫中不理朝政，不问国计民生，造成大批官员自行离任，中央和地方机构几乎瘫痪，国家机器锈迹斑斑，运转不灵，接近崩溃的边缘。郑贵妃还是一个贪得无厌的女人，万历二十四年以后，神宗派出大批矿监、税使，到全国各地搜刮民脂民膏，激起强烈的民愤，严重阻碍新兴工商业的发展。在臭名昭著的几位矿监税使中，陈奉、马堂、梁永都是郑贵妃的心腹宦官，郑贵妃从他们手中获取大量的金银财宝，大肆挥霍。郑贵妃还擅长敲榨，在儿子福王就藩事上，她唆使神宗向朝臣大开高价，福王去洛阳就藩时，她又向朝廷索要大学士张居正被藉没的财产及四川盐税和茶税，并要求给福王淮盐三百引，以便他在洛阳开店卖盐，垄断洛阳的卖盐权。如果说，神宗是酒、色、财、气四毒俱全，那么，郑贵妃则集权、财、气于一身，她和神宗是真正的

"志趣相投"，或另有一说，那就是郑贵妃用鸦片烟控制了神宗皇帝。

神宗虽然懒惰，也知道自己被郑贵妃控制，但他毕竟不是傻子。他在位四十八年，一生最好的时候，几乎无一善政，其中缘由也许是郑贵妃用鸦片烟暗中控制他造成的，但在神宗临死的那一年，却颇有思过的态度，《明史纪事本末·争国本》篇：（万历）四十八年夏四月，皇后王氏崩。后贤而多病，国本之论起，上坚操"立嫡不立长"之语，群疑上意在后病不可知，贵妃即可为国母，举朝皇室。及上年高，后以贤见重，而东宫益安。至是崩，中宫虚位数月，贵妃竟不进位。不让郑贵妃进位中宫，是神宗的明智之举。

在中国历史上，如果是没有宠妃挟制的明智皇帝，老年失后之后，往往中宫任其虚位，而以皇贵妃统摄各宫。神宗此时，能做到这点却是难能可贵的。因为郑贵妃觊觎中宫已非一日，这时有此顺理成章进位的机会，自然要力争，是可想而知之事，但神宗力拒所请，必亦大费一番口舌。神宗所以靳此虚位而不予，当然是为了消弭隐祸——因为郑贵妃被册为后，则进一步必然会提出嫡庶的问题，要求废太子、立王，又将掀起极大的波澜。所以不再立后是极明智之举。

其次，王皇后一死，神宗亦得病，或感时日无多，神宗为国事着想，不能不保护太子；而在天伦的情分上，对太子仍然甚薄，卧病三月，不召太子。到了七月间，病势已甚沉重，而太子依旧不得一视疾，此亦亘古少有的事，不符人之常情，想必其中定有郑贵妃阻挠之缘故。

由后来的"移宫"一案来看，神宗病中仍父子隔绝，一半亦出于郑贵妃的有意作梗，而所以如此，居心不可问。当时东林党的杨涟、左光斗等看出端倪，便劝唯一的宰辅方从哲，应该进宫请安，探视究竟，后又护太子陪侍皇帝，才终得正常继位，使郑贵妃让其子福王即位的计划落空。

郑贵妃又是明朝最可悲的后妃。她为爬上皇后的宝座，一生挖空心思、绞尽脑汁，却最终与皇后无缘。以她的美色、智谋、能力、意志，放在明朝初期或者中期，定能登上皇后的宝座。可是，她出生得太晚，

明末四案之谜

【第四部分】移宫案之谜

她所处的时代皇权已大大衰落，皇帝成为处置国事的一个权威性象征，国事的处置权实际上掌握在大臣们手里。经历了神宗叔祖正德皇帝为所欲为所带来的惨重教训之后，大臣们再不能容忍神宗的任意妄为，他们为国家大计，竭力把神宗纳入他们所崇奉的规范里。

神宗是一个意志薄弱的皇帝，面对朝臣们的抗争，他缺乏必胜的信心和勇气，转而消极怠工、泄愤报复。因此，郑贵妃虽然有神宗做靠山，却始终无法达到自己的目的。郑贵妃为了儿子不顾一切去闹、去争、去敲榨，晚年却与儿子睽离，至死也未能与儿子见上一面。

万历皇帝宠爱的郑贵妃比他多活了十年，她被认定是祸国殃民的妖孽，得不到朝中群臣的同情。这十年，她住在紫禁城一座寂寞的宫殿里，和她的爱子福王天各一方，饱尝母子分离之苦和世态炎凉。崇祯三年七月（1630年），郑贵妃薨，谥曰恭恪惠荣和靖皇贵妃，葬银泉山下一座孤零零的坟墓中。

三百余年后，埋葬着神宗皇帝的定陵玄宫被打开，人们发现所有的棺床上都没有郑贵妃的影子。后殿并列的三口朱红色棺椁，中间是万历皇帝，左边是孝端皇后王氏，右边是孝靖皇后王氏，也就是太子朱常洛的母亲。这一安排不符合神宗生前欲封郑氏为皇后的遗愿，但是既然神宗生前就已对臣僚失去威力，那么在他死后，这种威力就更不存在。他的遗诏没能实现，因为大臣们认为大行皇帝（对刚死去皇帝的称呼）的遗诏"有悖典礼"。皇帝将死，再来册立皇后，谁来主持这个册立仪式？

定陵玄宫

不过，这场悲剧不是太子朱常洛所为，因为他只当了二十九天皇帝便命赴黄泉，朱常洛的儿子、十六岁的朱由校在当上皇帝后，将他的祖母王贵妃追尊为孝靖太后，并从东井把棺椁迁来，和万历皇帝、孝端太后一起葬于定陵玄宫成就了这段"好事"。

郑贵妃一生得到神宗的宠爱，死后却无法陪在神宗身边，孤零零一人躺在墓中。真是机关算尽，到头来竹篮打水一场空！

红丸案二犯伏法，方从哲洗脱罪名

移宫案虽基本了结，但红丸一案直到此时还未了结。在光宗将崩时，李可灼呈进红丸，方从哲曾赏给李可灼五十两白银。大臣们都心存疑惑，说李可灼误诊没有受到惩罚也就算了，为什么还要给赏？于是御史王安舜首先上疏争论，奏折中只说李可灼误诊，即便提到推荐他的人，也没有指名道姓。但王安舜弹劾方从哲"轻荐狂医"，"又赏之以自掩"。御史郭如楚弹劾方从哲不应该赏赐进药的李可灼。

方从哲没想到连自己也陷了进去，手忙脚乱之下，糊涂地指使人出面为崔、李两人辩护，说他俩不过是用药有误，非要说是谋害，岂不是将陷大行皇帝于"不得寿终"之列，凡属臣子，于心何忍？

这无疑又是一步臭棋！群臣彻底被激怒了。谋害就是谋害，还敢拿死人压活人？于是新一轮对方从哲的攻击开始了，其中不仅有权位更重的言官，连大臣们也纷纷加入。方从哲在众人攻击下，拟太子令旨，罚了李可灼一年的奉禄，后又作削籍处理。

但大臣仍然不依不饶，其中邹元标说："元辅方从哲不申讨贼之义，反行赏奸之典，即使自称是无心，又何以向天下交代？"

而礼部尚书孙慎行的话说得最狠，他说："臣以为，从哲纵无弑之心，却有弑之罪，欲辞弑之名，难免弑之实。"还说"其罪恶逆天，万无可生之路！"

这两个人位高权重、素有威望，他们的奏疏无疑是重磅炸弹，把方从哲打入"弑逆"一流，使其陷入了道义谴责的汪洋大海之中。

既然发难者中有大名鼎鼎的左都御史邹元标、礼部尚书孙慎行等人，其他人也就不怕了。先前对方从哲的攻击还仅仅是指桑骂槐，这次干脆撕开了脸皮，大家要明明白白论方从哲的罪，把他平日的那些恶德败行，也一并给予揭露。

熹宗即位后，御史郑宗周参劾崔文升的罪状，方从哲拟旨命司礼监查处。于是御史冯三元、焦源溥、郭如楚，给事中魏应嘉，太常卿曹珖等人轮流参劾崔文升、李可灼的罪状，并说："方从哲徇私枉法，国法何在？"给事中惠世扬竟然上奏列出方从哲的十大罪状，其中有三条是杀头大罪。

这奏折递上去之后，熹宗令大臣们前来商议。大臣到了一百一十多人，大多数认为原奏说得对，都想加罪给方从哲。只有刑部尚书黄克缵、御史王志道、徐景濂，给事中汪庆等人维护方从哲，方从哲自己也上疏辩驳。

但到了此时，方从哲还有什么脸面在朝廷执政？狼狈不堪的他真的是没法向舆论交代了，只得上疏自请削去官职，并表示愿意远流边疆，以谢天下。

方从哲上疏请辞后，熹宗并没

明熹宗朱由校画像

答应，直到第六次递上去，熹宗才任他为中极殿大学士，赏了银币、蟒衣，允许他辞官。方从哲辞官之后，崔、李二人始终没有获罪。没过多久，礼部尚书孙慎行追劾李可灼进献红丸的事情，并说方从哲是弑逆大罪。

熹宗命内阁大臣再次商议。大学士韩爌、吏部尚书张问达、户部尚书汪应蛟等人详细写了红丸案的始末，大意说："李可灼自己申请进药，由先帝召问，命他速速进上，非但方从哲不能制止，就是臣等也无法制止。方从哲坐罪，臣等也应该连坐。只是方从哲一开始赏赐李可灼，后来又罚了他的俸禄，论罪太轻，实在是无以安慰先帝。应该将方从哲削官。至于李可灼的罪还不至于杀头，崔文升先进大黄凉药，罪情比李可灼要重，应该加以重罚，以泄公愤！"熹宗就命李可灼戍边，崔文升流放南京，没有加罪方从哲。孙慎行见公论难伸，只好辞官回乡。而方从哲也上奏辩解并请辞，于十一月初卸任离京。

方从哲离京后，还是无法脱净干系，要求严查红丸案的奏折不断。一天，熹宗收到了方从哲从老家寄来的奏疏，疏中说自己年老愚昧，未能阻止庸官进药，罪不容诛。为表示谢罪，愿乞削去官阶，以耄耋之身远流边疆，以平朝臣之怨。但朝廷苦于真相未明，一时难以决断。

这时，一直缄默无言的阁臣韩爌终于站出来说话了。他把当时目睹的一切事实都详细地说清楚了。特别是方从哲当时左右为难的情景，被描绘得十分具体。最后，韩爌提出，"红丸"一案纠缠了一年多，但真正置先皇于死地的崔文升和李可灼到现在也没有处置，这两人虽然乱用药物，但也确实是奉旨进药，可以适当惩处，红丸一案则不宜继续深究。

韩爌在万历年间就是个有名的老成之臣，居官十余年处事公正，很受群臣景仰，入阁后又一直陪伴方从哲料理进红丸之事，说出的话是可信的。所以他的奏折报上后，很快地使一场风波平息了下来。

方从哲固然道理有亏，但绝无弑君的胆量和动机。在激烈的争论中，能持这种公论，实为不易，这下方从哲总算是解脱了出来。但泰昌

帝之死，终究是他仕途上抹不掉的一个阴影。

方从哲从万历末年大明由盛而衰时起，曾长时期独秉国政，明朝社会局面却没有起色，因此后来有人认为，他要对大明的灭亡负责任。

方从哲辞官不久，熹宗下旨问崔、李二人罪。天启二年（1622年），明廷将崔文升发遣南京，李可灼遣戍边疆。"红丸"一案由于各派的争斗总算草草了结，但其中的疑点并没有弄清楚。后人为此曾进行过一系列的考证和争论，但最后也都没有结果。光宗的死是否与红丸有关依然是一个千古之谜。

茄花满地红似血，八千女鬼乱朝纲

移宫案结束后，天启元年的大明朝政可说是一派清明。声名不佳的方从哲辞职后，内阁陆续补进一批新人。到这年的十月，东林党人叶向高再回内阁，并充任首辅。

吏部尚书周嘉谟与东林党的关系亦不错，挤走大批浙、楚、齐三党分子，起用万历末年被罢的官员。

这时候的朝政，可说是东林党人的天下。至于内廷，则是由识大体的王安掌控。天启帝的谕旨、诏书皆由王安执笔，一切井井有条。

天启帝在众臣的建议下，也开始了读书扫盲，初期的表现相当清醒，不像是个昏君的样子。

可是，谁也想不到，就在这东林党人的铁桶天下里，那个李选侍的原心腹魏忠贤迅速改换门庭，勾搭上了天启帝的乳母客氏，从此左右逢源，渐渐拉起了一派政治势力——"阉党"。

而更让人大跌眼镜的是，熹宗这位在杨涟、左光斗等正直朝臣舍命扶持下才得以登极的皇帝，并没有像东林党人所希望的那样革除万历朝弊政，相反却是更加地昏庸无能，比起其祖其父，此人是更加地不如。

在其后的政治角逐中，几次阴差阳错，魏忠贤最终将东林党人完全击溃，导致天启一朝成了明代政治最黑暗的一个时期。

宦官魏忠贤和熹宗的乳母客氏相互勾结，在宫中独揽大权，肆意为虐，很多官吏也纷纷投靠魏忠贤，结成"阉党"，打击和排斥东林党人。

熹宗即位不久，京城里就流传着"八千女鬼乱朝纲"这样一句话，"八千女鬼"四字合起来，实际就是"魏"字，代指魏忠贤。还有一首道士作的歌，其中有"委鬼当头立，茄花满地红"两语，"委鬼"两个字拼起来就是"魏"字，而"茄"字拆开，就是"客"字。原来熹宗有一个乳母，史称客氏，有人称其名叫客印月或客巴巴，她本来是定兴县百姓侯二的妻室，生了个儿子叫侯国兴。她十八岁进宫，两年之后，侯二死了，客氏年轻轻就守寡，怎么能耐得住寂寞？况且她面如桃花，腰似杨柳，性情妖媚，妖冶无度。她在宫里哺乳，不能到外面去，朝夕相处的无非是些宫女太监，就算她暗地里怀春，也找不到一个真正的男人替她解闷，只好整日与太监们打情骂俏。

当时司礼监王安的属下有一个叫魏朝的人，此人圆滑世故，深得熹宗宠爱，能够随时出入宫中。他见客氏貌美如花，便常常和客氏调笑，二人渐渐亲昵起来。熹宗长大后，早已

皇宫太监住处

经断了奶，但客氏能说会道，得以留在宫禁中服侍熹宗。也许是魏朝净身不够干净，略能人事，或者能用其他方法让客氏在生理需求上获得愉悦，二人便勾搭起来。

后来魏朝担心出入不太方便，就让客氏到熹宗面前，请赐他们"对食"。对食一般是太监得宠后，皇帝特赐让他成家立室，因此叫做对食。这个名目在汉朝就有了，或者称为伴食，也称菜户。客氏请奏熹宗后，熹宗当即答应，从此客氏就与魏朝如夫妻一样同居在一起。

魏忠贤是在魏朝的提拔下进入宫中的。他小时候善于骑马射箭，尤其喜好赌博，曾经与人聚赌，把家产输得精光，以至于无力偿还。他被人一再逼迫，无奈之下竟然自宫。后来他在魏朝的介绍下，来到熹宗的生母王选侍宫中负责膳食，熹宗去探望生母的时候见到了他，他恭恭敬敬的样子颇得熹宗欢心。王选侍去世之后，魏忠贤没有事情可做。魏朝就到王安面前替他说情，改入司礼监。后来又托客氏去和熹宗说，熹宗想起魏忠贤的乖巧聪慧，就让他入宫办理膳食。

魏忠贤善于洞察皇上的意思，他见熹宗喜好玩耍，就让巧匠别出心裁地糊制了狮蛮滚球、双龙赛珠等玩物，整天与客氏两个人诱导熹宗。熹宗非常高兴，马上将二人当作心腹，一时都离不了。

熹宗登极之后，给事中杨涟参劾魏忠贤诱导皇上玩耍，他非常担心，哭着去求魏朝保护。魏朝转求王安，王安就替其开脱，免了魏忠贤的罪，不想这一免，却把整个大明王朝给搭进去了。

之后魏忠贤与魏朝结为兄弟，二人常在一起。魏朝受到他的巴结，所有宫中的大小事件，无不与魏忠贤密谈，但魏忠贤艳羡客氏，于是就乘魏朝值班的时候，与客氏调起情来。客氏见魏忠贤年轻英俊，比魏朝还高出一筹，也暗暗动情，加之魏忠贤未入宫前就很会调戏女人，这下弄得客氏意乱情迷。客氏就把之前喜爱魏朝的心思，一股脑儿移到了魏忠贤身上，从此以后便视魏朝犹如眼中钉。魏朝觉得奇怪，暗暗侦察，这才知道是魏忠贤勾引了客氏，于是好几次与客氏争吵。但客氏本就是无情恶妇，有了魏忠贤之后，哪里顾得上魏朝，便对其当面唾斥，毫不留情。魏忠贤知道事情已经败露，索性一不做二不休，决定与魏朝闹僵。

一天傍晚，魏忠贤与客氏正在房里勾搭，魏朝酒醉归来，见了魏忠贤正勾引客氏，气得七窍生烟，马上伸手去打。魏忠贤哪里肯让，也伸出手来抓魏朝，二人随即扭作一团。还是魏忠贤力气大，按住魏朝揍了一顿。魏朝知道打不过他，慌忙闪脱，转身竟把客氏拖了过去。魏忠贤没料到魏朝有这一招，见客氏被拖出房门，才急忙追出去。三人拉拉扯扯，一直打到乾清宫的西暖阁外。

原来乾清宫的东西廊下，各有五间平房，由体面的宫人居住。客氏和魏朝便住在那里。那时熹宗已经睡下，被打闹声惊醒，急忙问外面什么事。内侍将事情奏明，熹宗就将三人召入，拥着被子问讯。三人跪在御榻前，供认不讳。熹宗反而大笑着说："你们还不都是同样的人，怎么也争风吃醋？"三人都低头不语。熹宗又笑着说："这件事朕也不好决断，还是你们自己选择吧。"

客氏听了这话，也没什么羞涩，竟然抬起头来，瞟了魏忠贤一眼。熹宗看见这种情形，就说："哦！朕知道了。今天晚上你们三个人分开来住，明天朕替你们断明。"三人遵旨离开。第二天晚上，熹宗竟然颁下谕旨，撵魏朝出宫。魏朝无可奈何，长吁短叹一番后垂头离开。

谁知那客氏却非常毒辣，她竟然想将魏朝斩草除根，她令魏忠贤假传圣旨，将魏朝遣戍凤阳，并密嘱当地的官员，等魏朝到任后，立即缢死他。客、魏二人从此盘踞宫禁，恃势横行。熹宗反而越来越宠爱他们，封客氏为奉圣夫人，对她的儿子侯国兴加官授爵，还封魏忠贤的兄长以及客氏的弟弟为锦衣千户侯。

司礼监王安刚正不阿，他看到客、魏二人权势渐大，常常引诱熹宗，不由得懊恼起来。御史方震孺曾经参劾客氏、魏忠贤，王安也从中怂恿，请皇上令客氏出宫，魏忠贤谢罪。熹宗很想改过，当即斥责了魏忠贤，还把客氏赶出宫外。

熹宗好木工，委鬼当头立

　　可惜的是，熹宗这个人天生不是做皇帝的料，整天像个孩子一样玩耍，特别是喜好木工，他自幼便有木匠天分，经常沉迷于刀锯斧凿、油漆的木匠活儿之中，而且技巧娴熟，一般的能工巧匠也只能望尘莫及。据说，凡是他所看过的木器用具、亭台楼榭，都能够做出来。凡刀锯斧凿、丹青揉漆之类的木匠活，他都要亲自操作，乐此不疲，甚至废寝忘食。他手造的漆器、床、梳匣等，均装饰五彩，精巧绝伦，出人意料。

　　据《先拨志》载："斧斤之属，皆躬自操之。虽巧匠，不能过焉。"文献载其"朝夕营造""每营造得意，即膳饮可忘，寒暑罔觉"。

明代架子床

　　明代天启年间，匠人所造的床极其笨重，十几个人才能移动，用料多，样式也极普通。明熹宗朱由校自己设计图样，亲自锯木钉板，一年多工夫造出一张精巧绝伦的大床，床板可以折叠，携带移动都很方便，床架上还雕镂有各种花纹，美观大方，为当时的工匠所叹服。

熹宗还派内监将他所造的物品拿到市面上去出售，市人都以重价购买，他更加高兴。有时候甚至做木工到半夜也不休息，常令身边太监做他的助手。

　　明熹宗的漆工活也很在行，从配料到上漆，他都自己动手，并喜欢创造新花样，让身旁太监们欣赏评论。

　　他还喜欢在木制器物上发挥自己的雕镂技艺，在他制作的十座护灯小屏上，雕刻着《寒雀争梅图》，形象逼真。《明宫杂咏》上有诗吟道："御制十灯屏，司农不患贫。沈香刻寒雀，论价十万缗。"他雕琢玉石，也颇精工，常用玉石雕刻各种印章，赐给身边的大臣、宫监。

　　每到冬季，皇宫西苑冰池封冻，冰坚且滑。明熹宗朱由校便命一群太监随他一起玩冰戏。他亲自为自己设计了一个小拖床，床面小巧玲珑，仅容一人，涂上红漆，上有一顶篷，周围用红绸缎为栏，前后都设有挂绳的小钩，明熹宗朱由校坐在拖床上，让太监们拉引绳子，一部分人在上用绳牵引，一部分人在床前引导，一部分人在床后推行。两面用力，拖床行进速度极快，瞬息之间就可往返数里。整个工程中明熹宗朱由校都亲临现场。

　　明熹宗制作的玩乐工具也颇为精巧。他用大缸盛满水，水面盖上圆桶，在缸下钻孔，通于桶底形成水喷，再放置许多小木球于喷水处，启闭灌输，水打木球，木球盘旋，久而不息，天启帝与妃嫔在一起观赏喝彩。有一次他做了个花园，里面的人可以走路，鸟可以唱歌，水能流动。他还善用木材做小玩具，他做的小木人，男女老少，俱有神态，五官四肢，无不具备，动作亦是惟妙惟肖。

　　他还做过一个用大木头凿钉成的长宽各一丈的方木池，里面添水七分满，水内放有活鱼、蟹虾、萍藻之类的，使之浮于水面。再用凳子支起小方木池，周围用纱围成屏幕，竹板在围屏下，游移转动，这样就形成了水傀儡的戏台。在屏幕的后面，有一艺人随剧情将小木人用竹片托浮水上，游斗玩耍，鼓声喧天。当时宫中常演的剧目有《东方朔偷桃》、《三保太监下西洋》、《八仙过海》、《孙行者大闹龙宫》等，均装束新奇，

【第四部分】移宫案之谜

扮演巧妙，活灵活现。

除木工活外，熹宗还醉心于建筑。吴宝崖在《旷园杂志》中写到天启帝曾亲自在庭院中造了一座小宫殿，形式仿乾清宫，高不过三四尺，却小巧玲珑，曲尽其妙，巧夺天工。他还曾做沉香假山一座，池台林馆，雕琢细致，堪称当时一绝。天启帝酷爱建筑，还表现在对朝廷建筑工程的关心上。天启五年（1625年）到七年间，明朝对太和殿、中和殿和保和殿进行了规模巨大的重造工程，从起柱、上梁到插剑悬牌，整个工程中天启帝都亲临现场。天启帝常常在房屋造成后，高兴得手舞足蹈，反复欣赏，等高兴劲过后，又立即毁掉，重新造新样制作，从不感到厌倦，兴致高时，往往脱掉外衣裸做，玩得真是不亦乐乎！

明代镂空玉器

熹宗还喜欢踢球，常与太监在长乐宫踢球，天启帝觉着玩起来不过瘾，就亲手设计，建造了五所蹴园堂。

熹宗既有这般爱好，早把治国平天下的事，早就抛到脑后，无暇过问。面对这样的主子，奸宦魏忠贤当然不会错过这个良机，他常趁天启帝引绳削墨、兴趣最浓时，拿上公文请天启帝批示，天启帝觉着影响了自己的兴致，便随口说道："我已经知道了，你尽心照章办理就是了。"正如《酌中志余》所述："当斫削得意之时，或有急切章疏，奏请定夺，识字女官朗诵职衔姓名毕，玉音辄谕王体乾辈曰：'朕已悉矣！汝辈好为之。'诸奸于是恣其爱憎，批红施行。"于是人称熹宗时"委鬼当头立"，"八千女鬼乱朝纲"。

明朝旧例，凡廷臣奏本，必由皇帝御笔亲批；若是例行文书，由司礼监代拟批问，也必须写上遵阁票字样，或奉旨更改，用朱笔批，号为批红。天启帝潜心于制作木器房屋，便把上述公务一概交给了魏忠贤，魏忠贤借机排斥异己，扩充势力，专权误国。而天启帝却耳无所闻，目无所见，可叹他是一名出色的工匠，却使大明王朝在他的这双手上摇摇欲坠。

客氏惑乱后宫，熹宗贤恶不分

　　熹宗死时，才不过二十三岁。可以说，他始终都没有长大，在深深的皇宫中，在与社会隔绝的环境里，没有人正确地引导他的成长，他的心理其实一直像个孩子。自明熹宗上台治国之后，正是熹宗极端不成熟的心理，才导致明朝最终灭亡。

　　客氏是熹宗的乳母，从小就哺育照顾熹宗，那种亲近的感觉让熹宗觉得客氏就像他的母亲一样，所以他对客氏有一种很强的依赖心理。而魏忠贤又很会哄他玩，每天都能让他玩得不亦乐乎，十分尽兴。魏忠贤一远离他，他就不能尽兴地玩，每天还得处理朝政，于是他觉得生活索然无味。这体现了熹宗十分不成熟的小孩子心理，不然魏忠贤也不能这么彻底地掌控他。所以，客氏的离开，魏忠贤的不再亲近，让他很不舒服，甚至是寝不能安、食不甘味。熹宗一时间虽然答应了大臣们的请求，后来却始终怀念他们。

　　客氏得到消息后，竟然又溜回了宫里，仍然与魏忠贤共处，早晚设计谋害王安。这时的内侍太监中有一个叫王体乾的人，也想做司礼监，他想挤走王安。于是，魏忠贤就与他朋比为奸，和客氏三人轮流在熹宗面前诬陷王安，说王安多么不好，要对熹宗做坏事，把熹宗激怒了，下令将王安降职，由王体乾继任。魏忠贤更是矫旨赦免了刘朝，命他提督南海，降王安为南海净军，勒令自尽。

熹宗的父亲光宗朱常洛还是太子的时候，幸亏有王安的左右保护才得以在郑贵妃手中免祸。光宗即位之后，特升他为司礼监，王安一直劝光宗施行善政，于是内外称其贤。熹宗能够即位，其实也多亏王安从中帮助。但熹宗不辨贤良，愚蠢得将王安治罪，以致王安被客氏和魏忠贤陷害致死，这件事的直接结果，便是从此宫中由魏忠贤一人掌控，他为祸天下的时代真正开始了。

王安死后，魏忠贤更加肆无忌惮，又有司礼监王体乾作为耳目，以及李永贞、石元雅、徐文辅等作为心腹，李实、李明道、崔文升（此人本在红丸案中被治罪，后被魏忠贤矫诏免罪，重入宫中）等作为臂膀，一时间权倾内外，炙手可热。

天启二年，熹宗册立皇后张氏，客、魏二人自然在宫中帮忙。大婚结束后，二人各有重赏。给事中程注、周之纲，御史王一心，给事中侯震旸等人上奏斥责客氏、魏忠贤，被奉诏夺职。周嘉谟认为霍维华谄附魏忠贤，要求把他外调。魏忠贤就唆使给事中孙杰，参劾周嘉谟受刘一璟的指使，准备为王安复仇。熹宗马上将周嘉谟免官，刘一璟因此惴惴不安，也上疏辞官，熹宗准奏。大学士沈㴶勾结客、魏二人，让门客晏日华潜入大内，与魏忠贤密议，劝熹宗开设内操，即在宫中练兵。魏忠贤大喜，骗熹宗下诏同意后，马上令锦衣卫招募了几千名士兵，在宫禁里面操练起来，战鼓火炮的声音震动宫廷。当时刚出生的皇长子还没有满月，竟然被操练声惊死。此事非但没有停止，反而在魏忠贤的安排下变本加厉，接着宫内的士兵又增至万人，士兵披甲出入，肆无忌惮。太监王进曾经在皇帝面前尝试火药，火药炸伤了手，余火乱爆，险些伤到熹宗。熹宗反而谈笑自若，不以为意。所有正直的大臣邹元标、文震孟、冯从吾等人，都因触怒魏忠贤而被一并贬斥。魏忠贤又引进顾秉谦、朱延禧、朱国桢、魏广微等人入阁办事。顾秉谦、魏广微卑劣无耻，只知道献媚。宫廷之内，只知道有魏忠贤，不知道有熹宗；只要是魏忠贤的决断，都可以施行。

明末四案之谜

杨涟上疏反被害，忠良之臣尽遭戮

杨涟目睹魏忠贤等人蛊惑皇帝为害朝纲，心中大为恼怒，他怀着满腔的悲愤挺身而出，欲以一命讨伐魏忠贤。同僚劝他明哲保身，他却说："现在不说，等他逆谋之事成功之时，杀他也不一定能阻止得了！难道要让后世子孙嘲笑我满朝文武竟没有一个男子汉吗？"

天启四年（1624年）六月初一，杨涟将写好的奏疏藏在怀里，准备趁早朝时面奏皇帝，当场揭露魏忠贤。不想魏忠贤料到了他的这一招，于是从中作梗，致使天启皇帝当日不上朝。杨涟恐怕经过一夜，机密会有所泄漏，只好交给会极门侍官转呈皇帝。杨涟在奏疏中说："太祖皇帝（朱元璋）曾下令，内官不许干预朝政，只负责'掖廷洒扫'，违反者杀无赦。先帝圣令在先，但仍有人肆无忌惮、扰乱朝纲，东厂太监魏忠贤就是其中的一人。臣列其罪状，请圣上过目。"接着，杨涟列举了魏忠贤的二十四大罪状，最后请求熹宗召集文武大臣共议此事，并命刑部对

杨涟手迹

魏忠贤严加审问，对所涉及的案件查明真相，以正国法。

　　杨涟此疏，字字句句如雷霆万钧，击中魏忠贤的要害。但是，单凭这封疏是扳不倒魏忠贤的。早在上呈该疏之前，朝廷首辅叶向高就曾经问过杨涟："欲成大事者，必有内应。敢问杨大人可有内应？"显然杨涟没有。事情的发展也正如叶向高所料。魏忠贤初闻此疏时惊恐万状，但惊慌之后就有了对策，慌忙跑到熹宗面前哭诉其冤，并且利用天启识字不多的特点（天启爱做木工，出阁读书迟，识字少），让礼部尚书将杨涟的奏疏改成有利于自己的内容给天启念了一遍，颠倒黑白，又叫客氏在旁游说，为自己开脱，弄得熹宗真假难辨，好坏不分，反而温言抚慰魏忠贤，严厉指责杨涟。

　　自此以后，魏忠贤对杨涟恨之入骨。天启四年（1624年）十月，魏忠贤矫旨责杨涟"大不敬"、"无人臣礼"，将杨涟革职为民。

　　魏忠贤挤走了杨涟，仍不肯善罢干休，必欲置之死地而后快。天启五年（1625年），魏忠贤指使"阉党"大理丞徐大化弹劾杨涟、左光斗"党同伐异，招权纳贿"，借兴"汪文言之狱"谋害杨涟等人。锦衣卫北镇抚司指挥许显纯，在魏忠贤的授意下对汪文言严刑逼供，要他诬陷杨涟受贿。汪文言宁死不屈，仰天大呼道："世岂有贪赃杨大洪（杨涟，字大洪）哉。"许显纯无计可施，只好自己捏造供状，诬陷杨涟、左光斗曾受辽东经略熊廷弼贿赂。魏忠贤立即遣锦衣卫缇骑前去逮捕杨涟等人来京审讯。

　　六月，杨涟被押送北京，沿途百姓们闻讯，皆为杨涟鸣不平。他们自发夹道哭送，所过村市，"悉焚香建醮，祈祐涟生还"。

　　六月二十八日，杨涟被下镇抚司诏狱审讯。许显纯将锦衣卫的诸多酷刑一一用于杨涟，折磨得他遍体鳞伤、气息奄奄。后来提审时杨涟被折磨得无法坐立，许显纯便让打手给杨涟带上桎梏，拖他到堂上躺在地上受审。杨涟仍不屈服，在狱中写下《绝笔》，继续陈述"移宫案"的真相，痛斥魏忠贤紊乱朝纲。魏忠贤得知后气得七窍生烟，令许显纯立即杀掉杨涟。

七月庚申夜里，许显纯令缇骑在狱中处死杨涟，此贼先后以"土囊压身，铁钉贯耳"极端残酷的手段残害杨涟，但杨涟并未身亡，后许显纯于天启五年农历七月二十四日（1625 年 8 月 28 日）以一枚大铁钉钉入杨涟头部，终将其杀死。临刑前，杨涟咬破手指，写下血书一封，写完仰天大笑。死时惨不忍睹。

杨涟被害之后，魏忠贤及其党羽为了毁灭罪证，下令狱中人员仔细搜查杨涟随身之物；一牢头在搜检杨涟的枕头时发现了这份杨涟临刑之前书写的血书，他如获至宝，欲将其拿去请赏，但在仔细阅读了这份血书之后，被杨涟的浩然正气所感动，于是他冒着生命危险将其保留了下来，直到魏忠贤等阉党被诛灭之后才将其公诸于世。

血书全文如下：

> 涟今死杖下矣！痴心报主，愚直仇人；久拼七尺，不复挂念。不为张俭逃亡，亦不为杨震仰药，欲以性命归之朝廷，不图妻子一环泣耳。
>
> 打问之时，枉处赃私，杀人献媚，五日一比，限限严旨。家倾路远，交绝途穷，身非铁石，有命而已。雷霆雨露，莫非天恩，仁义一生，死于诏狱，难言不得死所。何憾于天？何怨于人？
>
> 惟我身副宪臣，曾受顾命。孔子云："托孤寄命，临大节而不可夺！"持此一念，终可以见先帝于在天，对二祖十宗与皇天后土、天下万世矣。大笑，大笑，还大笑！刀砍东风，于我何有哉？

杨涟一生忠心报国，力战"阉逆"，史家评价他"为人磊落，负奇节"，是极为中肯的。

崇祯初，杨涟冤案平反，赠太子太保、兵部尚书，谥号"忠烈"。

魏忠贤不但残杀了杨涟，死在其手下的正直大臣可以说不计其数，

与杨涟并称的左光斗也是惨死于魏忠贤之手。

杨涟上奏告发魏忠贤之时，左光斗等七十余人大力支持他，奏了弹劾魏忠贤等人的三十二斩罪，但愚蠢的熹宗皆不信。接着魏忠贤反诬陷杨涟等六君子接受熊廷弼的贿赂，判定杨涟、左光斗各坐赃二万，魏大中三千。后左光斗等人被捕下狱，受酷刑折磨，史载"五日一审，裸体受拶、夹、棍等刑，不能跪起，平卧堂下受讯"，将左光斗打得两腿尽折，不能站立。左光斗将死之前，他的学生史可法买通狱卒，前往探监，遭光斗怒斥离去。史可法受光斗"忠义"感召，继其志业，忠君爱国，明亡之后亦身殉社稷。

左光斗书法

客氏凶残狠毒，熹宗子嗣尽绝

魏忠贤凶狠毒辣，而客氏更是凶残，因为与光宗的选侍赵氏素不相容，她竟然与魏忠贤假传圣旨赐赵选侍自尽。赵选侍痛哭一场，将光宗赐给的珍玩罗列在座上，拜了几拜，然后悬梁自尽。裕妃张氏因言语不慎，得罪了客氏，客氏蓄恨多时，等到张妃怀孕后，客氏就到熹宗面前进谗，说张妃有外遇，腹中的胎儿并非龙种，顿时惹得熹宗起了疑心，把张妃贬入冷宫。客氏又禁止仆人给她送饭，可怜一位受册封的妃嫔活活饿了好几天，手足发软，仅存气息。正巧天上下雨，张妃匍匐来到屋檐下，喝了几口屋檐上落下的雨水，却无力返回寝室，死在了檐下。

冯贵人才德兼优，曾经劝熹宗停止内操，惹来客、魏的恨意，不等熹宗命令，竟然诬陷她诽谤皇上，逼迫她自尽。熹宗并不知情，成妃李氏奏报之后，熹宗毫不悲切，竟然置之不理。哪知又被客氏得知，她再次假传圣旨，把成妃幽禁起来。幸好成妃已经事先做了准备，在隔壁房间预备了食物，一禁半个月，侥幸活命。熹宗忽然想起成妃，问到客氏，才知道她被幽禁了很多天。想起从前与成妃相爱，成妃还为他生过两个女儿，就在客氏面前替她说情，客氏这才将她放出，但结果仍然被贬为宫人。

张皇后向来严明，得知客、魏二人的所作所为后，很是愤恨。她每次见了熹宗，必定会痛陈客、魏的罪行。熹宗嫌她絮烦，连坤宁宫都不常进去。一天，熹宗闲逛来到坤宁宫，皇后正在桌案前读书，听说御驾前来，急忙起身相迎。熹宗到桌案前去看，书还摊着，就问皇后："你读的什么书啊？"皇后正色说道："是《史记》中的《赵高传》。"熹宗默不作声，随口支吾几句就出去了。

赵高是秦二世时一大权阉，秦二世信任赵高以致亡国。此时张后看的，未必一定是《赵高传》，不过借题讽谏，暗指魏忠贤，提醒熹宗。谁知熹宗执迷不悟倒也罢了，偏偏客、魏二人做贼心虚，竟然买通坤宁宫的侍女谋害张皇后。那时张皇后已经怀有身孕，一天腰间疼痛，就让侍女替她捶腰，谁知侍女暗施手法，竟然将胎孕损伤。过了一天，皇后就小产了，一个还没成形的麟儿就这样被客氏、魏忠贤用计打落。熹宗从此断子绝孙。

熹宗的皇后，张氏本来是祥符人张国纪的女儿。张国纪因为女儿做了皇后被封为太康伯。客氏和魏忠贤一直想陷害皇后，却一直找不到什么把柄，左思右想，竟然制造流言蜚语，说皇后并非张国纪亲生，而是被关押的海寇孙官儿的女儿，并扬言要修筑安乐堂，让皇后到那里居住。安乐堂在金海桥西边，从前孝宗的生母纪氏被万贵妃所害，曾被贬到那里。此时想让张皇后住到那里，明明就是劝熹宗废后。熹宗不肯答应，正巧客氏回家探望母亲，母亲极力劝阻，客氏这才将这件事情搁到一边。

熹宗统治时期，魏忠贤都是与皇帝乳母客氏沆瀣一气、狼狈为奸，极受宠信，被封为"九千岁"，自己也在民间养了不少"义子"，如什么"五虎"、"五狗"、"十孩"、"四十孙"等，俱是流氓无赖之流，专做害人之事。在其势力兴盛时期，各地官吏阿谀奉承，纷纷为魏忠贤设立生祠，劳民伤财。正是由于魏忠贤惑乱朝纲、胡作非为，天启年间的明朝，国家各方面不但没有起色，反而国力日衰，内忧外患更加严重。

天启七年（1627年）八月，熹宗病死于宫，他的弟弟、信王朱由检即位，即崇祯皇帝。魏忠贤本也想要控制崇祯皇帝，据说他曾进献国色四人，带有香丸一粒，名"迷魂香"，要把崇祯皇帝变成痴皇帝，但没有得逞。

明熹宗陵墓德陵

崇祯皇帝初即位时还算明智，开始亲政时，他小心谨慎，生怕惊动魏忠贤及其势力而遭其毒手，所以无所举动。一个月后根基稍有巩固，他就有所行动，首先把客氏赶出皇宫。到了十月，弹劾魏忠贤和魏党的奏疏突然出现，崇祯皇帝迅速采纳。十一月，魏忠贤被免去司礼监和东厂的职务，谪发凤阳守祖陵。这其实还是崇祯皇帝的一个试探性的决定，他见此举并没有引起大的骚乱，于是就命锦衣卫擒拿魏忠贤治罪。

至此，权倾一时的魏忠贤终于是穷途末路，在发配往凤阳的半路上，他接到密报说有人要刺杀他，更加惶惶不可终日，途中某夜，他听到外边有人唱道："随行的是寒月影，呛喝的是马声嘶。似这般荒凉也，真个不如死。"魏忠贤知道死期到了，想到昔日的熏天权势，荣华富贵都烟消云散，魏忠贤也感到真个不如死，于是他找到一根绳子，在驿站中上吊自杀了。

明末四案影响大，明朝灭亡埋伏笔

"明末四案"——妖书案、梃击案、红丸案、移宫案，牵涉到万历、泰昌、天启三代皇帝，但是以朱常洛为轴心人物。"梃击案"梃击的就是太子朱常洛；"红丸案"吃了红丸的也是朱常洛；"移宫案"则是朱常洛的宠妃西李选侍居占乾清宫。大家可能会说，这四个案子就是皇帝家里头的事啊？但是，皇宫无小事，这四桩案子的意义早已超越了"宫案"本身。现在来看，这四案至少有以下三种意义：

首先，"明末四案"极大影响了朝廷的发展。"四案"将朝廷注意力吸引到宫廷斗争。《明史·后妃传》记载："群臣争言立储事，章奏累数千百，皆指斥宫闱，攻击执政。"因之，朝廷不能将注意力集中到国家大政、要政上。诸如关外的辽事等，致使许多重大问题或束之高阁，或拖而不决，或决策草率，或决而不行。

其次，"明末四案"加速了宦官专权的出现。《明史纪事本末》记载："魏忠贤杀人则借三案，群小求富贵则借三案。"明末宦官魏忠贤专权，阉党跋扈，使本来腐败、黑暗的明末统治更加腐败、更加黑暗。

最后，"明末四案"成为了党争的工具。明朝后期，有东林党、浙党、楚党、宣党、齐党等等，这些党派与我们今天意义上的"党"不同，他们没有纲领，没有组织，是一些学人、官员组成的一个松散的群体。"明末四案"就成为党争的话题。比如，李可灼进红丸这件事情，方从哲他们说李可灼没有罪，他给皇帝治病应当赏银；东林党人则说，泰昌帝的死主要是因为吃红丸，李可灼有不可推卸的责任。

明末四案连起，一番折腾下来，从皇帝到后宫，再到臣民，都是筋疲力尽，大明王朝再不复往日雄风。其实，案起的关键，还在于领导者的胡作非为。观此四案，可见从嘉靖皇帝开始，再到万历、泰昌、天启三位皇帝，没有出现一个有道明君，任是臣子再加努力，也于事无补。而皇帝的不作为和不管束，又造成了激烈党争的出现，臣子间拼斗凶狠，折腾的却是国家的力量和资源。于是，四案折腾下来，大明王朝终进入了夕阳落下后的最后一缕暮色中。

附录：明代皇帝年号世袭表

年号	纪年	庙号	名字	即位时间	即位年龄	在位年数	死时年龄	世系
洪武	1368	太祖	朱元璋	洪武元年正月 (1368.1)	41	31	71	朱世珍之子
建文	1399	惠帝	朱允炆	洪武三十一年闰五月 (1398.6)	22	4		朱元璋之孙
永乐	1403	成祖	朱棣	建文四年六月 (1402.7)	43	22	65	朱元璋第四子
洪熙	1425	仁宗	朱高炽	永乐二十二年八月 (1424.9)	47	1	48	朱棣之长子
宣德	1426	宣宗	朱瞻基	洪熙元年六月 (1425.6)	28	10	38	朱高炽之长子
正统	1436	英宗	朱祁镇	宣德十年正月 (1435.2)	9	14		朱瞻基之长子
景泰	1450	代宗	朱祁钰	正统十四年九月 (1450.9)	22	8	30	朱瞻基之次子
天顺	1457	英宗	朱祁镇	景泰八年正月复辟 (1457.2)	31	8	38	
成化	1465	宪宗	朱见深	天顺八年正月 (1464.2)	18	23	41	朱祁镇之长子
弘治	1488	孝宗	朱祐樘	成化二十三年九月 (1487.2)	18	18	36	朱见深第三子
正德	1506	武宗	朱厚照	弘治十八年五月 (1505.6)	15	16	31	朱祐樘之长子
嘉靖	1522	世宗	朱厚熜	正德十六年四月 (1521.5)	15	45	60	朱祐樘之侄
隆庆	1567	穆宗	朱载垕	嘉靖四十五年十二月 (1567.2)	30	6	36	朱厚熜第三子
万历	1573	神宗	朱翊钧	隆庆六年六月 (1572.7)	10	48	58	朱载垕第三子
泰昌	1620	光宗	朱常洛	万历四十八年八月 (1620.8)	39	1月	39	朱翊钧之长子
天启	1621	熹宗	朱由校	泰昌元年九月 (1620.10)	16	7	23	朱常洛之长子
崇祯	1628	思宗	朱由检	天启七年八月 (1627.10)	18	17	35	朱常洛第五子

参考资料

1. 许嘉璐 安平秋等 主编,《二十四史全译》, 汉语大词典出版社, 2003 年 12 月出版。

2. 倪方六 著,《你不知道的历史真相——帝王秘事》, 湖北人民出版社, 2009 年 1 月出版。

3. 王桐龄 著,《中国历代党争史》, 上海书店出版社, 2012 年 11 月出版。

4. 许啸天 著,《明朝宫廷秘史(上、下册)》, 三秦出版社, 2006 年 5 月出版。

5. 纳兰秋 著,《疯狂的玫瑰——历代后妃的争权夺爱之路》, 广西人民出版社, 2009 年 9 月出版。

6. 上官丰 编,《禁宫探秘》, 新世界出版社, 2005 年 1 月出版。

7. 阎崇年 著,《明亡清兴六十年》, 中华书局, 2006 年 8 月出版。

8. 姜正成 编著,《明末清初那些事》, 中国社会出版社, 2012 年 6 月出版。

9. 方志远 著,《万历兴亡录》, 商务印书馆, 2011 年 10 月出版。

10. 高光 著,《万历王朝》, 云南人民出版社, 2011 年 7 月出版。

11. 张明林 编著,《末日乱象:明光宗泰昌、明熹宗天启》, 西苑出版社, 2011 年 6 月出版。

12. 当年明月 著,《明朝那些事儿(全 7 册)》, 浙江出版联合集团, 2011 年 11 月出版。

13. 温功义 著,《明代宦官》, 紫禁城出版社, 2011 年 4 月出版。

14. 高阳 著,《明代的皇帝》, 广西师范大学出版社, 2006 年 1 月出版。

15. 齐涛 主编,《中国党争实录》, 齐鲁书社, 2008 年 4 月出版。

16. 方志远 著，《万历兴亡录》，商务印书馆，2011 年 10 月出版。

17. 樊树志 著，《万历皇帝传》，凤凰出版社，2010 年 6 月出版。

18. 蔡向东 主编，《明熹宗朱由校：天启》，远方出版社，2010 年 1 月出版。

明末四案之谜

参考资料